교실밖
인문학
콘서트
❷

교실밖 인문학 콘서트 2

초판 인쇄 2021년 5월 4일
초판 발행 2021년 5월 10일

지은이 백상경제연구원
펴낸이 유해룡
펴낸곳 (주)스마트북스
출판등록 2010년 3월 5일 | 제2011-000044호
주소 서울시 마포구 월드컵북로 12길 20, 3층
편집전화 02)337-7800 | **영업전화** 02)337-7810 | **팩스** 02)337-7811
기획 장선화 · 김선 | 편집진행 박혜영 | 표지디자인 서랍(이유나) | 삽화 김영곤 | 전산편집 김경주

원고투고 www.smartbooks21.com/about/publication
홈페이지 www.smartbooks21.com

ISBN 979-11-90238-49-6 04300
979-11-90238-51-9 04300 (세트)

교실밖 인문학 콘서트 2

백상경제연구원

스마트북스

인문학의 기본 교양에서 융합과 확장으로

10만 명이 함께한 서울시교육청 인문학 강좌

생각하는 힘을 길러주는 인문학

과학현상을 설명하는 이론 중에 '나비효과'라는 것이 있다. 아마존에 서식하는 나비의 날갯짓이 거대한 토네이도를 발생시키듯이, 작고 사소한 사건 하나가 나중에 엄청난 결과를 가져올 수 있다는 의미로 사용된다. 인류 역사를 살펴보면 이 같은 현상은 무수히 많다. 14~16세기 유럽에서 일어난 인문주의 운동인 르네상스도 그 가운데 하나다. 고대 그리스·로마 시대의 학문과 지식을 부흥시키자는 차원에서 시작된 움직임은 이후 인쇄술·나침반·화약의 발명, 상업의 성장, 산업혁명, 신대륙의 발견, 프랑스 혁명과 맞물리면서 민주주의와 자본주의라는 거대한 물줄기를 만들어냈다. 이탈리아 반도의 작은 해변에서 시작된 나비의 날갯짓이 세계질서의 흐름을 바꾼 것이다.

500~700년 전의 역사적 현상에 주목하는 것은 세계사의 변곡점을 파악하는 데 필요한 혜안을 열어주기 때문이다. 우리가 인문학을 공부해야 하는 이유는 바로 이것이다. 인문학은 무엇보다 생각하는 힘을 길러준다. 이를 통해 우리가 넓은 시야를 가지고 세상을 바라보고 인간을 이해할 수 있도록 도와준다. 이는 사회 현상이 점점 복잡해지는 오늘날을 사는 우리에게 더 절실히 요구되는 것이다. 국가 지도자는 말할 것도 없고 개인이나 기업 경영자도 복잡한 현상 속에 자리잡고 있는 터닝포인트를 잡아낼 수 있다면 대응은 한결 쉬워진다.

삶에 대한 답을 찾아가는 길

〈서울경제신문〉 부설 백상경제연구원은 2013년부터 서울시교육청과 함께 인문학 아카데미 '고인돌(고전 인문학이 돌아오다)' 사업을 통해 시민과 청소년들에게 삶에 대한 본질적인 질문을 던지고 스스로 답을 찾아갈 수 있는 길을 제시해왔다. 이 책은 8년간 10만 명 이상의 시민과 청소년들이 참가하면서 서울시의 대표 인문학 아카데미로 성장한 고인돌 사업의 성과물 가운데 하나다. 일반 시민과 미래 세대의 주역인 청소년들이 빛의 속도로 변화하는 환경 속에서 중심을 잡고 삶의 본질을 꿰뚫어 볼 수 있는 눈을 길러주기 위해 책을 출간하게 됐다.

지난해 출간한 『교실밖 인문학 콘서트 1』은 신화, 철학, 문학, 미술, 영화, 환경, 역사와 같은 인문학의 기본 교양을 주로 소개했다. '세상을 바라보는 시야가 넓어진다', '집중이 잘 된다', '삶의 본질을 꿰뚫어 볼 수 있는 눈을 길러준다' 등 출간 후 독자들의 관심이 집중되었다. 이 같은 독자들의 뜨거운 반응에 힘입어 『교실밖 인문학 콘서트 2』를 출간하게 되었다.

인문학의 기본 교양에서 융합과 확장으로

1권이 인문학의 기본 교양에 중점을 두었다면, 2권은 인문학의 융합과 확장을 꾀했다. 철학·역사·경제학·과학·수학·건축·미디어 등 학문의 인문적 가치를 담으려고 노력했다. 조선의 천문·지리·수학·생활백과·법의학 등 실용학문을 현대인의 시각으로 재해석한 '조선을 보는 또 다른 창, 실용학문', 철학자들이 남긴 명언으로 그들의 사상을 이해하는 '세상을 바꾼 철학자의 한마디', 미디어에 대한 올바른 이해와 정보활용을 다룬 '미디어 리터러시 & 실용 글쓰기', 언어실력을 갈고닦는 읽기·쓰기 두 마리 토끼를 잡는 '단박에 익히는 서평 쓰기', 주요 먹거리로 경제를 이해하는 '음식에 숨어 있는 경제학 원리', 서양의 근현대 건축사를 개괄적으로 풀어낸 '단박에 읽는 서양 근현대 건축사', 역사에 한 획을 그은 과학 이론을 소개하는 '인간의 영역을 확장하는 과학', 인류 문명의 전환을 이룬 수학 원리를 담은 '세상을 이해하는 첫걸음 수학' 등이다.

세 차례에 걸친 산업혁명으로 인류는 눈부신 경제발전을 이루었다. 그 덕분에 우리는 역사상 가장 풍요로운 시대를 살고 있다. 4차 산업혁명으로 인공지능 기술이 일상생활에 스며들고 로봇이 인간의 고단한 일을 대신해줄 날도 머지않았다. 그렇다면 인간은 무엇을 위하여 살아야 할까. 사람과 세상을 이해하고 쌓여가는 문제를 해결하기 위한 창의력을 발휘할 때다. 학문의 경계를 허물고 통섭의 시대로 나가야 하는 것은 바로 이 때문이다.

이 책이 지구 공동체 일원으로서 모두가 행복한 세상을 만들겠다는 꿈을 꾸며 창의적인 생각의 싹을 틔우는 출발점이 되기를 기대한다.

백상경제연구원장 오철수

차례

프롤로그 인문학의 기본 교양에서 융합과 확장으로
_10만 명이 함께한 서울시교육청 인문학 강좌 4

● 역사

1장 조선을 보는 또 다른 창, 실용학문 | 안나미

1 **하늘의 이치는 땅에 구현된다 _천문** 16
조선시대에 관측된 케플러 초신성 | 하늘을 읽어 땅의 일을 예측하다 | 인류의 소중한 자산, 천문기록

2 **땅을 기록하라 _지리** 23
과학적이고 실용적인 지도의 등장 | 정확성과 예술성을 갖춘 지도 | 천하를 알려준 세계지도

3 **논밭의 면적을 구하라 _수학** 31
조선시대에도 당연히 수학이 있었다 | 백성들의 삶을 돌보는 데 기본이 된 수학

4 **다양한 정보를 기록하라 _생활백과** 38
조선시대에는 생활정보를 어디서 얻었을까 | 우리나라 최초의 백과사전 『지봉유설』 | 지금도 유용한 『오주연문장전산고』의 정보

5 **억울함이 없게 하라 _법의학** 44
진짜 범인은 누구인가 | 법 앞에서 모두 바른 판결을 받을 수 있도록

● 철학

2장 세상을 바꾼 철학자의 한마디 | 이창후

1 **반성하지 않는 삶은 살 가치가 없다 _소크라테스** 52

삶에 대한 근본적 반성은 왜 필요할까? | 어떤 방식으로 삶을 반성해야 할까?

2 **진정한 존재는 이데아다 _플라톤** 59

수학자 에드워드 소프가 성공한 이유 | 이데아는 과연 존재하는가 | 현실 사건 속의 가장 중요한 진실

3 **제비 한 마리가 왔다고 여름이 온 것은 아니다 _아리스토텔레스** 66

철학은 원칙에 대한 것이다 | 한 번의 행동으로는 아무것도 변하지 않는다

4 **나는 생각한다, 고로 나는 존재한다 _데카르트** 74

스티브 발머가 선택한 원칙 | 절대적으로 확실한 진리의 출발점

5 **직관 없는 내용은 공허하고 내용 없는 직관은 맹목이다 _칸트** 80

재미의 철학 | 내용과 개념, 둘 다 중요하다 | 철학을 버릴 수 없는 이유

● 의사소통

3장 미디어 리터러시 & 실용 글쓰기 | 장선화

1 **접신을 꿈꾸던 인간, 과학을 만나다 _미디어의 역사** 90

미디어는 영혼의 중매쟁이? | 세상을 보는 창, 인간의 확장

2 **미디어의 탄생과 기술의 발전 _악타 디우르나에서 유튜브까지** 96

미디어의 가장 큰 특징 | 금속인쇄술의 발명이 근대를 앞당기다 | 기자, 전문직이 되다 | 전신, 장거리 통신의 혁명 | 출판업자 대신 등장한 전문기자 | 미디어를 효과적으로 활용한 인물 | 영상의 시대 | 컴퓨터와 네트워크의 등장 | 통신기술 혁신의 아이콘

3 **실용 글쓰기의 기본 _뉴스** 110

뉴스의 특징 6가지 | 두괄식 글쓰기 | 미괄식 글쓰기 | 뉴스로 논리력 키우기

4 **누구나 쉽게 배우는 실전 글쓰기 _자기소개서** 116

글쓰기는 가성비 높은 자기 표현법 | 글쓰기의 본질은 감동과 공감 | 뉴스 읽기로 글쓰기 공포부터 없애자 | 긴 글도 한 줄로 요약할 수 있다 | 기억을 되살리는 메모의 힘 | 자기소개서, 미리 써두자

4장 단박에 익히는 서평 쓰기 | 김나정

1 **읽는 법과 쓰는 법을 배운다 _서평** 130

읽기와 쓰기, 두 마리 토끼를 잡는다 | 막무가내가 아니라 조목조목 | 서평을 위한 읽기 | 책을 더럽히자

2 **글의 수준은 쓰기 전에 정해진다 _서평 쓰기 밑 작업** 140

서평 쓰기 준비 | 글쓰기 계획 세우기

3 **글을 쓸 때 가장 중요한 것 _실전 서평 쓰기** 147

서평 쓰기 필살기 | 첫 문장과 마지막 문장 쓰는 법 | 서평 달인 되기

● 경제학

5장 음식에 숨어 있는 경제학 원리 | 박정호

1 **부의 상징이었던 하얀 가루 _소금** 156

소금은 바다보다 육지에 더 많다 | 유용한 통치수단이 된 소금 | 부의 창출 기반 | 세계적인 소금 산지 한국

2 **사악한 소비에서 착한 소비의 대명사로 _설탕** 165

설탕 생산을 위해 식민지로 눈을 돌리다 | 아프리카인들이 유럽인에게 저항하지 않은 이유 | 저임금 노동자들의 열량을 보충하는 대안

3 **한반도가 원산지인 식재료의 가치 _콩** 173

콩의 본고장 | 다양한 곳에 활용된 콩 | 경제적 위기에서 인류를 구한 식자재 | 국가 최우선 과제, 식량 자급

4 **선진 금융거래 탄생의 주역 _쌀** 181

미래에 대한 계약으로 손해를 막는다 | 아시아 최초의 선물거래소 오사카

● 서양 건축

6장 단박에 읽는 서양 근현대 건축사 | 정현정

1 **근대 건축과 거장들 1 _시카고학파와 아르누보** 190

유용한 건물 자재가 된 철 | 고층건물의 발전을 주도한 시카고학파 | 곡선의 아름다움을 표현한 아르누보 | 가우디와 독일 분리파 운동

2 **근대 건축과 거장들 2 _고층건물과 공업화 건축의 시대** 202
20세기의 대표적인 건축가 르코르뷔지에 | 환경과 호흡하는 건축, 프랭크 로이드 라이트 | 고층건물과 공업화 건축

3 **현대적 이념의 건축과 미래 1 _절충주의와 포스트모더니즘** 211
1960년대 근대 건축의 쟁점 | 모든 양식을 이용한 새로운 시도, 절충주의 | 1980년대 포스트모더니즘 | 고전주의적 포스트모던의 활발한 전개

4 **현대적 이념의 건축과 미래 2 _해체주의와 하이테크 건축** 219
철학과 건축의 연계 : 데리다와 해체주의 건축 | 현대적 하이테크 건축 | 스마트 기술을 바탕으로 한 현대와 미래의 건축 | 에필로그 : 포스트 코로나19, 건축의 방향

● 수학과 과학

7장 세상을 이해하는 첫걸음 수학 | 장형진

1 **지구의 수학은 어떻게 발전해왔는가 _계산하기 위한 첫걸음** 236
최초의 문명에 나타난 숫자체계 | 아주 크거나 작은 숫자 나타내기 | 덧셈에서 곱셈, 제곱으로 나아가기

2 **곱셈이 나눗셈을 낳다 _연산의 확장** 245
덧셈이 뺄셈을 낳다 | 곱셈이 나눗셈을 낳다 | 자연스러운 수를 넘어서

3 **위기는 더 큰 세상으로 이끈다 _수의 해방** 254
형태를 이해하고 비교하다 | 위기는 더 큰 세상으로 이끈다 | 모든 크기를 표현할 수 있는 실수 | 가장 넓은 수의 모습, 복소수

4 **진실을 밝히는 방법을 찾아서 _비유클리드 기하학** 263

내 주장이 맞는지 어떻게 증빙할 수 있을까? | 주어진 것으로부터 새로운 것을 알아내다 | 기하학을 모르는 자 이 문을 들어올 수 없다

8장 인간의 영역을 확장하는 과학 | 장형진

1 **세상은 무엇으로 이뤄져 있을까? _만물의 근원 물질** 272

새로운 문명을 일구는 과학 | 자연과 인간을 잇는 초월자 | 만물의 근원 물질 | 의술로 질병을 치료하다 | 내가 딛고 선 땅에 대한 새로운 시각

2 **내가 딛고 선 곳은 어디인가? _천동설과 지동설** 285

중심은 태양인가, 지구인가 | 완벽하지 않은 천상의 세계 | 공기는 혼합물이다 | 자연에는 진공이 존재한다

3 **세상을 움직이는 힘은 어떻게 작동하는가? _만유인력의 법칙** 296

과학의 이정표를 세운 『프린키피아』 | 우주의 보편적인 원리, 뉴턴의 운동법칙 | 물체를 운동시키는 원인 | 우주인은 무중력 상태가 아니다

4 **물질은 왜 이렇게 다양할까? _근대 화학의 탄생** 307

물질의 가장 작은 입자 | 원자가 아니라 분자 | 문명의 꽃, 전기의 등장

5 **인간의 영역은 어디까지인가? _현대 물리학** 318

현대 물리학의 시작 | 양자역학은 양자이론의 종착점이 아니다 | 인간의 영역은 어디까지 확장될 것인가

동양에서는 옛날부터 하늘에서 일어나는 일이 땅에서도 일어난다고 믿었다. 마치 거울처럼 그대로 비춰준다고 생각한 것이다. 그래서 하늘을 관찰하면서 인간 세상에 일어나는 일을 예측했다. 그 시작은 이처럼 비과학적인 미신일 수 있었으나, 오랜 과정을 거치면서 결과는 과학이 되었다.

1장

조선을 보는 또 다른 창, 실용학문

안나미 | 수학과 과학을 좋아하는 한문학자. EBS 작가를 거쳐 성균관대 초빙교수로 있다. 임진왜란 시기 한중 문학교류에 대한 연구로 성균관대 한문학과에서 박사학위를 받았다. 한문학은 오래되어 낡은 이야기가 아니라 21세기 스토리 산업의 원천이라고 믿고 현대인의 시각으로 재해석하는 데 힘을 쏟고 있다.

1

하늘의 이치는 땅에 구현된다

천문

조선시대에 관측된 케플러 초신성

인류는 아주 오래전부터 밤하늘을 관찰했고 문자를 사용하면서 밤하늘에서 일어나는 현상을 기록해왔다. 동양에서는 옛날부터 하늘에서 일어나는 일이 땅에서도 일어난다고 믿었다. 마치 거울처럼 그대로 비춰준다고 생각한 것이다. 그래서 하늘을 관찰하면서 인간 세상에 일어나는 일을 예측했다. 그 시작은 비과학적인 미신일 수 있었으나 오랜 과정을 거치면서 결과는 과학이 되었다.

> 밤 1경(저녁 7~9시)에 객성(손님별)이 미수(전갈자리) 10도의 위치에 있었는데, 북극성과는 110도의 위치였다. 형체는 세성(목성)보다 작고 황적색이었으며 동요하였다. 5경(새벽 3~5시)에 안개가 끼었다.

1604년(선조 37년) 9월 21일 『조선왕조실록』 중 『선조실록』의 기록이

다. 밤중에 객성(客星)이 미수(尾宿)에 나타났다. 객성은 손님별이라는 뜻으로 항상 있던 별이 아니라 손님처럼 갑자기 나타난 별이다. 대개 혜성이나 초신성, 변광성을 말한다. 미수는 청룡의 꼬리에 해당하는 별인데 서양 별자리로는 전갈자리다. 세성(歲星)은 목성을 말한다. 이 내용을 풀어보면 밤중에 전갈자리에서 못 보던 별이 반짝하고 나타났는데, 북극성과는 110도 떨어져 있었고, 모양은 목성보다는 작고 색깔은 노랗고 붉은색인데 떨림이 있었다는 것이다.

『선조실록』에 있는 이 손님별에 대한 기록은 1604년 9월 21일부터 다음해인 1605년 3월 15일까지 이어졌다. 매일 기록이 있는데, 구름이 껴서 보이지 않으면 보이지 않는다고 기록했다. 그렇다면 갑자기 손님처럼 나타난 이 별은 무엇일까?

가장 유명한 초신성은 아마도 케플러 초신성일 것이다. 1604년 10

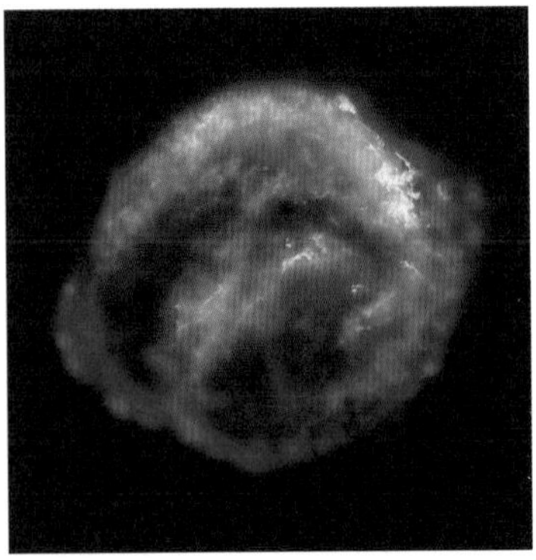

1604년에 발견된 케플러 초신성의 모습. 천문학자 케플러가 관측해 기록을 남겼기 때문에 그의 이름이 붙었다.

월 17일부터 독일의 천문학자 요하네스 케플러가 체코 프라하에서 초신성을 관측한 후, 아직 육안으로 볼 수 있는 초신성이 나타나지 않았기 때문이다. 초신성은 별이 죽으면서 대폭발할 때 갑자기 새로운 별이 나타난 것처럼 크게 빛나다가 사라진다. 그래서 밤하늘에 없던 별이 반짝이며 나타나니 새로운 별 '신성(新星)'이라고 하고, 신성보다 더 크게 보이는 것을 '초신성'이라고 했다.

『조선왕조실록』의 기록은 1604년 음력 9월 21일부터 시작되었는데 양력으로 계산하면 10월 13일이다. 케플러보다 4일 빠르게 관측했고, 관측 기록도 무척 자세해 케플러 초신성을 연구하기 위한 자료로는 가장 뛰어나다고 한다.

하늘을 읽어 땅의 일을 예측하다

조선은 왜 밤하늘을 관찰하고 그것을 기록으로 남겼을까? 초신성이 더는 관측되지 않자 『조선왕조실록』에는 다음과 같은 기록이 실렸다.

> 객성(손님별)이 여러 달 미수(전갈자리) 분야에 나타났는데, 이는 바로 우리나라에 해당하는 분야이다. 일찍이 통보(通報)를 보건대, 중원(中原)에도 이러한 재변이 발생하여 각로(閣老)들이 매우 걱정한다고 했다.

선조가 객성이 오랫동안 나타난 것을 걱정하고 있다. 임진왜란을 겪은 선조는 객성까지 나타나자 더욱 근심할 수밖에 없었다. 하필 객성이 미수 분야에 나타났기 때문이다. 미수 분야는 우리나라에 해당한다. 하늘에 28개의 별자리가 있는데, 그 별자리가 비추는 땅에 같은 이름의 분야를 짝을 지웠다. 28개의 별자리 중에서 우리나라는 미수와 기수(箕宿) 분야에 해당한다. 그러니 선조는 나라에 재앙이 또 나타날까 걱정한 것이다. 왜냐하면 하늘에서 나타나는 현상은 땅에서 일어나는 일을 미리 알려주는 것이라고 믿었기 때문이다. 그래서 하늘을 열심히 관측하고 기록으로 남긴 것이다.

> 올해 10월 25일 밤 4경(새벽 1~3시)에 혜성이 진수(軫宿) 밖으로 이동했으며, 서남성과 우할성(右轄星) 사이로 조금씩 나아갔다. 처음으로 익수(翼宿) 17도 반으로 들어갔으며 북극과의 거리는 109도이고 성체와 색깔은 어제에 비하면 성대해졌고, 꼬리의 자취 역시 성하여 거의 1장 남짓 되었고, 도수도 5.6촌이 되며 익성(翼星) 가운데로 뻗었다.
>
> | | | |
> |---|---|---|
> | 관상감부봉사 | 신(臣) | 안(安) |
> | 부사맹 | 신(臣) | 윤(尹) |
> | 관상감직장 | 신(臣) | 전(田) |
> | 겸교수 | 신(臣) | 박(朴) |
> | 홍문관수찬 | 신(臣) | 오(嗚) |

조선시대 관상감에서 하늘이나 별의 움직임을 기록한 『성변측후단자(星變測候單子)』의 1664년 기록이다. 혜성이 나타난 것을 관측한 것인데, 위치와 모양, 운동 방향, 꼬리의 변화 등을 상세하게 다뤘다. 이것 역시 혜성이 사라질 때까지 매일 기록했으며 글뿐 아니라 그림으로도 남겨놓아 어느 별자리에서 어느 별자리로 얼마만큼 이동하는지를 정

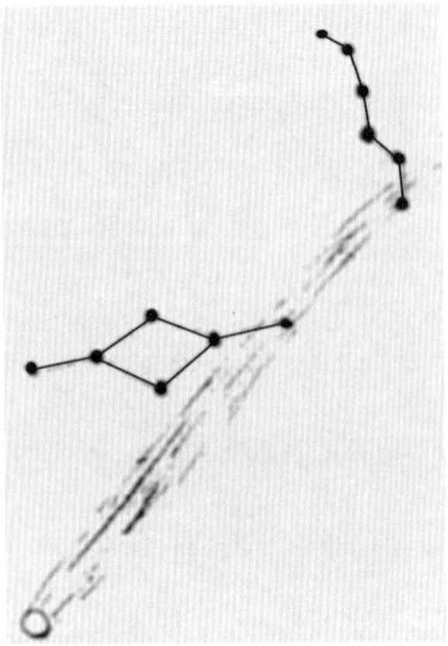

『성변측후단자』에 실린 혜성의 움직임을 기록한 그림

확하게 파악할 수 있도록 했다.

혜성은 동양이나 서양이나 불길한 존재로 생각했다. 어느 날 갑자기 하늘에 긴 꼬리를 휘날리며 나타나는 존재가 두려울 수밖에 없었을 것이다. 해가 24시간을 주기로 뜨고 지고, 달이 28일을 주기로 차고 기울고, 365일을 주기로 1년이 반복되는 현상을 통해서 예측 가능한 안정적인 삶을 살던 사람들에게 갑자기 나타나는 변화는 두려움이다.

번쩍번쩍 백 길짜리 긴 꼬리 장성	煌煌長星長百丈
동쪽 끝에 나타나서 하늘 복판 질러가네	出自東極亘天維
혜성인가 패성인가 참창성인가	彗耶孛耶欃槍耶
사람들은 이것이 바로 치우기라 말하누나	人言乃是蚩尤旗

조선 중기 4대 문장가인 장유가 지은 〈장성행(長星行)〉이라는 시의 일부다. 긴 꼬리 장성(長星), 혜성(彗星), 패성(孛星), 참창성(欃槍星), 치우기(蚩尤旗)라는 생소한 명칭이 등장한다. 패성은 꼬리가 분명하지 않거나 꼬리가 없는 경우이고, 참창성은 전쟁이 일어나는 것을 상징하며, 꼬리가 두 개로 갈라진 혜성을 치우기라고 한다. 혜성의 모양에 따라 그 이름을 구분한 것이다.

다시 『성변측후단자』의 글을 보면 '관상감부봉사', '관상감직장' 등 관측에 참여한 사람의 명단이 밑에 적혀 있다. 매일 하늘의 현상을 관측하고 기록할 때 참여자와 관리자의 이름을 꼬박꼬박 쓴 것이다. 날짜에 따라 관측자의 변동이 있기도 하다. 이것은 그날 관측한 내용에 대해 책임을 진다는 의미다. 그러니 대충 관측하고 아무렇게나 기록으로 남길 수가 없었을 것이다.

또 흥미로운 것은 혜성이나 초신성, 변광성처럼 갑자기 밤하늘에 나타난 특별한 현상을 『조선왕조실록』, 『승정원일기』, 『일성록』, 『성변측후단자』 등에 기록하는데, 현상은 크게 같지만 기록하는 방식이 조금씩 차이가 있다는 사실이다. 그래서 그때의 기록을 한꺼번에 놓고 비교해 보면 더욱 정확한 현상을 파악할 수 있다.

조선시대 과학자 장영실이 만든, 천체의 운행과 그 위치를 측정하던 천문관측기 혼천의(1433)

인류의 소중한 자산, 천문기록

세계 역사상 천문현상을 이렇게 장기간 정교하게 관측하고 기록을 남긴 사례는 찾아볼 수 없다고 한다. 조선왕조가 500년이나 이어졌기 때문에 가능했던 일이지만, 천문현상을 대하는 우리 조상들의 태도가 특별했던 것도 그 이유일 것이다. 하늘을 열심히 본 이유는 하늘을 공경하는 것은 물론이고, 날씨가 농사나 정세(政勢), 백성들의 생활 등에 깊은 영향을 미친다고 생각했기 때문이다. 왕이라면 백성의 삶을 행복하게 만들어줘야 할 책임이 있기에 하늘을 살펴 백성의 삶을 풍요롭게 하기 위해 애쓰고, 하늘의 경고를 미리 알아차려서 대비할 수 있어야 했다.

우리 조상들의 하늘 관측 내용에는 초신성뿐만 아니라 혜성, 변광성, 일식, 월식, 흑자(黑子)까지 모두 포함된다. 흑자는 태양의 흑점을 말하는데, 『조선왕조실록』 1604년 윤 9월 2일에는 "해 돋을 녘에 태양에 새알 만한 흑점이 보이다"라고 했고, 다음날인 9월 3일에는 "해 돋을 녘에 태양에 계란 만한 흑점이 보이다"라고 했다. 흑점의 크기가 새알에서 계란 만하게 커졌다는 것을 알 수 있다. 태양 흑점의 변화도 오랫동안 기록해놓았는데, 현대 과학자들이 그 기록을 분석하면 태양 흑점의 변화와 오로라의 발생 기록이 정확하게 일치한다고 한다.

2017년 8월 31일 세계적으로 권위 있는 국제학술지 〈네이처〉에 15세기 전갈자리 신성의 기록을 가지고 신성이 1000년 단위로 폭발하면서 왜소신성으로 진화하는 과정을 밝힌 논문이 실렸다. 미국 뉴욕 자연사박물관 천체물리학부의 마이클 섀러 박사 팀이 연구한 결과인데, 『조선왕조실록』 세종 19년 2월 5일의 기록을 분석해서 연구했다고 한다. 세종 때 일어난 천문현상을 현대에 연구할 수 있게 된 것은 상세한 기록 덕분이다. 우리나라의 천문현상 기록이 인류 전체의 소중한 자산이 된 것이다.

2

땅을 기록하라

지리

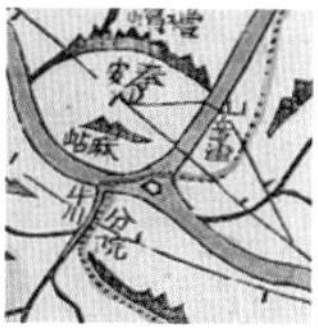

[이정귀의 집] 연화방(종로 4가 일대)에 있다. 사당 앞에 단엽 홍매(單葉紅梅)가 있는데, 중국인이 공에게 선사한 것이다. 우리나라에서 홍매화가 단엽인 것은 이 한 그루뿐이다.

[인평대군의 집] 건덕방(낙산 밑 혜화동 부근) 타락산 아래에 있는데, 용흥궁(종로구 효제동에 있는 효종의 잠저)과 동서쪽으로 마주 서 있다. 석양루가 있는데 기와 벽돌에 모두 그림을 새겼으며, 넓은 규모와 화려함은 여러 살림집과 정자 중에 제일이다.

[송시열의 집] 성균관 서쪽 산기슭에 있는데, 우암이 예전에 기거하였기 때문에 동 이름을 '송동'이라고 한다. 동리의 골이 깊으며 석벽에 증주벽립(曾朱壁立)이라는 네 글자를 써서 새겼는데, 우암의 글씨이다. 동리 가운데 꽃나무가 많아서 봄놀이하는 사람들이 매우 많다.

조선시대 서울 동쪽 지역에 사는 유명인들의 집에 대한 묘사로 이정

1824~34년경 제작된 한성 지도인 〈수선전도〉의 일부로 '수선'은 수도를 말한다. 김정호가 그린 이 지도는 당시 조선에 체류하던 외국인들을 위해 만들어진 것으로 보인다.

귀, 인평대군, 송시열 외에 이석형, 신광한에 대해 설명해놓았다. 연화방은 지금의 종로구 대학로에 있는 서울대병원 자리이고, 건덕방 타락산은 대학로 뒤의 낙산을 말한다. 이 근처에는 창경궁과 성균관이 있어 이수광 같은 유명한 문인들이 많이 모여 살았다. 위치는 물론이고 동네 이름의 유래라든가, 그 집에 있는 특별한 매화, 특이사항도 덧붙여 놓았다. 이 내용은 조선시대의 지리지 『신증동국여지승람(新增東國輿地勝覽)』 3권 한성부 설명의 일부다.

과학적이고 실용적인 지도의 등장

옛날에는 천지인(天地人)이라고 해서 첫 번째로 하늘, 두 번째로 땅, 세 번째로 인간을 꼽았다. 그래서 하늘과 땅, 인간을 기록하는 것을 중요하게 여겼다. 땅을 기록한다고 하면 지도만 생각하기 쉽지만 지도가 땅을 그림으로 기록한다면, 『신증동국여지승람』처럼 위치와 내력, 특징 등을 두루 기록하는 인문지리서도 있었다.

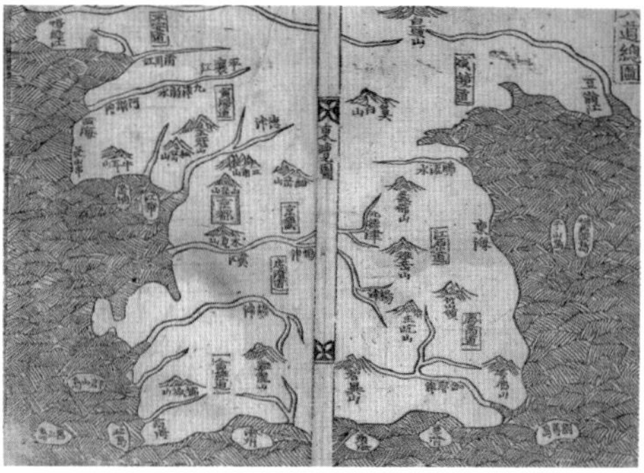

조선시대 인문지리서 『신증동국여지승람』의 팔도총도(1530). 땅의 그림뿐 아니라 위치와 내력, 특징 등이 두루 기록되어 있다.

『신증동국여지승람』은 조선 성종(1457~95) 때 서거정, 노사신, 강희맹 등이 만든 『동국여지승람』에 새로운 내용을 더해 중종(1488~1544) 때 새로 편찬한 것이다. 우리나라 국토의 역사와 문화를 종합적으로 정리해 정치사나 향토사 등 문화를 연구하는 데도 꼭 필요한 자료다.

우리나라의 지리지는 세종이 전국 각지의 규모와 실상을 파악하기 위해 『세종실록』에 포함했는데, 각 지방의 연혁(변천해온 과정), 인물, 고적, 토지, 교통 등을 다루어 이때부터 본격적으로 전국 규모의 완성된 지리지가 만들어졌다고 할 수 있다. 역시 세종대왕은 위대하다.

> 살 터를 잡는 데는 첫째, 지리가 좋아야 하고, 다음으로는 생리가 좋아야 하며, 다음으로는 인심이 좋아야 하고, 그다음으로는 좋은 산과 물이 있어야 한다. 이 네 가지 중에서 하나라도 부족하면 살기 좋은 땅이 아니다.

요즘에 살 곳을 고르는 조건과 비교해보면 어떤가? 지리(地理)는 산과 모양, 흙 색깔, 물길 등을 보는 것이다. 생리(生利)는 기름진 땅이나 교통이 좋아 물자를 유통하기 좋은 땅이어야 먹고살 방법을 찾기 쉽다는 것이다. 인심(人心)은 마을 사람들의 마음이 착한 곳을 택하는 것인데, 인심이 가장 좋은 곳으로 평안도를 꼽기도 했다. 산수(山水)는 경치를 말하는데, 경치가 가장 좋은 곳을 강원도 영동으로 꼽았다. 요즘 살 곳을 고르는 것과 크게 다르지 않아 보인다.

위의 글은 1751년 영조 때 이중환이 지은 『택리지(擇里志)』에 실린 것이다. 실학자였던 이중환은 사람이 살 만한 곳은 어떠해야 하는지, 정치·경제·풍속 등을 실용적으로 따져보아 실제로 도움이 될 만한 것을 뽑아서 기록했다.

조선의 대표적인 지도첩 『대동여지도(大東輿地圖)』는 김정호가 27년 동안 전국 방방곡곡을 직접 다니면서 정밀하게 제작한 것이다. 가장 정

〈대동여지도〉 중 함경도 부분(1861). 함경도 최북단인 온성 주변의 봉수대가 표시되어 있으며, 왼쪽에는 각각의 표시가 나타내는 바를 설명한 지도표를 수록했다.

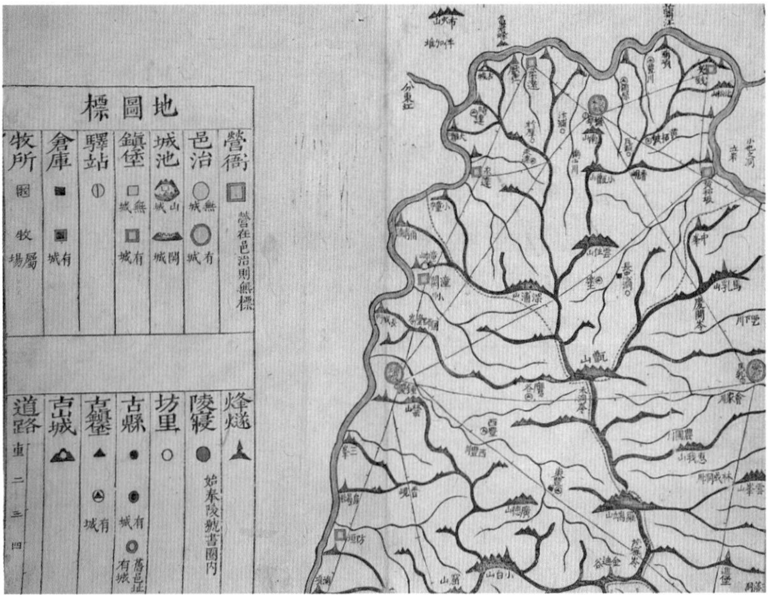

확하게 만들어진 지도로, 지금 사용하는 지도와도 별 차이가 없을 정도다. 약 16만분의 1 축척을 사용했으며, 도로 10리마다 점을 찍어서 표시하고, 범례를 사용하는 등 과학적이고 실용적인 지도로 평가받고 있다. 또한 목판으로 인쇄해 지도를 대중화하는 데 중요한 역할을 했다.

정확성과 예술성을 갖춘 지도

우리나라의 옛날 지도를 본 적이 있다면 지도가 가지는 실용성은 둘째치고, 옆의 〈대동여지도〉처럼 그림으로 감상해도 될 만큼 아름답다는 것을 알 수 있다. 갖가지 색깔로 예쁘게 채색되어 있고, 산과 강, 마을 등이 아름답게 그려져 있는데, 특히 명당을 강조해서 표시하기도 했다.

지도의 색깔은 오방색(伍方色)으로 칠해져 있는데, 방위마다 고유의 색깔이 있었다. 동쪽은 파란색, 서쪽은 흰색, 남쪽은 붉은색, 북쪽은 검은색, 중앙은 노란색인데, 이것은 동양의 우주관인 음양오행설을 나타낸 것이다. 어떤 지도는 다섯 가지 색을 고집하지 않고 초록색, 진한 초록색 등으로 달리 표현하기도 했다. 지도를 그릴 때는 전문 화가인 화원이 작업에 참여해 미적인 효과를 높였다. 보기에도 아름답도록 하기 위해서다.

지도를 만들 때는 지리적인 위치만이 아니라 땅이 갖는 풍수적인 특징도 중요하게 생각했다. 땅은 음양과 오행의 원리가 작용하는 생명체라고 보았기 때문에 산과 강이 어떻게 조화를 이루어 좋은 땅이 되는지를 세심하게 살폈다. 명당은 살아 있는 사람이 살기 좋은 땅, 죽은 사람이 묻히기 좋은 땅으로 구별했다. 이런 땅의 풍수를 정확하게 알아내기 위해서 풍수가인 상지관(相地官)이 산의 형세나 강의 물줄기 등을 진단하고 지도를 그릴 때 그것을 반영했다.

정리하면 지도를 만들 때 먼저 지리를 잘 아는 관리가 정확하게 실측하고, 다음으로 풍수를 잘 아는 풍수가가 풍수를 진단하며, 마지막으로 지도를 아름답게 그릴 수 있는 전문 화가가 완성한 것이다. 그래서 우리나라의 옛날 지도는 지리적인 정확성뿐만 아니라 예술성도 높이 평가받고 있다.

천하를 알려준 세계지도

옆의 지도는 1402년 태종 2년 때 만든 〈혼일강리역대국지도(混一疆理歷代國都之圖)〉로 동양 최초의 세계지도다. 좌의정 김사형, 우의정 이무가 지도를 연구하고 이회가 교정하여 만들었다. 크기는 세로 148센티미터, 가로 164센티미터로 비단에 그려진 대형 지도다. 아시아와 유럽, 그리고 아프리카까지 포함하고 있는데 중국과 함께 조선이 매우 크게 그려져 있는 것을 볼 수 있다.

> 천하는 지극히 넓다. 안으로는 중국에서부터 밖으로는 사해까지 몇천만 리가 되는지 알 수 없다. 이것을 줄여서 몇 척의 넓이에 그리려면 자세히 그리기 어렵다. 그러므로 그림 그리는 자들이 대개 삭제하고 간략하게 그리는데, 오직 오문 이택민의 〈성교광피도〉는 매우 상세하고, 역대 제왕 국도(나라의 수도) 연혁은 천태 승려인 청준의 〈혼일강리도〉에 잘 나타나 있다.

지도 아래에 문인 권근이 쓴 발문의 내용이다. 조선 태종 때 유럽과 아프리카까지 포함하는 세계지도를 만들었다는 것은 깜짝 놀랄 만한 일이다. 어떻게 조선시대에 세계를 모두 담은 지도를 그릴 수 있었을까?

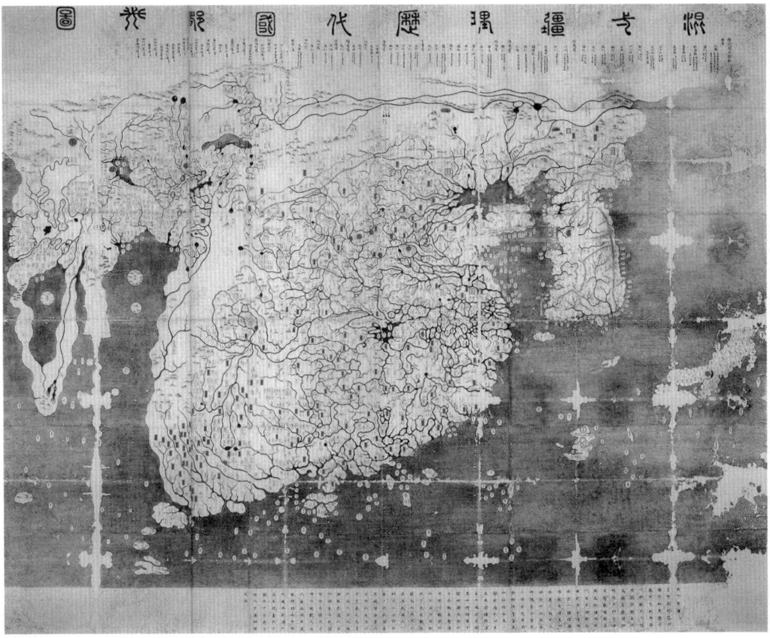

동양 최초의 세계지도 〈혼일강리역대국지도〉(1402). 비단에 그려진 대형 지도로 아시아와 유럽, 그리고 아프리카까지 포함돼 있는데, 중국과 함께 조선이 매우 크게 그려져 있는 것을 볼 수 있다.

그 근거를 이 글에서 찾을 수 있다. 바로 이택민의 〈성교광피도(聲敎廣被圖)〉와 천태종 승려 청준의 〈혼일강리도(混一疆理圖)〉를 바탕으로 했기에 가능했다.

이택민과 청준은 모두 원나라 사람이다. 원나라는 13세기에 몽골제국이 중국에 세운 나라다. 칭기즈칸이 몽골제국을 일으켜 유럽까지 정벌했기에 원나라 사람이 만든 지도에 유럽과 아프리카가 있는 것이다.

태종은 나라를 잘 다스리기 위해 먼저 국토를 제대로 파악하고자 지도를 만들었다. 지도 밑에 쓰인 권근의 말을 보면 "참으로 밖에 나가지 않고도 천하를 알 수 있다. 대개 지도를 보면 지역의 멀고 가까움을 알게 되니, 또한 나라를 다스리는 데에 도움이 된다"라고 했다. 태종이 조선만 파악하면 되는데 굳이 전 세계를 담은 세계지도를 만든 이유를 이 글을 통해서 알 수 있다. 바로 천하를 알 수 있기 때문이다. 비록 작은 나라 조선을 다스리더라도 천하를 제대로 알고자 한 것이다.

조선 후기에 이르기까지 지도는 계속 만들어졌다. 국방을 목적으로 한 지도인 〈팔도관해방총도(八道關海防摠圖)〉, 서울을 자세히 그린 지도 〈도성도(都城圖)〉 등 용도와 목적에 따라 다양한 지도가 만들어졌다. 나라를 지키고 백성을 잘 다스리고자 만든 것에서 시작해 백성들이 활용할 수 있게 되기까지 많은 사람들이 기록한 조선의 땅을 한번 살펴보기 바란다.

3

논밭의 면적을 구하라

수학

조선시대에도 당연히 수학이 있었다

사람들에게 학교 다닐 때 가장 싫어한 과목이 뭐냐고 물으면 아마 수학이 세 손가락 안에 들 것이다. 수학을 포기한 사람이라는 뜻의 '수포자'라는 말이 생길 정도로 많은 학생들이 수학을 어려워하고 싫어한다. 수학 없는 세상에 살고 싶다면 조선시대로 돌아가면 될까? 조선시대 수학 문제를 보자.

문제 미전이 있는데 허리 부분의 너비가 5보이고, 바깥 현이 54보이며, 안쪽 현이 40보이면 넓이는 얼마일까?

답 117보 반

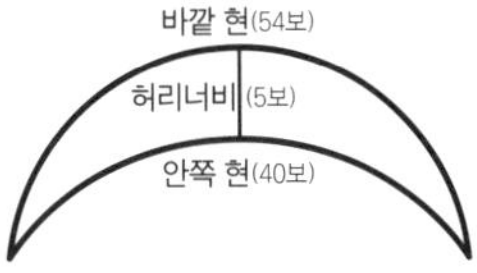

눈썹 모양 밭의 넓이를 구하는 조선시대의 수학문제

문제의 미전(眉田)에서 미는 '눈썹 미' 자로 눈썹 모양의 밭을 말한다.

즉 이것은 눈썹 모양의 밭 면적을 구하는 문제이다. 보(步)는 조선시대에 길이를 재던 단위다. 이 문제를 어떻게 풀어 답을 구했을까?

바깥쪽의 큰 현과 안쪽의 작은 현을 서로 더하고, 가운데 너비를 곱한 다음 4로 나눠 넓이를 구했다고 한다. 바깥쪽 현은 54보, 안쪽 현은 40보이니 54 + 40 = 94이다. 94에 가운데 너비인 5를 곱하면 94×5 = 470이고, 470을 4로 나누면 470÷4 = 117.5이므로 답은 117보 반이다.

이 문제는 조선시대 수학책인 『주서관견(籌書管見)』에 수록된 것이다. 논밭의 면적을 계산하는 방법을 모아놓은 〈방전(方田)〉에 나오는 문제인데, 정사각형, 직사각형, 눈썹 모양, 원 모양, 장구 모양, 사다리꼴에 삼각형이 붙은 모양 등 다양한 모양의 밭을 예로 들어 면적을 계산하는 방법을 설명해놓았다.

조선시대에 밭 면적을 계산한 방법을 알려주면, 대부분의 사람들이 조선시대에도 수학이 있었냐고 묻는다. 사람이 문명생활을 하려면 수학이 필요한 것이 당연한데도, 마치 수학은 현대 서양의 학문인 것처럼 생각한다. 그러면서 조선시대의 수학이라면 대충 사칙연산 정도만 있었을 거라고 짐작하기도 한다. 더하기, 빼기, 곱하기, 나누기만으로는 정밀한 계산을 할 수 없다. 원 모양의 밭 면적을 구하려면 원주율도 필요하고, 제곱근, 파이 등이 필요한데 용어만 다를 뿐 조선시대에도 있었다.

문제 지름이 100척일 때, 고율, 휘율, 밀율을 각각 사용할 경우의 둘레는 각각 얼마인가?

답 고율 300척, 휘율 314척, 밀율 314척 2촌 8푼 (5와 5/7)리

지름이 100척인 원의 원둘레를 구하는 문제다. 우선 문제 자체를 이해하기가 힘들 것이다. 고율(古率), 휘율(徽率), 밀율(密率)이 각각 무엇인지 알아야 이 문제를 풀 수 있기 때문이다.

먼저 풀이를 보면,

① 지름을 3으로 곱하면 고율을 얻는다.

100척×3=300척

② 지름을 157로 곱하고 또 그 결과를 50으로 나누면 휘율을 얻는다.

100척×157/50=100척×3/14=314척

③ 지름을 22로 곱하고 그 결과를 7로 나누면 밀율을 얻는다.

100척×22/7=314척 2촌 8푼 (5와 5/7)리

머리가 복잡해지지만, 아무튼 이 문제는 원주율(π)에 대해서 고율은 3을 사용했고, 휘율은 3.14를 사용했으며, 밀율은 3.1415927을 사용했다는 것을 보여준다.

고율, 휘율, 밀율은 모두 파이값을 말한다. 원주율을 3으로 하는 것을 '고율'이라 하고, 중국 위나라 유휘가 구한 원주율 3.14를 '휘율'이라고 하며, 남북조시대의 조충지가 구한 원주율 3.1415927을 '밀율'이라고 한다. 조충지가 나중에 서양에서 들어온 신율 3.14159보다 더 정확하게 파이값을 구한 것이다.

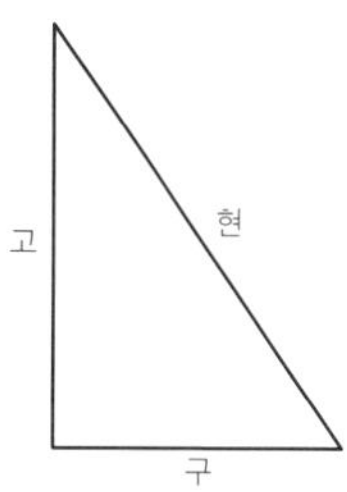

서 있는 것은 '고'이고, 가로로 누운 것은 '구'이며, 빗변은 '현'이다. 구와 고를 서로 곱하여 반으로 나누면 직각삼각형의 넓이를 구할 수 있다.

조선시대의 수학문제, '직각삼각형에서 넓이를 구하는 방법'

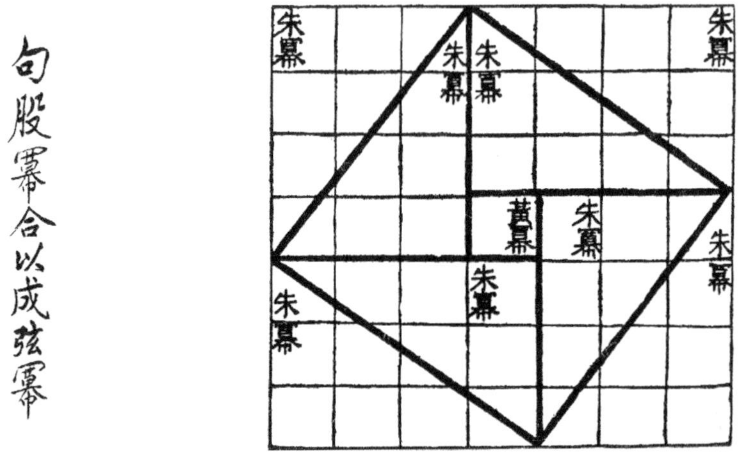

『주비산경』에 수록된 '피타고라스의 정리'의 증명. 왼쪽의 문구는 '구고멱합이성현멱'으로 구고의 제곱의 합이 현의 제곱을 이룬다는 뜻이다.

직각삼각형에서 긴 변을 '고(股)'라고 하고 짧은 변은 '구(勾)'라고 해서, 직각삼각형을 부르는 이름이 구고형(勾股形)이다. 구와 고를 곱하여 반으로 나누면 직각삼각형의 넓이를 구할 수 있다고 한다. 직각삼각형의 짧은 변의 너비가 15척이고 긴 변의 길이가 20척이라면 빗변은 얼마일까? 답은 25척이다. 짧은 변과 긴 변을 각각 제곱하여 두 수를 합해 제곱근을 구하면 빗변을 구할 수 있다.

이런 수학문제라면 어렵지 않게 풀 수 있다. 바로 피타고라스의 정리를 이용하면 되기 때문이다. 동양에서는 피타고라스보다 먼저 이것을 '구고현법(勾股弦法)'이라고 불렀는데, 수학문제를 풀 때는 물론이고, 건축물을 지을 때도 널리 활용했다.

백성들의 삶을 돌보는 데 기본이 된 수학

1은 세로로, 10은 가로로, 100은 세우고, 1,000은 넘어져 있다.

1,000과 10은 서로 나란하고, 10,000과 100은 서로 바라본다.
6이 넘는 수는 모두 5를 나타내는 산가지가 위에 있다.

이 글을 보면 무슨 소리인지 이해가 안 갈 것이다. 이것은 계산기를 사용하는 방법을 노래로 만든 것이다. 계산하는 나뭇가지를 펼치는 노래라는 뜻의 〈포주구결(布籌口訣)〉인데, 조선시대 사람들은 구구단 외우듯이 이것을 외웠다. 계산하는 나뭇가지를 '산가지'라고 하는데, 나뭇가지를 1단위는 세로로 세우고, 10단위는 가로로 놓고, 6이 넘는 수는 5를 나타내는 산가지 위에 올리는 방식이다. 음수를 나타낼 때는 마지막 단위의 산가지를 비스듬히 놓았고 0은 자리를 비워 표시했다.
나뭇가지를 배열해서 하는 계산이라고 하면 더하기나 빼기, 더 나아가 곱하기나 나누기 정도만 가능할 것이라 생각하기 쉽다. 하지만 세제곱근을 구하고 복잡한 고차방정식까지 풀 수 있었다. 산가지로 계산하는

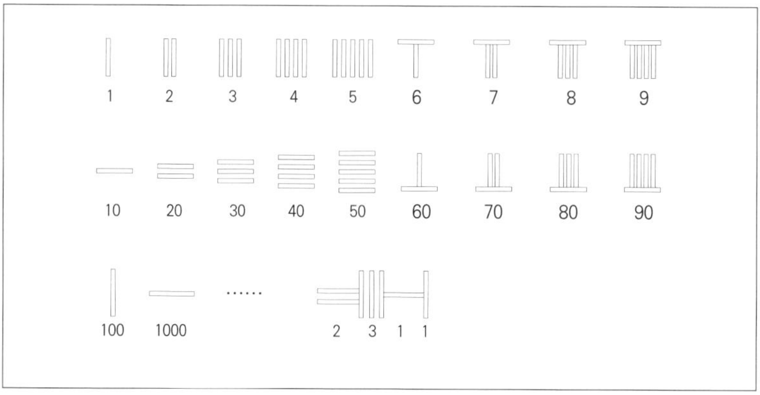

조선시대에 계산을 하기 위해 사용한 산가지. 사칙연산뿐 아니라 세제곱근을 구하고 복잡한 고차방정식을 풀 수 있을 정도로 산가지 계산법이 발달했다.

것은 고대 중국에서 시작했는데, 상업이 발달하면서 주판을 사용했고 산가지 활용은 줄어들었다. 그러나 조선에서는 꾸준히 산가지로 계산을 하면서 산가지 계산법이 발달해 복잡한 계산도 할 수 있게 되었다.

1713년 중국 청나라의 유명한 수학자 하국주가 조선의 수학자 홍정하와 어려운 수학문제 풀기 대결을 했는데, 홍정하가 산가지로 고차방정식 문제까지 금세 풀어냈다. 하국주는 중국에는 없는 계산법이라며, 산가지를 중국 사람들에게 보여주기 위해 홍정하에게 얻어 가져갔다고 한다.

조선의 수학자 중에는 세계 수학사에 이름을 남긴 사람도 있다. 조선 중기의 대학자 최석정은 스위스의 유명한 수학자 레온하르트 오일러가 1776년에 발표한 라틴방진보다 61년 앞서 9차 직교라틴방진을 만들었다. 직교라틴방진은 가로세로로 숫자가 겹치지 않게 배열하고, 이 배열을 두 쌍으로 결합해도 숫자의 쌍이 겹치지 않게 하는 마방진이다. 최석정이 집필한 수학책 『구수략(九數略)』에는 '구구모수변궁양도(九九母數變宮陽圖)'와 '구구모수변궁음도(九九母數變宮陰圖)'라는 두 개의 9차 직교라틴방진이 수록되어 있는데, 이것은 2007년에 세계 최초임을 국제적으로 인정받았다. 직교라틴방진은 반도체 칩, 이동통신시스템 설계 및 전산과학, 통계학 등 다양한 과학기술 분야에서도 활용되고 있다. 최석정이 『구수략』에 기록해놓은 것이 얼마나 다행인지 모른다.

세종대왕은 나라를 부강하게 하려면 수학을 잘해야 한다는 것을 알고 수학 발전을 위해 수학 전문기관을 마련하고 신하들에게도 수학을 공부하도록 명했다. 학자 정인지에게 도움을 받아가며 원나라 주세걸이 쓴 『산학계몽(算學啓蒙)』을 가지고 직접 수학을 공부하기도 했다.

중국의 수학책으로 수학 공부를 했지만, 세종의 수학 장려정책으로

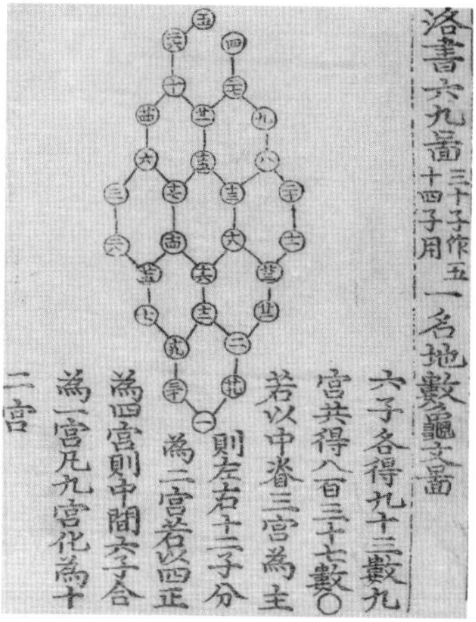

1700년 출간된 최석정의 수학책 『구수략』. 이 책에는 세계 최초임을 인정받은 두 개의 9차 직교라틴 방진이 수록돼 있다.

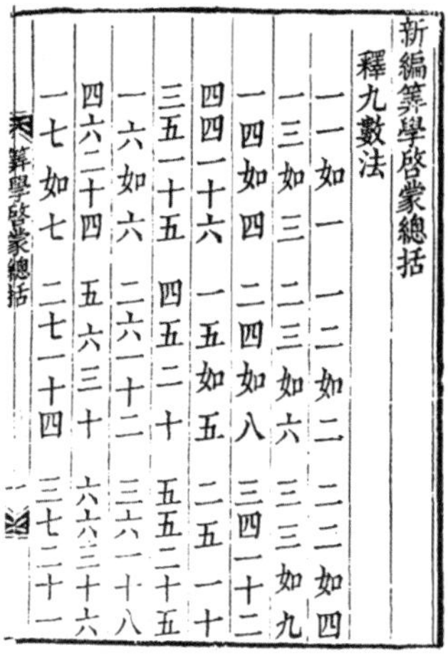

원나라 주세걸이 지은 『산학계몽』의 구구표. 세종대왕은 이 책으로 직접 수학을 공부하기도 했다.

조선에서도 전문적인 수학책이 나오기 시작했다. 현재 전하는 가장 오래된 수학책은 경선징의 『묵사집산법(默思集算法)』이고, 대를 이은 수학 가문의 수학자 홍정하가 쓴 『구일집(九一集)』, 산가지를 활용하여 문제 푸는 방법을 다룬 조태구의 『주서관견(籌書管見)』, 실학자 홍대용의 『담헌서(湛軒書)』에 실린 〈주해수용(籌解需用)〉 등 조선 후기에 이르기까지 다양한 책들이 나왔다.

수학은 학문의 근본이라고 한다. 지금도 옛날에도 마찬가지다. 그래서 문인들도 수학을 깊이 연구했다. 무엇보다 농업이 경제의 중심인 조선에서 정확한 계산을 통해 달력을 만들어 농사지을 때를 알리고, 논밭의 면적을 정확하게 계산해 세금을 덜 내거나 더 내는 일이 없도록 하는 일은 매우 중요했다. 수학이 백성들의 삶을 돌보는 첫 번째 요건이었던 것이다.

4

다양한 정보를 기록하라

생활백과

조선시대에는 생활정보를 어디서 얻었을까

요즘에는 궁금한 것이 생기면 바로 스마트폰을 들고 검색을 한다. 처음 가는 곳의 길을 찾는 방법부터 전문적인 정보까지 손쉽게 찾아볼 수 있는 세상이 되었다. 스마트한 세상이 되었다고들 하는데, 그렇다면 스마트폰이 없던 조선시대는 스마트한 세상이 아니었을까?

> 토란 달인 물로 빨면 옥같이 하얗게 된다. 기름으로 더러워진 옷을 빨 때는 활석 가루를 바닥에 깔고 종이를 덮어 사이를 떼고 인두불로 다림질을 한다. 동아(박과의 한해살이 덩굴성 식물)의 하얀 속을 '과련(瓜練)'이라고 하는데 버들개지처럼 희고 가벼워 옷을 세탁하는 데 쓸 수 있다.

요즘은 누렇게 변한 옷을 희게 만들려면 표백제를 넣으면 되고, 기름으로 더러워진 옷은 세탁소에 맡기면 된다. 그런데 표백제도 세탁소도 없던 조선시대에는 토란 달인 물이 표백제 역할을 했고 활석 가루가 기름때를 빼주었다. 이 방법은 지금도 한번 사용해보고 싶을 정도로 유용한 정보다. 이 글이 실린 『소문사설(謏聞事說)』은 생활에 필요한 지식과 기술을 수록했다. 빨래하는 법 말고도 생활도구 만드는 법, 음식 만드는 법, 응급치료법 등이 두루 실려 있다. 쉬어버린 술을 먹는 법, 모기퇴치법, 짚신 삼는 법, 가짜 무소뿔 가려내는 법 등 다양한 정보가 가득하다.

조선시대에 소소한 생활정보를 실은 책은 언제부터 나왔을까? 다양한 정보를 실은 백과사전과 같은 책을 '유서(類書)'라고 하는데, 여러 종류를 항목별로 나누고 참고서적에서 항목에 해당하는 내용을 뽑아서 정리했다. 우리나라 최초의 유서는 1554년에 어숙권이 편찬한 『고사촬요(攷事撮要)』로 관료들의 행정업무 수행법과 응급처치법 등 일상생활에 필요한 지식을 담고 있다.

『고사촬요』는 16세기에 처음 만들어진 후 1734년 즈음에 개편되고, 1771년에는 서명응이 내용을 재구성하는 등 시대에 따라 필요한 지식정보를 더 많이 수록하면서 구성과 내용도 변화했다. 그렇지만 주로 벼슬하는 관리들의 행정업무를 다루고 있어 본격적인 백과사전이라고 할 수는 없다.

우리나라 최초의 백과사전 『지봉유설』

우리나라 최초의 본격적인 백과사전으로는 이수광의 『지봉유설(芝峰類說)』을 꼽는다. 이전의 유서들이 중국 유서의 자료를 정리하는 데 중점을 두었다면, 『지봉유설』은 중국 역대의 자료뿐만 아니라 우리나라의 자료도 수집하여 다양하고 정밀하게 다뤘다.

이수광은 중국에 사신으로 세 번이나 갔다 오면서 중국은 물론 동남아시아와 서양에 대한 정보를 풍부하게 얻어 그 누구보다 세계 인식이 앞서 있었다. 당시 중국에 서양 선교사들이 들어와 있었는데, 그는 1603년 마테오 리치가 만든 세계지도인 〈곤여만국지도(坤輿萬國地圖)〉를 보고 세계 여러 나라의 존재를 깨닫고 중국 중심의 세계관에서 벗어났다.

이수광은 사신으로 갔다가 북경에 50일 정도 머물기도 했는데, 서양에서 들어온 과학기술을 접하면서 서양에 대한 많은 정보를 수집하고 선진문화를 적극적으로 받아들이고자 했다. 1614년부터 시작해서 1633년에 마무리한 『지봉유설』은 중국의 최신 서적과 조선의 다양한 서적을 참고하여 세계 여러 나라의 정치·경제·사회·풍속 등을 널리 소개했다.

> 영결리국은 육지에서 서쪽 끝으로 멀리 떨어진 바다에 있다. 낮이 굉장히 길어 밤은 겨우 2경(저녁 9~11시)이면 곧 날이 밝는다. 그 풍속은 오직 보릿가루를 먹으며 가죽으로 된 갖옷(짐승 털가죽으로 안을 댄 옷)을 입고 배로 집을 삼는다.

'영결리국(永結利國)'은 영국을 말한다. 영국이 유럽 대륙의 서쪽 끝 넘어 바다에 있다고 소개하는데, 이 글 뒤에는 영국의 배에 대해 자세히 설명한다. 또 영국 배가 표류하다가 조선의 흥양(興陽, 지금의 전남 고흥)에 들어왔던 일과 영국을 다르게 부르는 이름도 자세히 소개했다. 당나라 때 골리간국(骨利幹國)이라고 부른 나라가 곧 영국이며, 그 이유는 결리(結利)는 길리(吉利), 골리(骨利)와 음이 비슷하니 같은 나라일 것이라고 생각한 것이다.

『지봉유설』의 '제국(諸國)' 편은 영국뿐만 아니라 프랑스·태국·자바·말라카 등까지 두루 다루고 있다. 태국을 섬라(暹羅), 프랑스는 불랑기(佛狼機)라고 표현했다. 이수광이 세계 여러 나라의 문물과 제도에 관심을 가진 것은 조선의 경제와 군사 발전을 위해 다양한 문화를 받아들이려는 생각이 있었기 때문이다.

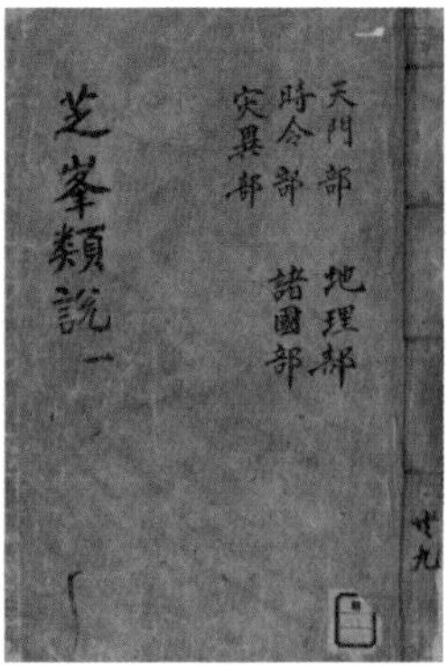

우리나라 최초의 본격적인 백과사전인 이수광의 『지봉유설』(1614)

> 옛날 사람들이 먹을 가리켜 송정·송유·송자후·흑송사자라고 하는 것은 소나무 연기를 가지고 먹을 만들기 때문이다. 의방(醫方)에서는 약으로 쓰는 것을 '송묵'이라고 한다. 우리나라에서는 기름 연기를 가지고 이것을 만드는데, 이를 '유매묵'이라고 한다.

옛날 사람들의 필기도구 중에 먹에 대한 설명이다. 시커먼 먹을 무엇으로 만들었을 것 같냐고 물으면 선뜻 대답을 못하는 경우가 많다. 이 글을 보면 먹은 소나무의 연기를 가지고 만들었다는 것을 알 수 있다. 정확하게 말하면 소나무를 태워서 그 연기가 그을음을 만들면 그것을 긁어 아교와 섞어 만든다. 먹 하나를 만들기 위해 얼마나 많은 소나무를 태우고 그을음을 만들어야 하는지 생각해보면 먹이 귀했던 이유를 알 수 있다. 기름 연기로 만든 유매묵은 우리나라에서 특히 잘

한국의 먹과 붓, 벼루. 기름 연기로 만든 유매묵은 우리나라에서 특히 잘 만들었다고 한다.

17세기 중국의 과학기술서 『천공개물』에 실린, 소나무의 그을음으로 먹을 만드는 방법을 묘사한 그림

만들어 사신으로 갈 때 선물로 많이 가져갔다.

『지봉유설』에 나온 먹에 대한 설명은 이후에 다른 백과사전류 책에도 계속 인용되었다. 지식 정보는 계속 축적되면서 필요에 따라 더해지기도 하고 빠지기도 하기 때문이다.

19세기에 나온 유서로는 조재삼의 『송남잡지(松南雜識)』가 있다. 조재삼은 비록 벼슬을 하지는 못했지만, 두 아들을 제대로 교육하고 싶어 직접 수많은 정보를 찾아 정리해 편찬했다고 한다. 어쩌면 벼슬을 하지 못했기 때문에 아들들을 위한 책을 직접 쓸 수 있었는지도 모르겠다.

> 아직 날개가 생기지 않은 매미는 서리의 관 모양이라 '승두(蠅頭)'라고 하고, 날개가 생기려고 하는 것은 백관(百官)의 관 모양이니 '사모(紗帽)'라고 하며, 날개가 선 모양은 임금의 관 모양이니 지금의 익선관(翼善冠)인데, 여기에서 선(善) 자는 선(蟬)을 잘못 쓴 것이다.

매미가 자라면서 날개가 생겨나는 모양에 따라 벼슬아치들이 쓰는 관에 이름을 붙였다는 것을 알 수 있다. 임금이 쓰는 익선관이 매미의 날개 모양을 보고 만든 것이라는 것도 재미있는 정보이다. 그런데 왜 하필 매미 모양일까? 옛날부터 문인들은 매미를 곤충 중에서 군자라고 했다. 온화하고 어질고 공손하고 검소하고 양보하는 5가지 덕을 가지고 있기 때문이라고 한다.

지금도 유용한『오주연문장전산고』의 정보

19세기의 대표적인 백과사전으로는 이규경이 지은『오주연문장전산고(伍洲衍文長箋散藁)』가 있다. 이규경은 조선 후기의 실학자 이덕무의 손자인데, 우리나라의 책은 물론이고 중국, 일본의 책까지 두루 읽어 증거를 가지고 사실을 증명하는 방식으로 백과사전을 만들었다. 특히 출처와 근거를 분명하게 써주어 후대 학자들이 활용할 수 있도록 했다.

『오주연문장전산고』에 실린 정보 중에 지금도 유용한 정보를 하나 살펴보자. 여름의 대표 과일 수박은 먹고 나면 껍질을 처리하는 게 골치 아프다. 그래서인지 요즘 수박은 껍질이 많이 얇아지기도 했다. 이규경은 수박 껍질을 항아리에 담아 장을 담그면 무김치 같은 맛이 난다고 알려준다. 중국에서도 수박의 하얀 껍질을 볶아 먹거나 나물로 해 먹는데 건강에 좋다고 한다. 19세기의 정보가 21세기에도 유용하게 사용될 만하지 않은가?

『오주연문장전산고』는 1,417개 항목으로 60책이 전하는데 원래는 더 방대했을 것이라고 한다. 이 책은 1910년대에 우리나라 최초의 종합잡지 〈소년〉을 창간한 최남선이 고문헌을 수집하는 과정에서 서울 종로의 광교 근처에서 군밤장수에게 산 것이라고 한다.

19세기에 이르면 많은 백과사전이 등장한다. 백과사전식 정보, 곧 박학(博學)이 유행해 많은 정보를 알고 싶지만 정확하기를 바랐기 때문에, 정보를 더 많이 정확하게 수집하고 정리할 필요가 있었다.

5

억울함이 없게 하라

법의학

진짜 범인은 누구인가

최 여인이 남편의 당질(사촌형제의 아들)인 조광신과 몰래 간통하다가, 며느리 박 여인이 자신의 추한 소문을 퍼뜨릴까 봐 겁이 나서 목을 조르고 이어 칼로 찔러 그날로 죽게 하였다.

[상처] 목 아래 찔린 자국이 있고, 귀뿌리가 검푸르고, 목덜미와 목에 목맨 자국이 있다.

[실인] 스스로 목을 칼로 찌른 것이다. 을사년 11월에 옥사가 이루어졌다. 박 여인의 남동생 박용해가 격쟁하였다.

1785년에 일어난 살인사건에 대한 기록으로 『심리록(審理錄)』 제15권 황해도 편에 실려 있다. 남편의 당질과 정을 통했던 시어머니 최 씨가 소문을 낼까 두려워 며느리 박 씨를 죽인 사건이다. 처음에 며느리가 죽은 실인(實因)은 스스로 칼로 목을 찌른 것이라고 생각했다. 실인은 조선시대에 사인을 뜻하는 말로, 시어머니가 며느리를 자살하도록 만들었다고 결론이 났다.

그런데 목맨 시신의 목에 칼로 찔린 상처가 있는 것이 아무래도 수상해 다시 조사했는데, 이미 죽은 며느리를 매장해버려 제대로 조사하기 어려웠고 1년이 흘러갔다. 그 사이에 관찰사도 바뀌고 사건이 흐지부지되자, 며느리 박 씨의 남동생 박용해가 격쟁해서 사건을 다시 수사하도록 했다. 격쟁은 억울하고 원통한 일을 당한 사람이 궁궐에 난입하거나, 또는 국왕이 거둥할 때 징이나 꽹과리, 북 등을 쳐서 이목을 집중시킨 다음, 자신의 사연을 국왕에게 직접 호소하는 것을 말한다. 이는 어떤 경우라도 억울한 판결을 받지 않도록 하기 위해 만들어진 제도다. 이에 정조가 암행어사까지 보내 정밀하게 조사한 결과 살인자가 시어머니라는 사실이 밝혀졌다. 시어머니가 며느리를 칼로 찔러 죽이고 목매달아 자살한 것으로 위장한 것이다.

이 사건이 실린 『심리록』은 1776년부터 1800년까지 정조가 재위 25년 동안 심리한 사형 죄수들의 판결 내용을 모은 책이다. 정조는 살인사건에 대해 죄는 미워해도 사람은 불쌍히 여겨야 한다는 생각으로 한 사람도 억울한 일을 당하지 않도록 하기 위해 일일이 검토했다고 한다. 『심리록』에는 모두 1,112건의 사건이 기록되어 있는데, 사건 개요와 함께 조사 보고, 왕의 판결까지 상세히 실려 있다. 살인사건에서는 죽은 사람뿐 아니라 자칫 또 다른 억울한 사람이 생길 수 있다. 누명을 쓸 수도 있으니, 살인자라고 해서 억울함이 없을 수 없다는 가정하에 죽은 사람이나 죽인 사람을 여러 차례 조사하고 정밀하게 수사하는 과정이 꼼꼼하게 기록되어 있다.

수사과정도 현대의 수사과정과 다를 바가 없다. 반드시 세 명 이상이 수사에 참여하고 사건현장 및 주변인의 진술도 모두 꼼꼼하게 기록하도록 했다. 또한 요즘의 과학수사만큼이나 과학적인 수사를 했다.

물에 빠져 죽은 사람이 있는데, 처음에는 술 먹고 다리를 건너다 헛디뎌 사고사로 죽은 것으로 판단했으나, 시신을 검안하니 물에 빠지기 전에 이미 독약을 먹고 죽은 것이 밝혀져 범인을 찾아낸 경우도 있다. 어떻게 이런 사실을 알 수 있었을까?

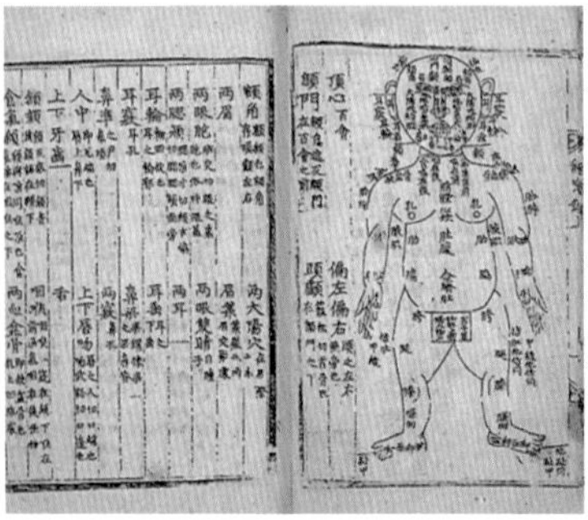

중국에서 들어온 책에 주석을 붙여 새롭게 발간한 조선의 공식 법의학서 『신주무원록』(1440)

조선시대에도 법의학서가 있었다. 시신을 검안해 어떤 독으로 죽었는지, 죽은 시간은 언제인지, 살인에 사용된 흉기는 무엇인지 등을 알아낼 수 있었다. 이 법의학서의 이름은 『무원록(無冤錄)』으로 '원통함이 없도록 한다'는 뜻이다.

원래 『무원록』은 중국에서 들어온 책이지만, 1440년에 자세한 주석을 붙여서 『신주무원록(新註無冤錄)』이라는 이름으로 새롭게 간행했고 조선의 공식 법의학서가 되었다. 1748년과 1792년에는 각각 『증수무원록』, 『증수무원록언해』 등이 출판되었다.

『증수무원록』에는 시체가 시간이 지남에 따라 어떻게 변화하는지, 죽은 원인은 무엇인지를 검사하는 방법과 재료 등이 자세히 나와 있다.

> 은비녀를 항문에 집어넣었더니 금방 검은색으로 변했다. 변을 채취하여 가열하니 흰색의 소금 결정이 나타났다. 간수를 마신 것이 틀림없다. 증거 확보를 위해 집의 곳간을 뒤졌더니 두부를 만들려고 제조해 둔 간수병이 발견되었다. 그 옆에 간수를 담아 마셨는지 사발 하나가

놓여 있었다. 사망 원인은 간수를 마시고 죽은 복로치사(服鹵致死)가 분명하다.

시신의 목구멍이나 항문에 은비녀를 넣었다 꺼냈을 때 색이 푸르거나 검으면 독살이라고 판단했다. 조선에서 주로 사용한 독약은 '비상'인데, 비상 속의 황 성분이 은과 결합하면 은비녀가 검게 변하기 때문이다. 간수를 먹었을 경우에는 변을 채취해 가열하면 소금 결정체가 생기므로, 살인사건에 사용된 독약을 간수로 판단한 것이다.

이 글은 검안과정의 일부인데, 이 글 앞에는 시체가 발견된 방의 크기, 검시과정에 참여한 사람의 이름, 시신의 옷과 가지고 있던 물품, 시신의 상태 등을 자세히 기록해놓았다. 먼저 눈으로 시체를 검사하고 약물사고로 추측해 독극물 검사를 한 과정이 담겨 있다.

독극물 검사를 할 때 사용하는 것을 '법물(法物)'이라고 하는데, 은비녀, 술지게미, 식초, 파, 소금, 매실과육 등이 사용되었다. 은비녀는 순도 100퍼센트로 공식적으로 만들어 사용했다. 혹시라도 수사를 방해할 목적으로 순도가 떨어지는 은비녀를 사용하면 독극물에 제대로 반응하지 않기 때문이다.

독극물 검사의 또 다른 방법으로 반계법(飯鷄法)이 있다. 반계법은 닭에게 밥을 먹이는 방법이라는 뜻이다. 흰밥 한 덩이를 시신의 입안과 목구멍에 넣고 종이로 덮어두고 한두 시간 후에 꺼내서 닭에게 먹인 뒤, 만약 닭이 죽으면 독살로 판단한다. 가끔 반계법에 사용된 닭을 잡아먹고 사망사고가 나는 경우도 있어서 절대 먹지 못하도록 했다고 한다.

사람을 칼로 찔러 죽인 범인이 증거물인 칼을 물로 씻어 핏자국을 없앤 경우 요즘 같으면 루미놀을 사용해서 혈흔 반응을 살필 수 있지만, 조선시대에 루미놀이 있었을 리 없다. 그렇다면 어떻게 증거물을 확보했을까? 살인도구로 사용된 칼을 물로 씻어내 핏자국을 없앴다 하더라도, 그 칼을 숯불로 뜨겁게 달군 후 '고초액'이라고 하는 진한 식초를 부으면 핏자국이 나타난다고 한다. 당시 진한 식초가 루미놀의 역할을 한 셈이다(고초액에 철과 반응하는 성분을 넣었다는 설도 있다).

법 앞에서 모두 올바른 판결을 받을 수 있도록

사건을 수사할 때 검사는 모두 세 번 시행하도록 했다. 첫 번째 검사인 초검(初檢)은 시신이 발견된 고을의 수령이 했고, 두 번째 검사인 복검(覆檢)은 이웃 고을의 수령이 했다. 초검에서는 검안서를 『무원록』에 있는 양식에 따라 작성해 제출하는데, 복검관에게 그 내용을 누설하지 못하도록 했고, 만약 누설할 경우 벌을 받았다. 복검에서는 복검관이 독자적으로 검안서를 만들어 제출했다. 초검과 복검이 일치하면 사건을 종결시키지만, 일치하지 않는 경우에는 세 번째 검사인 삼검(三檢)을 했다. 그래도 의혹이 해소되지 않으면 사검(四檢)을 할 때도 있었다고 하니, 얼마나 철저하게 검사했는지 알 수 있다.

『심리록』에 실린 사건 중에서 상당 부분이 정약용의 『흠흠신서(欽欽新書)』에도 실려 있다. 『흠흠신서』는 정약용이 중국과 조선의 살인사건 판례를 연구하여 저술한 책이다.

> 송사의 심리를 물 흐르듯 거침없이 하는 것은 타고난 재능이 있어야만 가능하기에 위험한 일이다. 송사의 심리는 반드시 마음을 다해서 정확히 따져야 확실한 법이다. 송사를 줄이려면 심리를 세밀하게 해야 하니 더뎌지기 마련이다. 그렇게 하면 판결이 내려진 후 그런 소송이 다

시 제기되지 않을 것이다.

정약용의 『목민심서』 〈형전(刑典)〉 6조에 실린 내용이다. 신이 아닌 인간이 판단하는 일이라 조심하고 또 조심하며 사건을 꼼꼼하게 수사해 잘못된 판결이 나오지 않도록 해야 한다고 강조했다. 정약용은 이 책에서 "무릇 급하게 달려와서 송사를 제출하는 자가 있으면, 그의 말만 믿지 말고 느긋하게 대응하여 서서히 그 실상을 살필 것이다"라고 했다. 잘잘못을 급하게 따지지 말고, 양쪽의 소장을 모두 받아보고 나서 대질을 한 후에 처리해야 하는데, 여기에 한 글자라도 더 보태서는 안 된다고 강조했다.

정약용의 초상화. 18세기 실학 사상을 집대성한 실학자이자 개혁가로 다양하고 방대한 책들을 집대성했는데 그중 『흠흠신서』는 중국과 조선의 살인사건 판례를 연구하여 저술한 책이다.

조선시대에는 『추안급국안(推案及鞫案)』이라고 해서 사건의 수사기록을 방대한 양으로 남겨놓기도 했다. 법 앞에서 모든 백성이 억울한 일 없이 평등하고 바른 판결을 받을 수 있도록 한 것이다.

세계의 모든 것을 의심하고 또 의심한 끝에, 맨 마지막에 찾아낸 절대적으로 확실한 진리의 출발점은 바로 '생각하는 나 자신이 존재한다'는 사실이다.

2장

세상을 바꾼 철학자의 한마디

이창후 | 파란 옷만을 고집하며 '파깨비(파란도깨비)' 혹은 '블루맨'으로 불리는 철학자. 서울대 철학과에서 학부 및 석·박사과정을 마쳤고 현재 성균관대 초빙교수로 철학과 글쓰기를 강의하고 있다. 〈서울경제신문〉 객원기자로 활동했으며, 영화와 소설 등 다양한 매체에서 철학의 맥을 짚어내는 저술활동을 하고 있다.

1

반성하지 않는 삶은 살 가치가 없다

소크라테스

대학에서 철학 공부를 처음 시작했을 때는 소크라테스의 철학에 관심이 별로 없었다. 내가 관심을 가진 철학자들은 비트겐슈타인, 사르트르, 하이데거, 레비스트로스, 푸코, 라캉, 마이클 샌델 등 현대의 철학자들이었다. 주위에 철학에 관심이 있는 사람들도 많이 만나봤지만, 소크라테스의 철학에 관심을 가진 사람들은 별로 보지 못했다.

그런데도 소크라테스를 첫 번째로 논하는 이유는, 그의 철학이 다른 모든 철학을 올바르게 이해하는 데 중요한 역할을 하기 때문이다. 서양철학은 모두 소크라테스 철학을 여러 분야에 적용한 것이라고 할 수 있다. 그런 까닭에 소크라테스는 서양철학의 아버지라 해도 과언이 아니다.

"반성하지 않는 삶은 살 가치가 없다"는 소크라테스의 제자인 플라톤이 쓴 『대화편』에 나오는 말이다. 철학은 '삶에 대한 반성'이다. 소크라테스는 삶에 대한 반성을 시도한 최초의 철학자다. 이후 철학자들이 이를 계승해서 현대 철학까지 이어지고 있다.

자크 루이스 데이비드, 〈소크레테스의 죽음〉(1787), 신을 부정하고 젊은이들을 타락하게 만들었다는 이유로 아테네 지도층으로부터 고소를 당한 소크라테스는 자신의 사상을 포기하기보다 죽음을 선택해 독이 든 잔을 건네 받는다. 그림에는 독배를 마시기 직전 동료와 제자들에게 자신의 영혼의 불멸에 대해 설명하는 모습이 담겨 있다.

철학은 삶에 대한 반성이므로, '철학을 한다'는 것은 삶에 대해 반성하는 활동이다. 철학에 대해서 다른 방식으로 설명하는 사람들이 많지만, 서울대 철학과 교수들이 설명하는 철학의 정의에서는 이 두 가지가 핵심이다. 일단 서울대 철학과 홈페이지에서 철학에 대한 설명을 간단히 읽어보자.

> 철학은 세계와 인간에 대한 가장 근본적 문제들을 이성적으로 탐구하는 학문입니다. 철학은 우리가 일상적 삶에서 당연하고 자명한 것으로 믿고 있는 전제들을 비판적으로 검토함으로써 우리의 삶에 대한 근본적 반성을 추구합니다. 철학은 또한 각 분과 학문에서 전제하고 있는 기본 개념과 원리들을 비판적으로 검토함으로써 개별 학문들의 토대

에 대한 근본적 반성을 추구합니다. 철학이 모든 학문의 토대를 이루는 '근본학(根本學)'으로 불리는 이유가 여기에 있습니다. 더 나아가 철학은 각 분과 학문이 서로 어떤 관계를 맺고 있으며, 이러한 관계를 통해 드러나는 세계 전체의 모습이 어떤 것인가에 대한 총체적 이해를 추구합니다.

서울대 철학과 공식 홈페이지에 있는 이 내용은 교수들이 오래 생각하고 토론한 결과를 토대로 작성한 것이다.

철학에 대한 이 이야기에서 기억해야 할 것은 밑줄 친 대목이다. 요약하면 첫 번째는 전제에 대한 비판적 검토를 의미하고, 두 번째는 삶에 대한 근본적 반성을 말하는데 이 둘의 관계는 과정과 목표라고 할 수 있다.

철학의 목적은 삶에 대한 근본적 반성으로서 반성하는 과정이 곧 전제에 대한 비판이다. 이때 전제란 우리의 생각을 말한다. 그래서 '전제에 대한 비판적 검토'를 쉽게 표현하자면 '생각에 대해 다시 생각하기'라고 할 수 있다.

삶에 대한 근본적 반성은 왜 필요할까?

삶에 대한 근본적 반성이 필요한 이유는 행복하고 성공적인 삶을 살기 위해서다. 그 행복과 성공이 아주 작은 것일지라도 말이다. 반대로 삶에 대한 반성이 없는 경우를 보자.

브라질의 지역 축구팀 경기에서 13세(한국 나이 14세)의 나이로 혼자서 23골을 넣은 신동이 나타났다. 그는 곧 1997년 U-17 월드컵과 2002년 한일 월드컵에 화려하게 등장했으니, 바로 당시 호나우두, 히

바우두와 함께 브라질 공격진을 구성했던 신예 호나우지뉴다. 특히 잉글랜드와 브라질의 8강전에서 호나우지뉴는 수비진을 농락하며 동점골 어시스트, 이어서 역전 프리킥 골까지 터뜨렸다. 축구 종주국 잉글랜드를 상대로 원맨쇼를 펼쳐 일약 세계적인 스타가 된 그는 2,500만 유로(우리 돈 334억 원)라는 거액을 받고 스페인 명문 구단 FC바르셀로나에 영입되어 대활약을 펼쳤으며, 2005~2006년의 세 시즌 동안 묘기 수준의 개인기를 자랑하며 경이로운 플레이를 선보였다. 탁월한 실력과 개성 넘치는 외모 때문에 '외계인'이라는 별명까지 얻은 호나우지뉴는 브라질 국민들의 사랑도 듬뿍 받아서 고향에 동상이 세워졌을 정도다.

하지만 호나우지뉴는 팀 전체 훈련에 1년 동안 단 한 번도 참석하지 않았고 나이트클럽에서 매일 술을 마시며 유흥을 즐겼다. 곧 체중이 불어나 움직임이 둔해졌고 그것은 참담한 결과로 이어져 결국 2008년에 바르셀로나에서 퇴출되고 말았다. 브라질 출신의 축구 선수 사무엘 에투는 "호나우지뉴는 세계 최고의 선수이고, 어쩌면 역사상 최고의 선수라 할 수 있다. 다만 그는 매일매일 연습하는 선수가 아니고 결국 그 대가를 혹독하게 치르게 될 것이다"라고 말했다.

탁월한 재능을 가진 선수가 일찍 몰락하는 경우는 드물지 않은데, 이런 사람들에게는 공통점이 있다. 바로 삶에 대한 반성이 없다는 것이다. 소크라테스의 명언이 여기서 빛나게 된다. "반성하지 않는 삶은 살 가치가 없다."

어디서나 볼 수 있는 평범한 직언인 까닭에 이런 철학자의 말을 깊이 새겨듣는 사람은 많지 않다. 하지만 이를 무시하고 반성 없는 삶을 사는 사람들은 한때 성공하여 큰 영광을 누리더라도 결국 참담한 결말을 맞이하는 것은 옛날이나 지금이나 다를 바가 없다. 2500여 년 전 철학자의 말을 지금도 되새기는 데에는 이런 이유가 있는 것이다. 많은 사람들에게 여전히 반성하는 삶이 필요한 것이다. 즉 철학을 필요로 하는 것이다.

어떤 방식으로 삶을 반성해야 할까?

'삶에 대해 반성한다'라고 하면 많은 사람들이 일기를 떠올린다. 하지만 일기를 쓰기만 해서는 삶을 반성할 수 없다. 더 중요한 것은 이것저것

라파엘로, 〈아테네 학당〉(1511). 고대의 대학자들이 아테네 학당에 모여 학문과 이성의 진리를 추구하는 모습을 그린 상상화. 고대 그리스·로마 시대의 유명한 철학자뿐만 아니라 이슬람 학자도 있다. 가장 중앙에 위치한 두 사람은 플라톤과 아리스토텔레스다.

따져보고 생각하는 것이다. 소크라테스가 한 것처럼.

소크라테스는 2500년 전 고대 그리스 아테네에서 활동했는데, 그의 일생은 비판적 반성의 과정으로 점철되어 있었다. 당시 아테네는 '소피스트'라고 불리는 나름의 지식인이자 전문가들이 활개 치는 민주 정치 체제를 가진 사회였다. 소크라테스는 이들을 찾아다니면서 그들이 아는 것에 대해서 하나씩 따지고 물으면서 토론했다.

일설에 따르면, 친우가 당시 종교적 중심지인 델피 신전에서 아테네에서 가장 현명한 사람이 누구냐고 물었고 소크라테스라는 신탁을 받았다고 하자, 소크라테스가 이렇게 말했다고 전해진다.

"나는 아무것도 아는 것이 없는데, 가장 현명하다니 믿을 수 없다."

그러고는 아테네에서 이름난 지식인들을 찾아다니며 토론을 했다고 한다. 그 결과 소피스트들은 뭔가 많이 아는 것 같았지만, 진지하게 하나씩 따져서 검토해보니 제대로 아는 것이 하나도 없다는 사실을 알게 되었다. 결국 소크라테스는 델피 신전의 신탁이 옳았음을 인정하며 이렇게 말했다.

"모두가 무지한데, 다만 나는 '내가 무지하다는 것' 하나만은 제대로 알고 있다."

이 대목에서 우리는 소크라테스가 제시한, 철학을 하는 방법을 알 수 있다. 각자가 아는 것을 따져보는 것, 생각을 따져보는 것이다. 대학에서 공부하는 '철학'은 바로 이것을 전문적으로 한다. 그래서 서울대 철학과 홈페이지에 철학은 '전제에 대한 비판적 검토'라고 되어 있는 것이다.

어릴 때부터 타고난 재능 덕에 수백억 원의 수입을 얻은 사람이 훈련에 참여하지 않아 몰락하는 이유는 무엇일까? 이런 사람들이 가지고

알버트 투루나이르, 〈델피의 아폴로 신전〉(1894). 소크라테스의 친구가 아테네에서 가장 현명한 사람은 소크라테스라는 신탁을 받은 곳으로 알려져 있다.

있는 생각의 중요한 부분인 전제가 잘못되었기 때문이다. 그들은 타고난 재능이 영원할 것이라고 믿고, 또 훈련을 하지 않고 술만 마시며 놀아도 그 재능이 계속 빛날 거라고 생각한다. 이것이 그들 삶의 중요한 전제이고 가장 핵심적인 생각이다. 하지만 소크라테스가 말한 방식대로 삶을 반성하려면 바로 그것을 비판적으로 검토하고 다시 생각해봐야 한다.

그러나 그들은 절대 자신들의 삶의 중요한 전제를 비판적으로 검토하지 않는다. 누군가 비판적으로 검토하면 오히려 화를 내면서 자신은 평범한 사람이 아니라고 목청을 높인다.

탁월한 재능으로 성공한 그들이 아는 것, 그것을 바탕으로 한 생각이 행동으로 이어지고 결국 삶을 망친다. 삶을 바꾸기 위해서 필요한 것은 돈과 재능이 아니라 철학인 것이다.

2

진정한 존재는 이데아다

플라톤

소크라테스 다음으로 중요한 철학자로 플라톤을 꼽을 수 있다. 플라톤은 서양 학문에 가장 큰 영향을 미친 학자라고들 한다. 플라톤의 이론 중 가장 많이 알려진 것이 '이데아론'이다. 이데아론을 알아보기 위해 자주 영화의 소재가 되기도 하는 카지노 이야기를 해보자.

카지노에서는 모두들 돈을 잃는다. 물론 가끔 따는 사람들도 있기는 하다. 카지노 딜러의 얘기에 따르면, 처음 온 사람들이 주로 돈을 따는 까닭에 도박꾼들이 초보자들을 찾아 몰래 따라서 베팅을 하기도 한다고 한다. 하지만 카지노에서는 반드시 도박꾼이 조금이라도 돈을 더 많이 잃게 되어 있다. 카지노 도박의 확률 자체가 그렇게 설계되어 있기 때문에 그 사업이 운영되는 것이다.

수학자 에드워드 소프가 성공한 이유

세상에는 정말 능력 있는 사람들이 있는데, 실제로 카지노에서 카드 게임을 해서 돈을 엄청나게 딴 사람이 있다. 이는 학계에도 널리 알려진 사실로 그 주인공은 수학자 에드워드 소프다.

1962년 〈워싱턴 포스트〉에도 소개된 수학자 에드워드 소프는 카지노에서 카드게임에 수학적 확률 법칙을 적용해 승률을 높였다. 여기에는 수학적 확률 계산에 대한 뛰어난 지식뿐 아니라 카드게임을 할 때 각각의 경우의 수와 계산을 정확하게 기억하는 기억력도 필요하다. 에드워드 소프 교수는 라스베이거스의 카지노에서 승승장구해 돈을 많이 땄고, 결국 모든 카지노에서 출입을 금지당하기에 이르렀다. 그는 속임수를 쓰는 타짜가 아니라 수학적 확률 법칙을 적용해서 이겼기 때문에 카지노는 어떤 처벌도 할 수 없었고 출입을 막는 것만이 가능했다.

에드워드 소프 교수는 이후에 돈을 더 이상 벌지 못했을까? 그렇지 않다. 카지노는 작은 게임일 뿐이었다. 일단 자신이 쓴 『딜러를 이겨라(*Beat the Dealer*)』라는 책이 베스트셀러가 되어 또 돈을 벌었다. 그리고 세계에서 가장 큰 게임장으로 갔으니 바로 주식시장이다.

에드워드 소프 교수는 카드 게임에서 승률을 계산해서 이긴 것과 비슷한 방식으로 혁명적인 투자회사를 만들었다. 그리고 요즘 '퀀트 투자'라고도 하는 계량적 투자전략으로 연평균 복리 19.1%라는 전례 없는 수익률을 기록해 세상을 놀라게 했다. 연평균 복리가 약 20%인 셈인데, 100억 원을 가지고 투자를 시작하면 10년 후에 약 600억 원이 되고 20년 후에는 3,800억 원이 될 정도로 높은 수익률이다.

많은 사람들이 소프 교수처럼 되고 싶어 한다. 그가 쓴 책이 베스트셀러가 되었다는 사실이 이를 잘 보여준다. 소프 교수처럼 성공하고 싶다면 그가 성공한 이유를 생각해야 하는데, 거기서 우리는 플라톤의 이데아를 만나게 된다.

뉴욕시 월스트리트에 있는 세계 최대의 주식시장 뉴욕증권거래소의 모습. 다우지수와 스탠더드앤푸어스500지수 등 세계 증시의 주요 지표가 되는 지수들이 이곳을 통해 산출된다.

수학 교수였던 소프는 수학을 가지고 카지노와 주식시장을 연구했다. 이는 주식시장에서 수학적 원리가 실제로 작용한다는 뜻이다. 우리는 보통 고등학교 때까지 수학을 배운다. 기본적인 사칙연산부터 방정식을 푸는 법, 도형의 합동과 닮음, 도형의 길이를 구하는 법 등을 배우는데 이런 것들이 바로 이데아(idea)들이다.

내가 생각할 때 '이데아'에 가장 가까운 말은 아마도 '개념'이 아닐까 한다. 한국 사람들에게 친숙한 동양사상의 용어를 빌자면 '원리의 요소'라고 할 수 있겠다. 구체적으로는 '삼각형'이나 '원', '인간'과 같은 일반 개념이 이데아이다.

이데아는 과연 존재하는가

'인간'을 예로 들어보자. 인간이란 무엇일까? 김서연, 이준서와 같은 각각의 개인들이 인간이다. 그러면 김서연이나 이준서 같은 개인이 아니라 그냥 '인간'은 무엇일까? 그런 것이 존재할까? 즉 인간의 이데아가 존재할까?

상식적으로 생각하면 인간의 이데아가 존재하지 않는다고 말하기

이데아야말로 현실세계 너머에 있는 완전하고 영원불변하는 진짜 세계라고 믿은 고대 그리스의 철학자 플라톤

쉽다. 우리 눈에 보이는 것이 아니라 현실세계 너머의 개념이니까 말이다.

그런데 문제가 있다. 만약 '인간'에 대한 이데아(개념)이 없다면, 우리가 인간에 대해서 알고 있는 지식은 전부 '없는 것'에 대한 지식, 거짓말인 셈이다.

'인간은 이성적 동물이다', '인간은 영장류이다', '인간은 두 발로 걷고 도구를 사용하며 모든 동물 중에서 가장 지능이 높다', '인간은 도덕적으로 살아야 한다' 등 이 모든 이야기가 '없는 것'에 대한 이야기, 즉 허구가 된다. 그래서 플라톤은 이데아가 존재한다고 생각했다.

자동차 바퀴를 생각해보자. 바퀴는 동그랗게 만들어야 한다. 동그랗게 만들지 않으면 굴러가지 않으니 바퀴라고 할 수 없을 것이다. 그러니까 바퀴를 굴러가게 하는 것 중 하나는 원이다. '원'의 이데아가 바퀴를 굴러가게 하는 것이다.

자동차의 바퀴가 굴러가려면 바퀴 축을 돌리는 엔진의 힘이 필요하다. 여기서 '힘'도 이데아이다. 연료가 가솔린이든 경유든 전기든 상관없이 결국 바퀴 축을 돌리는 힘이 만들어져야 바퀴가 굴러가는 것이다. 이때 힘은 이데아로만 설명될 수 있다.

자, 여기서 플라톤은 한 걸음 더 나아가서 이데아가 존재할 뿐만 아니라 다른 것보다 더 진정한 존재라고 생각했다. 김서연, 이준서보다 인간의 이데아가 더 진정한 존재이고, 자동차 바퀴보다 원의 이데아가 더 진정한 존재라 믿었다.

좀 이상한 이론 같지만, 곰곰이 생각해보면 일리가 있다. 진정 존재한다는 것은 '영구불변'하다는 뜻이다. 김서연, 이준서 등의 개인은 100년 내외의 인생을 살다가 사라지지만, '인간'에 대한 지식은 수천 년 동안 발전해왔다. 고무로 만든 자동차 바퀴도 길어야 수십 년 존재하다가 폐기처분되겠지만, 원의 이데아는 수학 속에서 수천 년간 존재해왔다. 이데아야말로 현실세계 너머에 있는 완전하고 영원불변하는 진짜 세계인 것이다.

우리는 진짜 보석과 가짜 보석을 금방 구별할 수 없다. 둘의 차이는 가짜 보석은 곧 색이 변하고 쉽게 깨지지만, 진짜 보석은 변하지 않고 더 단단하다는 것이다. 마찬가지로 진정한 존재자라면 더 오랫동안 변하지 않아야 할 것이다. 이데아가 그런 것이다.

이와 같은 플라톤의 이데아론을 동양사상의 용어로 바꾸어 설명하면 좀 더 이해하기 쉬울 것이다. 동양에서 추구한 것은 도(道)이다. 혹은 세상의 이치(理致) 혹은 불변의 법칙 같은 것 말이다.

여러분은 세상 만물의 변화를 다스리는 이치가 있다고 생각하는가? 인류 역사 속에서 수많은 사상가가 그런 이치나 법칙을 추구해왔다. 세상 만물의 이치, 즉 도(道)가 있다면 그것은 어떤 내용일까?

불교에서 말하는 '색즉시공(色卽是空) 공즉시색(空卽是色)', 즉 '색이 곧 공이며, 공이 곧 색이라'. 다시 말해 물질적 세계인 색(色)과 비어 있는 공(空)의 세계가 다르지 않다는 것일까? 혹은 노자가 말하는 도가도비상도(道可道非常道), 즉 '도를 도라고 말할 수 있으면 그것은 진정한 도가 아니다'와 같은 것일까? 이런 진리에도 깊이와 통찰이 있겠지만, 문제가 하나 있다. 불교나 도교의 도는 노력한다고 해서 아무나 깨칠 수 있는 진리가 아니다. 오래 생각해봐도 알 듯 모를 듯하다. 반면 플라

에드워드 소프 교수가 수학이라는 이데아를 바탕으로 투자해 큰돈을 번 주식시장과 카지노의 모습

톤의 이데아는 매우 분명하다. 조금만 공부하면 누구나 알 수 있다.

카지노와 주식시장을 뒤흔든 에드워드 소프 교수의 수학을 생각해 보자. 그것의 내용은 명확하고 자세해서 누구나 옳고 그름을 알 수 있다. 또한 그 힘은 강력해서 누군가를 억만장자로 만들어줄 수도 있다. 국가 경제도 이 수학의 도(道)를 써서 좌지우지하고 지금까지 없었던 완전히 새로운 세상을 만들 수도 있다. 똑같은 수학의 원리로 전 세계 경제학자들이 국가 경제를 이끌어나가고 있다. 4차 산업혁명 시대에 인공지능과 자율주행차도 모두 수학의 원리로 만들어지니 말이다.

앞에서 말했듯이 거의 모든 철학자들이 플라톤을 가장 영향력 있는 서양 철학자라고 한다. 여러분이 플라톤의 이데아론을 이해했다면 거기에 "알면 행한다"라는 소크라테스의 명언을 적용해야 한다. 정말 이것이 참임을 믿어야 하는 것이다.

현실 사건 속의 가장 중요한 진실

수학과 같은 이데아가 카지노와 주식시장, 더 나아가서 세상을 지배한다는 것을 믿는가? 불행히도 여전히 많은 사람들이 이 사실을 잘 받아들이지 않는다. 만약 누군가가 수학을 바탕으로 새로운 사업을 하거나, 다른 게임의 승률을 높이겠다고 한다면 사람들은 어떤 태도를 보일까?

만년 꼴찌인 프로야구단이 있는데, 누군가가 수학적 확률 계산으로 최강팀으로 만들겠다고 한다면, 구단주는 뭐라고 말할까?

"당신이 야구에 대해서 뭘 알아? 야구는 숫자가 아니라 사람이 하는 거야. 야구방망이도 휘둘러보지 않은 사람이 어떻게 야구팀을 강하게 만들어?"

하지만 이런 일이 실제로 있었다. 오클랜드 애슬레틱스는 메이저리그 만년 최하위 팀이었다. 그나마 실력 있는 선수들은 다른 구단에 뺏기기 일쑤였다. 이 팀을 맡은 단장 빌리 빈은 딱 한 사람을 영입해서 자기 팀을 우승 팀으로 바꾼다. 강력한 투수도 홈런타자도 아닌, 바로 예일대학 경제학과 출신의 피터 브랜드였다. 피터는 돈이 부족해서 뛰어난 선수를 영입할 수 없는 상황에서 데이터로 선수를 분석하여 팀을 구성한다. 쉽게 말해 수학적 계산으로 팀을 재구성한 것이다. 이것이 이데아의 힘이다. 이 이야기는 〈머니볼〉이라는 영화로도 만들어졌다.

많은 사람들이 〈머니볼〉의 영화평을 쓸 때 수학적 힘을 이야기하지 않는다. 어떤 이는 '차별화된 전략과 혁신이 필요하다'고 강조하고, 어떤 이는 엄청난 연봉의 유혹에도 다른 팀으로 가지 않은 주인공의 모습을 보며, '돈 이외의 가치도 있다'고 말한다. 하지만 영화가 아니라 실제 현실 속의 사건을 보면, 거기 있는 가장 중요한 진실은 수학적 원리의 힘, 바로 이데아의 힘이다.

3

제비 한 마리가 왔다고 여름이 온 것은 아니다

아리스토텔레스

플라톤은 소크라테스의 제자이고, 아리스토텔레스는 플라톤의 제자인데, 이들 3명의 철학자가 서양철학사에서 가장 중요한 인물이라고 할 수 있다. 나는 가끔 서양철학 강의를 할 때, 이들의 사제관계를 예로 들면서 “보세요, 서양에서도 학벌이 중요하기는 한국과 마찬가지입니다”라고 농담을 하기도 한다.

플라톤의 제자로 서양의 모든 학문의 창시자로 불리는 아리스토텔레스

아리스토텔레스는 서양의 모든 학문을 만든 사람이라고 할 수 있다. 2500여 년 전에 모든 학문은 ‘철학’이라고 불렸다. 아리스토텔레스는 지금 존재하는 철학·논리학·천문학·생물학·화학 같은 모든 학문적 논의를 ‘철학’이라는 이름으로 시작했다. 물론 그 출발점의 많은 부분이 플라톤의 철학에서 비롯되었다.

아리스토텔레스는 플라톤의 이데아론도 가져와 약간 변형했다. 이데아가 존재하고, 가장 중요한 존재로 생각했다는 점에서는 플라톤과 같았다. 하지만 아리스토텔레스는 플라톤과 달리 이데아 외에도, 이데아를 실현하는 재료 역시 중요하다고 생각했다.

자동차 바퀴 이야기로 돌아가 보자. 자동차가 굴러가는 것은 바퀴가 원형이기 때문이다(원의 이데아). 하지만 바퀴의 재질이 고무와 같은 것으로 만들어졌기 때문이기도 하다. 아리스토텔레스는 이데아를 '형상'이라고 하고, 고무나 금속 같은 재질을 '질료'라고 한다. 그는 형상과 질료가 결합되어 만물이 존재한다는 결론을 내린다.

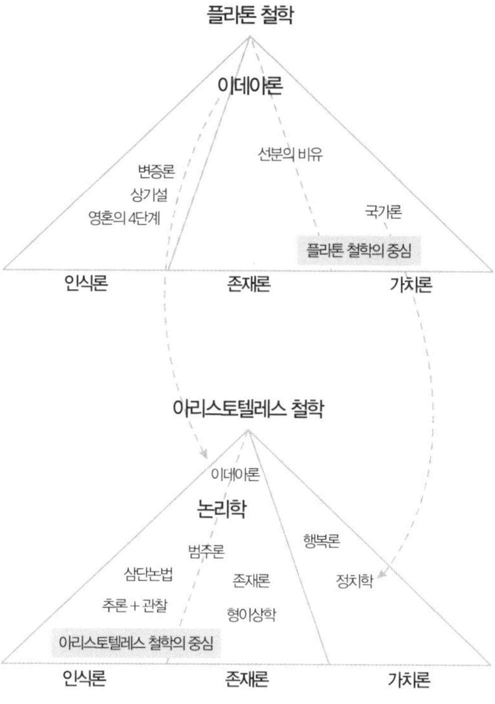

출처: 『영화로 읽는 서양철학사』

철학은 원칙에 대한 것이다

플라톤의 '이데아가 진정 존재하는 것'이라는 주장, 아리스토텔레스의 '형상과 질료가 결합해 만물이 된다'는 주장을 마음에 새기며 철학책을 읽으면, 심오하게 느껴지는 한편으로 문득 허무하게 느껴지기도 한다. 이런 어려운 생각들이 도대체 무슨 소용이 있단 말인가? 실제로 많은 사람들이 철학 공부를 하지 않고 살아가며, 그래도 잘산다. 적어도 얼핏 보기에는 그렇다.

도박에 빠지는 사람들이 빈털터리가 되고 후회하는 삶을 살게 되는 이유는 그들에게 철학이 없기 때문이다. 그들에게 중요한 것은 무엇일까? 바로 돈이다. 당장 눈앞에 돈이 있고 매일 큰돈을 번다. 그들에게 플라톤과 아리스토텔레스 혹은 소크라테스의 철학은 공허하고 어렵기만 하다. 하지만 그들은 결국 무일푼 신세가 된다.

그럼 카지노에서 큰돈을 벌고, 주식시장에서 엄청난 부자가 된 에드워드 소프 교수는 어떤가? 소프 교수가 수학자라는 것을 기억해야 한다. 수학자가 되기 위해서는 수학 이상으로 다른 분야도 많이 공부해야 한다. 이 글에서 세부적인 내용을 다 말할 수는 없지만, 세계적인 수학자들은 플라톤주의자들이다. 이데아가 중요하고 이데아가 진정 존재한다고 믿는 사람들이다. 숫자와 도형이 모두 이데아이기 때문이다. 에드워드 소프 교수는 공부를 많이 한 사람이고 그 공부의 근본이 되는 철학적 소양을 충분히 갖춘 사람이다. 철학과 학식이 있었기 때문에 수학이라는 도구를 사용해 시장의 원리를 이해하고 그것이 진정한 자기 것이 되도록 할 수 있는 것이다. 이렇듯 철학은 공허한 학문이 아니다.

그렇다면 지금 우리가 배우는 철학은 어떤 내용으로 구성되어 있을까? 바로 원칙에 대한 내용으로 가득 차 있다.

이데아론은 원칙에 대한 이야기이다. 바퀴가 원형이어야 한다는 것은 바퀴를 만드는 원칙이다. 이 원칙이 깨지면(바퀴 = 원의 이데아) 바퀴를 많이 굴리려고 할수록 문제가 생긴다. 도박업에 종사하는 사람들이 돈을 많이 벌면 벌수록 인생이 망가지는 것처럼 말이다. 이것은 건전한 직업에서도 마찬가지다.

에드워드 소프 교수는 주식투자를 해서 성공했는데, 우리는 그와 똑같은 방식으로 여러 분야에서 철학의 진가를 확인할 수 있다. 그 중의 하나가 운동이다. 나는 학생 때 운동을 별로 하지 않았다. 친구들이 운동장에서 축구를 하면서 땀을 흘리며 뛰어다닐 때 나는 공부에만 집중했다. 공부시간을 늘리기 위해서 잠과 휴식을 줄였고 피로를 느끼지 않으려고 운동을 거의 하지 않은 것이다. 그렇게 간신히 대학에 입학하고 나니 체력이 바닥났다. 고등학생 때 이후로 키도 크지 않았고 체중도 그대로였다.

이것이 전부가 아니었다. 몸이 약해지니 마음이 약해져서 불필요한 두려움이 많이 생겼다. 나 스스로 마땅히 분노해야 하는 잘못된 일에 분노할 수 없었고 겁쟁이가 되었다. 이를 만회하기 위해서 나는 대학에서 태권도부에 들어 운동했는데, 지나치게 열심히 했다. 태권도 수련의 필요성을 느껴서 하는 것이었지만 하루 종일 운동만 하고 있을 수는 없는 노릇이어서 2~3시간 동안 매우 강도 높게 했다. 모래 주머니를 발목에 차고 4킬로미터를 달린 후에 그대로 발차기를 하는 식으로 말이다.

그런데 지나친 운동이 화를 불러 무릎과 관절에 이상이 왔다. 젊은 날의 시간을 효율적으로 쓰고 싶었던 나는 몸이 아파도 힘든 운동을 이어나갔다. 그러다가 관절에 무리가 너무 많이 와서, 영원히 운동을 못하게 될지도 모르는 수준에 이르고 말았다.

그제야 철학에서 배운 사고방식을 적용해서 모든 것에 대해서 반성했다. 나는 공부와 운동의 균형을 맞추기 위해서 나름대로 현명하게 노력했는데, 그리 지혜롭지는 못했다. 학생이 체력을 키우기 위해서 운동하는 것은 좋은 것이고, 그래서 무조건 많이 하면 된다고 생각했지만 그렇지가 않았던 것이다. 거기에도 '철학적 반성'이 필요했다.

대학원에 진학하면서 곰곰이 반성한 결과 '원칙을 지키면서' 운동해야 한다는 결론에 도달했다. 그것은 대단한 비밀이 아니라, 오히려 모든 사람들이 아는 상식적 원칙이었다. 운동과 휴식, 그리고 영양의 균형을 맞추어야 한다는 것, 그리고 짧은 시간에 큰 성과를 거두기 위해서 욕심을 내면 안 되는 것이다.

이전에도 그런 말을 들은 적이 있었고, 나름대로 납득했다. 하지만 스스로 행하지는 않았다. 소크라테스가 "알면 행한다"라고 했던 것에서 알 수 있듯이, 그것은 진짜 아는 것이 아니었다. 소크라테스가 말한 반성하는 삶이란 이런 것이다. 찬찬히 생각해보고 여러 사람들의 의견을 들어야 한다. 그리고 납득이 되면 그대로 행동해야 한다. 자신의 욕심 때문에 그것을 왜곡해서는 안 된다.

운동뿐만 아니라 공부에도, 그리고 사업이나 인간관계에도 많은 위험이 있다. 이런 위험을 피하고 성공하기 위해서는 계속 '반성하는 삶'을 살아야 한다. 이런 반성을 하는 한 가지 방법은 성공한 사람들이 어떻게 했는지 알아보고, 자신도 그와 똑같이 할 수 있는지 생각해보는 것이다. 나는 이런 철학적 반성을 통해서 수련의 방향을 바꾼 결과 고질적인 관절의 병이 서서히 사라졌고 체력도 크게 향상되었다.

개인적인 활동뿐 아니라 큰 규모의 사업을 할 경우에도 마찬가지다. 세계적인 투자자로 성공한 사람에게 "사업으로 큰돈을 버는 사람들에게는 어떤 특징이 있습니까?"라고 물었더니 망설임 없이 나온 대답은 "원칙을 지킨다는 것이죠!"라는 것이었다.

그럼 어떤 원칙을 지켜야 할까? 인터넷을 검색하면 주식투자에 성공하기 위한 원칙들이 수없이 많다. 예를 들어 유명한 미국의 투자자인 워런 버핏이 말한 원칙 중 하나는 "10년 동안 보유할 주식이 아니라면

10분도 보유해서는 안 된다"는 것이다. 월스트리트의 다른 성공한 사업가들도 이구동성으로 "자산가치보다 비싼 주식은 사면 안 된다", 혹은 "내가 회사를 사서 동업하는 것처럼 투자해야 한다"고 말한다.

세계에서 가장 성공한 주식투자자 워런 버핏은 자신의 투자 원칙 중 하나로 '10년 동안 보유할 주식이 아니면 10분도 보유해서는 안 된다'고 했다.

이제 생각해보자. 투자해서 성공하기 위한 원칙들을 쉽게 알 수 있고 그 원칙을 따르면 성공할 수 있다는데도, 왜 많은 사람들이 실패하고 빚더미에 올라앉을까? 이유는 간단하다. 그 원칙들을 따르지 않기 때문이다. 따르지 않는 이유는 원칙을 따르는 것이 어렵기 때문이다. 이는 단순한 앎의 문제가 아니다.

예를 들어 '자산가치보다 비싼 주식을 사면 안 된다'는 원칙을 보자. 여기서 자산가치란 순자산을 총발행 주식 수로 나눈 것을 말한다. A사의 순자산이 100만 원이고 전체 주식이 1만 주라면 주식 하나당 가격은 100원이다. 그런데 A사의 주가가 120원이라면 자산가치보다 비싼 주식이다. 이렇게 원칙은 간단하다. 하지만 많은 사람들이 이런 원칙에 따라 투자하지 않는다. 그럼에도 그들은 때때로 수익을 얻는다. 2배 혹은 10배도 벌어들인다. 하지만 결국에는 크게 손해를 보기 십상이다.

한 번의 행동으로는 아무것도 변하지 않는다

여기서 아리스토텔레스의 명언이 빛을 발한다. "제비 한 마리가 왔다고 여름이 온 것은 아니다." 제비 한 마리를 보고 착각해서 아직 얼음이 녹

지도 않았는데 겨울 외투를 벗어던지면 얼어죽는다. 결국 이 말이 의미하는 바는 한 번의 좋은 행동으로는 아무것도 변하지 않으며, 지속적으로 좋은 행동을 해야 한다는 것이다. 금융투자로 말하자면, 한 번의 수익에 매몰되면 안 되고 지속적으로 수익을 낼 수 있는 방법을 생각하고 그에 따라 행동해야 한다. 아리스토텔레스는 이런 올바른 행동을 하는 방법은 양극단을 피하는 '중용'의 도를 따르는 것이며, 중용을 지속적으로 실천하여 '습관'이 되도록 해야 한다고 강조했다.

이제 다시 아리스토텔레스의 철학을 좀 더 깊이 들여다보자.

아리스토텔레스는 행복한 삶을 살기 위해서는 훌륭한 자질을 쌓아나가야 한다고 생각했다. 그것을 흔히 '덕(德)'이라고 한다. 그러면 어떤 자질이 덕일까? 바로 중용의 자질이다.

중용은 이를테면 공부라는 지적인 성장에만 집착하지 않고, 반대로 운동이라는 신체활동에만 매몰되지도 않는 것이다. 투자자의 입장에서는 하루이틀의 단기수익에 집착하지 않고, 반대로 100년, 200년의 너무 장기수익에도 집착하지 않는 것이다. 중용을 바탕으로 원칙을 정하고 이를 습관화하는 것이 중요하다. 실제로 성공한 투자자들은 원칙을 지켜 투자하는 것이 습관처럼 되어 있고, 실패하는 투자자들은 나쁜 습관대로 그릇된 투자를 한다.

ARISTOTELIS DE
MORIBVS AD NICOMACHVM
LIBRI DECEM.
Græcis Latina eregionè respondent, interprete DIONYSIO LAMBINO: cum eiusdem Annotationibus, & THEOD. ZVINGGERI Scholijs.
LIBER PRIMVS.
CAPVT PRIMVM.
Tria ueluti prolegomena declarat: Subiectum scilicet philosophiæ Ethicæ: Modum siue rationem eius tractandæ & explicandæ: & Qualem auditorem esse oporteat.

1566년 판 『니코마코스 윤리학』의 첫 페이지. 세계 최초의 윤리학서로 아리스토텔레스의 만년의 원숙한 사색이 담겨 있다. 아들 니코마코스가 편집하여 이런 이름이 붙었다.

습관이 성공과 실패를 좌우하고 삶을 좌우한다는 것은 또 다른 삶의 원칙으로서 이는 윤리학과 연결된다. 습관의 중요성을 강조하는 아리스토텔레스의 "제비 한 마리가 왔다고 여름이 온 것은 아니다"라는 명언이 담긴 책은 『니코마코스 윤리학』(1566)이다. 아리스토텔레스의 철학은 윤리학 외에도 형이상학, 논리학, 정치학 등 매우 다양하며, 윤리학 하나만 해도 내용이 엄청나게 방대하다. 이런 내용들을 좀 더 자세하고 쉽게 알고 싶다면 『영화로 읽는 서양철학사』(새문사)라는 책을 참고하기 바란다. 영화를 예로 들어 아리스토텔레스 철학을 설명하는데 방대한 그의 철학을 핵심만 간단히 살펴볼 수 있다. 물론 더 상세히 알고 싶다면 어렵더라도 전문적인 철학책을 여러 권 읽어볼 것을 권하는 바이다.

4

나는 생각한다, 고로 나는 존재한다

데카르트

원칙을 지키는 삶은 중요하다. 원칙은 대체로 우리의 삶을 바르게 이끌어주고, 큰 실패를 하지 않도록 도와준다. 많은 경우 성공으로 이끌어주기도 한다. 꼭 금전적인 성공을 말하는 것은 아니다. 원칙이 우리 삶을 바르게 이끌어준다고 생각하면, 삶을 잘 살아간다는 것이 생각보다 간단한 일임을 알 수 있다.

그런데 왜 철학자들은 그렇게 어려운 이야기들을 계속할까? 어느 원칙이 더 우선인지 알기 힘들 때가 많기 때문이다. 원칙을 지키는 것이 어려운 이유 중 하나는 원칙끼리 서로 아귀가 안 맞기 때문이다. 어떤 때는 A라는 원칙이 중요하지만, 다른 때는 B원칙이 더 중요하다. 결과적으로 어느 원칙을 따라야 할지 알기 어렵다.

스티브 발머가 선택한 원칙

한때 세계 기업가치 1위였고 지금도 여전히 최상위권인 마이크로소프트의 역사에는 생각보다 어두운 면이 많다. 1975년 빌 게이츠와 폴 앨런이 시작한 마이크로소프트는 IBM이 개인용 컴퓨터(PC) 사업에 뛰어들자, PC 운영체제인 도스(MS-DOS) 프로그램을 만들어 공급하면서 성공가도를 달리기 시작했다. 하지만 경쟁사인 애플과 그 회사 대표인 스티브 잡스는 마이크로소프트의 운영체제를 '쓰레기 같다'라고 비난했다. 마이크로소프트는 1995년에 윈도우 95라는 윈도우 운영체제를 세계적으로 성공시키면서 PC용 운영체제 시장의 최강자로 자리잡는다. 애플의 매킨토시 컴퓨터 운영체제의 디자인을 베꼈다는 비난을 받기도 했지만 말이다.

인터넷 시대가 본격적으로 시작되면서 마이크로소프트는 독점적 지위를 이용해 부정을 저지른다. 당시에 최대 강자였던 넷스케이프라는 웹브라우저의 기세를 꺾기 위해 윈도우98 운영체제에 자신들이 만든 웹브라우저인 익스플로러를 기본적으로 장착한 것이다. '끼워팔기'는 나중에 반독점 재판에서 유죄 판결을 받았고, 유사한 불이익을 당한 여러 회사들이 마이크로소프트를 상대로 소송을 제기하는 계기가 되었다.

이후 마이크로소프트는 윈도우 운영체제의 고질적인 문제점들을 해결하면서 시장을 장악했고, 더불어 오피스 프로그램 역시 전 세계 시장을 점령했다. 마이크로소프트의 발전은 영원할 것만 같아 보였다.

그런데 아이폰을 필두로 한 모바일 시대가 왔다. 스마트폰의 운영체제는 애플 아이폰의 IOS와 구글의 안드로이드가 점령해버렸다. 마이크로소프트는 뒤늦게 스마트폰용 운영체제를 만들었지만 실패했고, 급히 핸드폰 회사 노키아를 인수했지만 엄청난 적자만 보고 스마트폰 사업은 실패로 끝난다.

당시 빌 게이츠는 이미 경영에서 물러난 후였고, 마이크로소프트의 회장은 스티브 발머였다. 그는 회사의 미래가 달린 중요한 선택을 제대로 하지 못했으며, 광고 수익 시장을 점유하기 위해 인수한 회사에서 최초로 적자를 냈고, 노키아의 핸드폰 부문을 인수해서 두 번째로 적자를 내어 충격을 안겨주었다. 이후에 검색엔진 회사인 야후를 인수하기 위한 계획을 세우기도 했다. 경영 전문가들은 스티브 발머가 야후까지 인수했더라면 마이크로소프트가 완전히 몰락했을지도 모른다고 말한다. 이후 스티브 발머는 결국 회장 자리에서 물러났고, 후임으로 들어온 사티아 나델라 회장이 투자방향을 새롭게 바꿔 클라우드 컴퓨팅 사업을 확장했는데 그 결과 마이크로소프트는 다시 세계 최고의 기업으로 발돋움할 수 있었다.

대체로 많은 사람들이 스티브 발머가 연달아 잘못된 판단을 했다고 평가한다. 스티브 발머는 1980년대부터 마이크로소프트에서 여러 중요한 자리에서 일하다가 빌 게이츠가 물러난 2000년부터 14년 동안 회장으로서 경영을 맡았다. 그는 전체적으로 마이크로소프트가 손대고 있던 모든 분야에서 수익을 내는 데 집중했지만, 위험하고 도전적인 일에 대해서는 판단을 제대로 하지 못해 결과적으로 성장은 거의 이루지 못했다. 2000년대 들어 IT 시장이 급변하고, 특히 스티브 잡스의 지휘 아래 애플이 아이팟을 선보여 급성장하고 아이폰으로 전 세계 시장을 휘어잡았다. 모바일 시장이 급격히 커지고 있는데, 마이크로소프트는 지배적인 위치에도 불구하고 이에 제대로 대응하지 못해 성장 가능성이 어마어마한 시장을 놓치고 만 것이다. 스티브 발머가 회장으로 있던 당시 마이크로소프트 주가는 역대 가장 변동이 없었고, 그가 회장직에서 물러난 이후에 폭등했다.

왜 이렇게 되었을까? 스티브 발머가 똑똑하지 못한 사람이라서 그

랬던 것일까? 결코 그렇지 않다. 스티브 발머는 미국의 수능시험인 SAT 수학 부문에서 만점을 받고 하버드대학에 입학했으며, 빌 게이츠가 중퇴하기 전에 같은 동아리에서 활동한 친구였다. 하버드대학을 우수한 성적으로 졸업한 후에는 스탠퍼드 경영대학원(MBA)에 진학했다. 운에 취해 자아도취에 빠졌다가 나중에 빈털터리가 되는 사람들과는 달랐다. 그런데도 이런 실수를 한 까닭은 때때로 올바른 원칙을 선택하는 것이 매우 어렵기 때문이다.

이것은 대학에서 배우는 전문지식과 철학이 다르다는 것을 보여준다. 사람들은 스티브 발머처럼 공부를 많이 해서 학식이 풍부한 전문지식인들은 철학적 능력도 뛰어나다고 생각하는 경우가 많은데 결코 그렇지 않다.

스티브 발머는 '자신이 이미 잘하는 분야에 집중한다'는 원칙을 따르다가 시장의 새로운 변화를 놓치고 말았다. 이것이 잘못일까? 쉽게 판단하기 어렵다. 어떤 경우에는 자신이 이미 잘하는 분야에 집중해야 한다. 스티브 발머가 검색엔진 회사인 야후 인수에 성공했다면 어떻게 되었을까. 구글이 이미 검색엔진 시장을 장악하고 있었고, 마이크로소프트는 검색엔진에 대해서 잘 알지도 못했는데, 성급하게 인수했더라면 회사가 위험했을 것이라고 전문가들은 말한다.

'이미 잘하는 분야에 집중한다'는 원칙을 따르다 시장의 새로운 변화를 놓친 스티브 발머

개인의 차원에서도 마찬가지다. 연예인이 인기와 돈을 얻어 생소한 분야인 사업에 도전했다가 실패한 스토리는 매우 흔하다. 이처럼 자신이 잘 아

는 분야가 아니라 새로운 도전을 하는 것은 결과적으로 훌륭한 선택이 아닌 경우가 많다.

하지만 그렇다고 해서 스티브 발머의 판단이 옳았다고 할 수도 없다. 여기서 판단하기 어려운 부분은 서로 다른 원칙들이 충돌하고 어느 것이 옳은지 불확실하다는 사실이다. 이때 필요한 것은 자신이 당연하다고 믿는 원칙들을 뒤돌아보고 더 확실한 원칙을 찾으려는 노력이다. 데카르트의 유명한 말, "나는 생각한다, 고로 나는 존재한다"가 생각나는 대목이다.

절대적으로 확실한 진리의 출발점

데카르트의 철학은 '가장 확실한 진리가 무엇인가?'라는 물음에서 출발한다. 그리고 가장 확실한 진리가 무엇인지 찾기 위해 방법적 회의를 한다. 진리를 찾기 위한 '방법'으로서 의문을 제기하는 것, 즉 '회의'를 하는 것이다.

데카르트는 가장 확실한 진리를 찾기 위해 방법적 회의를 하는데 그 방법은 바로 먼저 우리가 눈으로 보고 귀로 듣는 것들을 의심하는 것이라고 했다. 보고 들은 것들이 옳을 때가 많기는 하지만, 때때로 거짓인 경우도 있다. 대표적인 예가 꿈을 꿀 때이다. 우리는 꿈속에서 보고 듣는 것들이 진짜라고 착각한다. 꿈속에서 강도를 만나면 도망가려고 발버둥친다. 하지만 꿈을 깨고 나서는 그것이 꿈이었을 뿐이라는 것을 알게 된다.

그렇다면 논리적 지식은 가장 확실한 진리일까? 인간은 1000년도 넘는 시간 동안 태양이 지구의 주위를 돈다는 천동설을 믿어왔지만, 이것은 확실한 진리가 아니었다. 지금 우리는 우주가 빅뱅에 의해 탄생했다고 믿고 있지만, 이 또한 확실한 진리가 아닐 수 있다. 이처럼 논리적인 지식도 완전히 확실한 진리라고 할 수 없다.

데카르트는 이처럼 우리의 감각과 이성으로 파악한 세계의 모든 것을 의심하고 또 의심한 끝에, 맨 마지막에 찾아낸 절대적으로 확실한 진리의 출발점이 '생각하는 나 자신이 존재한다는 사실'이라고 결론 내린다.

'생각하는 나 자신이 존재한다는 사실'이 절대적으로 확실한 진리의 출발점이라고 한 데카르트

데카르트의 철학이 어떻게 스티브 발머 같은 경우에 도움이 될지 의아할 수 있다. 생각하는 나의 존재가 확실하다는 사실은 스티브 발머에게 직접 도움이 되지는 않을 것이다. 하지만 더 중요한 것이 있다.

데카르트의 철학을 살펴보면 생각의 전제를 비판적으로 반성하는 철학의 본질을 발견할 수 있다. 즉 보고 듣는 것, 생각하는 모든 것에 대해서 '정말 믿을 수 있을까?'라고 의심하고 확인해보는 것이다.

이와 같은 사고방식을 경영에도 적용할 수 있다. 내가 확실하다고 생각하는 것에 대해 비판적 반성을 적용하는 것이다. 그 위에 여러 원칙들을 더 분명하게 살피고 그것들의 체계를 잡아나가야 한다. 이런 작업은 전문적인 철학적 사고훈련을 통해서 할 수 있다. 다만 이것이 쉬운 일이 아님을 이해하고, 이를 위해서 오랫동안 공부해야 한다.

하버드대학에서 공부한 스티브 발머도 더 중요한 원칙들을 골라내는 데 실패했으며, 거의 모든 사람들이 이와 같은 실수를 한다. 철학적 사고가 쉽지 않기 때문이다.

5

직관 없는 내용은 공허하고 내용 없는 직관은 맹목이다

칸트

재미의 철학

손오공과 삼장법사가 길을 가다 저만치 앞에 요괴의 무리가 있는 것을 발견했다. 손오공은 즉각 '머리카락 분신술'을 이용해 여러 명의 분신을 만들어 싸우기 시작했다. 그런데 열심히 싸우다 얼핏 보니 웬 나이 든 할아버지가 열심히 요괴들과 싸우고 있었다. 손오공이 누구냐고 물었더니 할아버지가 이렇게 대답했다.

"주인님, 저 새치(흰 머리카락)인데요…."

재미있는 이야기를 하나 더 들려주겠다.

엄마, 아빠 그리고 아기 이렇게 세 식구가 행복하게 살고 있었다. 그런데 어느 날 엄마와 심하게 다툰 아빠는 홧김에 엄마를 죽이고 말았다. 겁이 난 아빠는 엄마의 시체를 몰래 숨기고 아기에게는 아무 말도 하지 않았다. 그후로 매일 아침 식탁에 아빠와 아기만 마주보고 앉아 밥을 먹게 되었다.

〈서유기〉에서 서역으로 가는 여행 중 요괴를 만나 싸우려는 손오공과 이를 말리는 현장법사의 모습을 묘사한 그림. 저팔계와 사오정의 모습도 보인다.

이상한 것은 아기가 엄마를 찾지 않는다는 것이었다. 그런데 어느 날 밥을 먹다가 아기가 아빠를 불렀다.

"아빠!"

"왜?"

"…아니야."

아빠는 괜히 겁이 났지만 아무것도 아니겠지 하고 넘어갔다. 그런데 그다음 날도 아기는 아침을 먹다가 또 아빠를 불렀다.

"아빠!"

"왜?"

"…아니야."

아빠는 아기가 좀 이상해졌다는 생각이 들었지만 엄마가 없어서 그런가 보다고 생각했다. 하지만 그다음 날도 또 아기는 밥을 먹다가 아빠를 불렀다.

"아빠!"

"왜?"

"…아니야."

아빠는 아기가 왜 자꾸 자기를 부르는지 꼭 알아야겠다고 생각했다.

"도대체 왜 매일 아무것도 아니라고 하면서 날 이상하게 쳐다보니?"

아빠가 다그치자 아기가 하는 말,

"아빠는… 왜 매일 엄마를 등에 업고 밥을 먹어?"

어떤가? 우스운 유머를 기대했다가 등골이 오싹한 공포를 느끼지 않았는가? 우습기도 하고 무섭기도 한 두 이야기에는 공통점이 있다. 재미있다는 것이다.

그런데 여기서 잠깐! 혹시 이런 궁금증을 느낀 적은 없는가? '이런 이야기들이 왜 재미있는 걸까?' 혹은 '이런 재미있는 얘기들을 만들려면 어떻게 해야 할까?' 지성사에서 펴낸 『재미의 경계』(2004)라는 책에 그 설명이 나와 있다. 제목이 말해주듯, 이 책은 유머뿐만 아니라 영화, 소설 등의 예를 들어 재미있는 것의 경계선을 설명하는데, 간단히 요약하면 경계선에는 세 가지가 있다.

첫째, 긴장 구조다. 어떤 이야기가 재미있기 위해서는 긴장이 축적되었다가 해소되어야 한다. 손오공 유머에서는 웬 할아버지가 자신을 위해서 싸워주고 있다. 누구일까? 이것이 긴장의 축적이다. 그러고는 그 정체가 밝혀지면서 축적된 긴장이 해소된다. 아빠와 아이의 이야기

에서는 아이의 이상한 행동의 원인이 궁금해진다. 아이가 세 번째로 "…아니야"라고 했을 때는 긴장이 최대로 축적된 상태다. 그리고 다그치는 아빠에게 아이가 이유를 말하면서 긴장이 해소된다.

둘째, 두 겹 이야기이다. '드러난 이야기'와 '숨은 이야기'의 두 겹으로 구성되어 있다는 것이다. 드러난 이야기를 이해하는 것은 간단하다. 긴장이 축적되고 해소되는 이야기의 흐름이 바로 드러난 이야기이다. 하지만 더 알아야 하는 것은 숨은 이야기이다. 손오공 이야기에서는 손오공이 '머리카락 분신술'을 쓰는데, 하얗게 센 머리카락이 그 속에 들어 있다면 할아버지 손오공으로 변할 것이라는 논리가 숨은 이야기이다. 한편 아빠와 아이의 이야기에서는 사람이 억울하게 죽으면 귀신이 되어 자신을 죽인 사람의 등에 업혀 다닌다는 믿음이 숨은 이야기다. 숨은 이야기는 드러난 이야기에서 축적된 긴장이 해소될 때, 갑작스럽게 개입해서 이야기의 흐름을 전혀 엉뚱한 방향으로 바꾸어 버린다. 이를 흔히 '반전'이라고 한다.

셋째, 공유 경험이다. 숨은 이야기는 철저히 숨겨져 있어야 한다. 손오공이 '할아버지는 누구세요?'라고 물을 때, 머리카락 속의 새치일 수 있다는 사실을 전혀 눈치 채지 못해야 한다. 하지만 "주인님, 저 새치인데요…"라는 말이 나왔을 때는 즉시 이해할 수 있어야 한다. 그래야 재미있다. 이때 "새치가 뭐야?"라고 묻는다면 이야기가 재미없어진다. 즉 말하는 사람과 듣는 사람이 모두 숨은 이야기, 서로 관련된 경험을 공유하고 있어야 한다. 그래서 손오공이나 새치란 말을 모르는 유치원생에게 손오공 이야기를 들려주면 왜 우스운지 이해하지 못한다.

『재미의 경계』라는 책을 보면 영화나 소설과 같은 이야기가 재미있기 위한 조건뿐만 아니라, 게임이나 윷놀이가 재미있기 위한 조건도 논리적으로 분석되어 있다.

이렇게 우리는 '재미'에 대해서 알아보았는데, 이것이 곧 재미의 원칙에 대한 설명이다. 달리 말하면 재미의 철학을 살펴봤다고 할 수 있다. 비교적 쉽고 재미있다.

내용과 개념, 둘 다 중요하다

재미의 철학은 이처럼 쉽고 재미있는데, 왜 다른 철학은 어렵고 상대적으로 덜 재미있을까? 그 이유를 칸트의 한 마디에서 찾을 수 있다. "직관이 없는 내용은 공허하고, 내용 없는 직관은 맹목이다." 일단 이 말부터 설명하고, 칸트의 철학을 소개하겠다. 그런데 칸트가 한 이 말의 정확한 뜻은 살짝 다르다. 정확한 뜻은 "내용 없는 생각은 공허하고, 개념 없는 직관은 맹목적이다"라는 것이다.

내용 없는 생각이란 무엇일까? 예를 들어보자.

만약 앞에서 처음부터 재미의 원칙만 이야기하고, 손오공의 유머나 아빠와 아이 이야기를 예로 들지 않았다면 어떨까? "재미의 원칙은 ① 긴장 구조, ② 두 겹 이야기, ③ 공유 경험을 결합한 '현비 구조'라는 구조물이다"라고 말이다. 이 말을 들으면 독자들은 "현비 구조? 처음 듣는 얘긴데? 왜 이렇게 추상적이야?"라고 불평할 것이다. 그런 불평을 하는 것은 전혀 잘못된 일이 아니다. 어려운 생각을 했는데 내용이 아무것도 없으니 공허한 것이다. 칸트가 한 말의 앞부분, 즉 '내용 없는 생각은 공허하다'는 말은 이런 것을 의미한다.

반대로 손오공의 유머나 아빠와 아이의 이야기만 들려주고, 재미라는 것이 어떤 것인지 그 원칙을 설명하지 않았다면 어떨까? 이것이 바로 '개념 없는 직관은 맹목적'이라는 칸트의 말이 의미하는 바다. 재미가 정확히 어떤 것인지에 대한 '개념'은 없고, 어떤 이야기들이 재미있다는 직관만 있다. '개념 없는 직관'만으로는 어떤 목적을 이룰 수 없다.

개그맨이 되어 많은 사람들을 웃기고 싶다면 끊임없이 재미있는 이야기를 만들어내야 할 것이다. 그것이 목적이다. 하지만 개념 없는 직관만으로는 이야기가 재미있다는 것을 직관적으로 느낄 수는 있지만, 여러분의 목적에는 도움이 안 된다. 맹목적이 되는 것이다.

"내용 없는 생각은 공허하고, 개념 없는 직관은 맹목적"이라고 말한 칸트

칸트는 왜 "내용 없는 생각은 공허하고, 개념 없는 직관은 맹목적이다"라는 말을 했을까? 철학이라는 이름으로 비슷한 경험을 많이 했기 때문이다. 아주 어렵고 난해한 생각들이

있는데 공허한 이야기인 경우가 많았으며 이런 것들은 대체로 '형이상학'이라는 이름으로 불렸다.

칸트는 이런 의미 없는 철학들을 하나씩 따져보고 비판하고자 했다. 이것은 근본적으로 소크라테스가 소피스트들을 만나서 대화를 나누며 그들의 생각을 하나씩 따져본 것과 같다. 또한 데카르트가 우리가 아는 것들을 방법적 회의를 통해서 의심해본 것과 같다. 철학자들은 모두 똑같은 작업을 한다. 철학적 작업을 하는 것이다.

철학을 버릴 수 없는 이유

철학에는 이와 같이 공허한 내용들이 많지만, 그렇다고 해서 철학을 버릴 수는 없다. 그래서 칸트가 '개념 없는 직관은 맹목적이다'라는 말을 덧붙인 것이다. 때때로 내용을 잊어버리고 어려운 생각, 즉 개념에 휩쓸릴지라도 철학을 계속해야 하는 것이다. 그것은 스스로의 생각과 삶의 원칙을 끊임없이 생각하고 반성해야 한다는 말이다. 이는 어렵고 힘든 일일 수 있다. 그렇다고 철학을 하지 않으면 도박으로 큰돈을 벌지만 결국에는 빈털터리가 되어버리는 사람들처럼 원칙 없는 삶을 살게 된다.

열심히 공부해서 나름대로 철학을 갖추어도 스티브 발머처럼 실수를 하지 않느냐고 물을지도 모르겠다. 그런 문제가 여전히 남아 있긴 하다. 스티브 발머가 다소 실수를 저지르긴 했지만, 그는 많은 공부를 통해 나름대로 자신의 철학을 갖춘 사람이고, 그래서 빈털터리가 되지는 않았다. 그는 다른 회장들만큼 마이크로소프트를 크게 발전시키지 못한 것이 사실이나 그렇다고 망하게 만든 회장도 아니었다. 또한 회장직에서 물러났지만 여전히 세계적인 부자이고 '로스앤젤레스 클리퍼스'라는 미국의 프로 농구팀을 사들여 구단주가 된, 성공한 삶을 사는 사람이다.

철학은 삶을 성공으로 이끄는 데 중요한 역할을 한다. 철학자들의 유명한 한마디를 통해서 여러분들도 이런 철학의 중요성을 조금이라도 느끼기를 바란다. 그리고 이것이 철학을 공부하는 계기가 되었으면 좋겠다.

미디어 속에 살고 있지만, 정작 미디어에 대해 정확히 모르면 거기에 휩쓸려버리기 쉽다. 미디어의 노예로 살 것인가, 미디어의 주인으로 살 것인가?

3장

미디어 리터러시 & 실용 글쓰기

장선화 | 미디어 전문가. 미국 롱아일랜드대학에서 정보학 석사를 마친 후 연세대 문헌정보학과에서 박사학위를 취득했다. 20년 넘게 〈서울경제신문〉 기자로 일했다. 서울시 교육청과 공동으로 청소년 인문 아카데미 고인돌(고전 인문학이 돌아오다)의 기획자 겸 강사로 활동하고 있다.

1

접신을 꿈꾸던 인간, 과학을 만나다

미디어의 역사

우리는 미디어에 둘러싸여 살고 있다. 뉴스를 보며 세상을 이해하고, 영화·드라마·음악으로 오락을 즐기고, 책을 읽으며 생각을 한다. 정보통신기술과 스마트폰에 힘입어 인터넷으로 영역이 확장되면서 잘 모르는 사람과 대화를 나누기도 한다. 한마디로 온·오프라인을 자유롭게 넘나들며 미디어와 한몸이 되어 살고 있다.

인류가 미디어를 본격적으로 사용한 시간은 600여 년에 불과하다. 인류의 문명이 태동한 6000여 년 전에 문자를 발명했고, 5400여 년이 지난 뒤 과학기술이 혁명적으로 발전하면서 비로소 현대적 의미의 대중매체(매스미디어, Mass Media)가 등장했다. 1440년 무렵 독일 요하네스 구텐베르크의 금속활판 인쇄술 발명, 서양 근대의 물꼬를 튼 산업혁명, 기술혁명, 정치혁명 등에 의해 정보의 대량생산이 본격화되면서 대중매체가 발전하게 되었다. 여기에 주체적 판단을 할 수 있는 시민, 즉 개인의 등장으로 정보의 소비가 대중화되었다.

인간에게 미디어는 무엇일까. 현대적 의미에서 미디어는 어떤 역할을 하며, 어떤 종류가 있을까. 미디어 속에 살고 있지만, 정작 미디어에 대해 정확히 모르면 거기에 휩쓸려버리기 쉽다. 미디어의 노예로 살 것인가, 미디어의 주인으로 살 것인가? 선택은 우리의 몫이다.

이스라엘 히브리대학의 유발 하라리 교수는 30만여 년 전 호모사피엔스가 지구상의 강자가 될 수 있었던 요인으로 언어활동을 꼽았다. 지구 생태계에서 의사소통을 하는 동물이 인간뿐이었을까. 먹이를 찾고 짝을 짓기 위해 수많은 동물들이 정보를 주고받는다는 사실은 널리 알려져 있다. 하지만 이야기를 지어내고 퍼뜨리고 때로는 부풀리기도 하는 등 언어를 자유자재로 쓰는 동물은 인간이 유일하다는 것.

마을을 이뤄 모여 살기 시작한 인류가 문명이 발전하면서 공동체의 결속력을 강화하는 데 언어는 중요한 도구였다. 자연재해, 천재지변, 외부로부터의 공격 등에 의한 공포와 두려움에서 벗어나기 위해 보이지 않는 그 무엇(신이나 자연 등)과도 소통하며 공동체의 안녕을 빌었다. 인류는 본질적으로 미디어의 생산자이자 사용자였다.

미디어는 영혼의 중매쟁이?

'미디어(media)'라는 말은 라틴어 '미디엄(medium)'에서 나왔다. 미디엄은 죽은 사람의 영혼과 산 사람을 연결해주는 매개, 즉 영매(靈媒)라는 뜻을 가지고 있다. 왜 미디어가 보이지 않는 영혼을 연결해주는 중간 매개체라는 의미를 갖게 되었을까?

기원을 거슬러 올라가면 19세기 서양에서 널리 퍼진 심령주의가 나온다. 과학기술의 발전으로 산업이 발달하기 시작한 19세기 중반, 아이러니하게도 미국과 유럽에서는 심령주의가 유행처럼 번졌다. 심령주의는 사람의 육체와 영혼은 분리될 수 있기 때문에 육체가 사라져도 영혼은 떠돌아다닌다고 믿고, 심령술 등 여러 방법으로 영혼과 교신하려 했다.

이와 관련해서는 폭스 자매 이야기가 대표적인 사례로 꼽힌다. 1848년 미국 뉴욕주 하이즈빌에 사는 폭스에게는 두 딸이 있었는데, 이들은 밤마다 이상한 소리가 들린다며 그 소리와 놀았다. 허공에서 '딱' 하고 소리가 나면 두 딸은 '딱'이라고 맞받아쳤다. 폭스 자매의 스토리는 지방신문에 소개되어 미국 전역에서 화제가 되었고 유럽까지 퍼져나갔다.

1786년 무렵 이탈리아 볼로냐대학 루이지 갈바니 교수는 개구리 뒷다리에 전기를 흐르게 하면 근육이 움츠러드는 것을 실험으로 확인했다. 그는 동물의 뇌에서 전기가 발생해 신경을 통해 근육으로 흘러들어가는 것이라고 믿었다. 이같은 동물 전기실험을 통틀어 '갈바니즘(galvanism)'이라고 했는데 이는 전기로 사람의 영혼을 불러낼 수 있다는 믿음을 의미하기도 했다.

이 실험은 갈바니의 친구이자 과학자인 알레산드로 볼타가 1800년 최초의 전기 배터리를 발명하고, 1821년에는 마이클 패러데이가 세계 최초로 전기모터를, 1879년 토머스 에디슨이 최초로 필라멘트 전구를 발명하고 특허도 받는 등 과학자들의 업적이 잇따르는 계기도 되었다. 과학자들은 전기가 무엇인지 알고 있었지만, 대중에게 전기는 눈에 보이지 않아 정체를 알 수 없는 '그 무엇'이었다. 그런 까닭에 일각에서는 전기를 통하게 하자 개구리의 근육이 수축하는 것을 보고, 죽은 생명체에 생명을 불어넣는 신기한 기운이 전기에서 나온다고 믿었던 것이다. 새로운 기술이 등장하고 객관적이고 합리적인 과학이 세상에 퍼져나가도, 사람들은 한편으로는 기상이변 등 자연현상을 두려워하며 신을

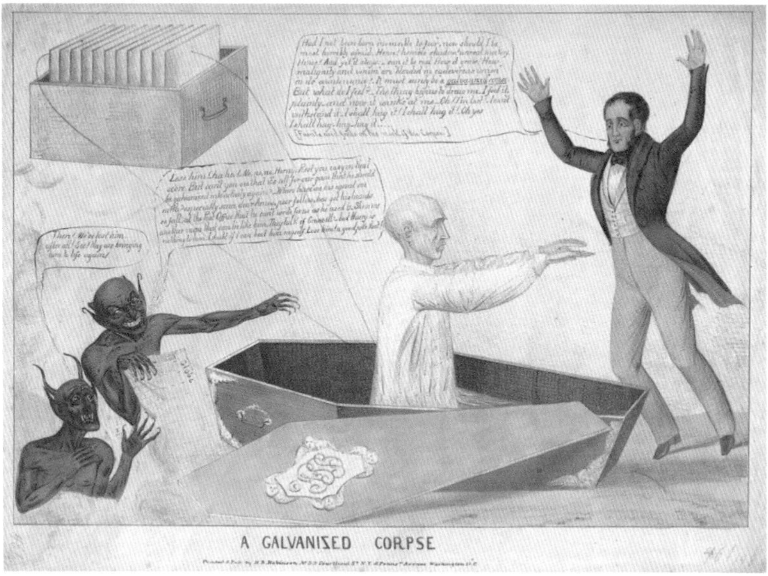

1836년 미국 워싱턴 DC에서 발간된 〈더 글로브(*The Globe*)〉에 실린 〈전기 충격 요법을 받은 시체〉라는 제목의 일러스트. [메트로폴리탄뮤지엄(http://metmuseum.org)]

숭배했던 고대의 정서와 고정관념에서 벗어나지 못했던 것이 아닐까? 영국 작가 매리 셜리는 당시 심령주의 모임에 참가하면서 1818년 출간한 소설 『프랑켄슈타인』의 모티브를 일부 얻었다고 한다.

전기가 대중에게는 베일 뒤의 '그 무엇'이었지만, 과학자와 발명가, 그리고 사업가들에게는 새로운 산업을 일으킬 수 있는 첨단기술이었다. 1843년 발명가 새뮤얼 모스가 전신(telegraph)을 상용화하여 워싱턴DC에서 뉴욕으로 뉴스를 타전하는 데 성공하면서 대중매체가 등장했다. 전신으로 뉴스를 타전하고, 자동인쇄기가 보급되면서 뉴스의 대량생산이 가능하게 되었다. '보이지 않는 것과의 소통'이라는 의미를 지닌 미디엄이 지금 우리가 사용하는 미디어(미디엄의 복수형)로 진화한 것이다.

세상을 보는 창, 인간의 확장

미디어는 인간에게 어떤 역할을 할까. 20세기 미국 정치학자 겸 커뮤니케이션 이론가인 헤럴드 라스웰 예일대학 교수는 '미디어는 세상을 보는 창'이라고 정의를 내렸다. 그는 미디어의 역할을 다음과 같이 사실 전달, 여론 조성, 전수와 교육, 오락 등 네 가지로 꼽았다.

사실 전달. 미디어는 사실을 있는 그대로 전달해 세상의 모습을 알려주는 역할을 한다. 있는 그대로 '객관적으로' 사실을 전달해야 하는 것이다. 1인 미디어 시대가 되면서 가짜뉴스가 세상을 어지럽히는 요즘, 뉴스의 사실관계를 확인하는 '팩트체크(fact check)'를 하는 이유가 여기에 있을 것이다.

여론 조성. 미디어는 때로 사실을 평가하거나 해석하기도 한다. 이 과정에서 여론이 형성되는데 뉴스가 이 같은 역할을 하게 된다. 객관적인 사실관계만 전달하는 뉴스(straight news)가 있는가 하면, 언론사의 성향에 따라 나름의 기준을 정한 후 특정 사실에 대해 평가하고 해석하는 기사(feature news)를 작성하기도 한다.

전수와 교육. 미디어는 한 국가 혹은 공동체의 전통과 문화를 다음 세대에 물려주기 위해 가르치는 역할도 한다. 언론은 캠페인 등의 형식을 통해 한 사회에서 대대로 내려온 사상과 전통을 기사라는 형식을 빌려 독자들에게 전한다.

오락. 미디어의 역할 중 현대사회에서 강조되는 부문이다. 드라마, 영화, 공연 등 흥미를 유발하고 즐거움을 선사하기 위해 다양한 프로그램이 등장하고 있다.

21세기 현대 미디어의 개념과 철학을 정립한 마셜 매클루언은 "미디어란 인간의 확장"이라고 정의했다. 일상생활에서 다양한 감각을 만들어내는 장치가 곧 미디어라는 뜻으로, 매클루언은 신체의 확장, 감각의 확장까지도 미디어에 포함했다. 결국 인간이 살아가는 데 필요한 의식주에 관련된 모든 것을 미디어에 포함할 수 있다는 의미다. 그는 또 미디어는 인간의 상호관계와 행동의 기준이나 형태를 만들어내거나 제어한다고 했다. 미디어를 통해 인간관계를 정립하고, 상황에 맞는 행동의 기준과 그에 맞는 모습을 연출한다는 뜻이다.

매클루언이 주장하는 미디어의 특징에서 공감되는 대목이 있다. 바로 주의를 기울이지 않으면 어느새 미디어가 마음을 파고든다는 내용이다. 스마트폰을 예로 들면 쉽게 이해가 된다. 게임을 하기 위해 시작 버튼을 누르면 어느새 게임 속으로 빠져든다. 게임뿐 아니라 책도 마찬가지다. 흥미로운 소설을 읽을 때 등장인물과 하나가 되어 상상의 나래를 펼치며 잠시 현실을 잊는다.

매클루언은 현대사회에서 미디어는 국경을 초월할 것이라고 예측했다. "지구는 하나의 마을이다"라는 의미로 흔히 사용하는 '지구촌(Global Village)'이라는 말도 그가 처음 쓴 개념이다. 초연결시대, 국경의 의미가 무색해진 21세기 미디어 환경을 내다본 것이다.

2

미디어의 역사와 기술의 발전

악타 디우르나에서 유튜브까지

미디어의 가장 큰 특징

고대 로마의 공화정을 이끌었던 집정관 율리우스 카이사르는 BC 59년 무렵 광장에 마련된 게시판에 공고문 형식의 관보를 게재했다. 처음에는 법률, 황제의 칙령, 재판 결과 등 정치 관련 소식을 실었고, 시간이 지나면서 명절과 종교 축일, 일월식 날짜, 중요한 인물의 출생이나 사망, 결혼 소식 등을 포함한 안내문도 추가했다. 이것이 바로 신문의 할아버지뻘로 불리는 '악타 디우르나(Acta Diurna)'다. 광장에 게시된 악타는 이틀이 지나면 별도로 보관했으나, 온전한 원본 악타는 현재 남아 있지 않다. 참고로 디우르나(Diurna)는 '매일'이라는 의미를 지닌 저널(journal)의 어원이다.

카이사르는 뛰어난 정치가로 '정보가 곧 권력'이던 로마에서 악타 디우르나를 이용해 시민들에게 정보를 제공했다. 정치적 계산이 있었겠지만, 원로원의 소수 귀족이 아니라 시민에게 정보를 공유했다는 차

이탈리아 화가 빈센조 카무치니의 〈카이사르의 죽음〉(1804~05). 카이사르는 뛰어난 정치가로 '정보가 곧 권력'이던 로마에서 악타 디우르나를 이용해 시민들에게 정보를 제공했는데, 소수 귀족이 아니라 시민에게 정보를 공유했다는 차원에서 현대 미디어의 역할과 맥이 닿아 있다.

원에서 현대 미디어의 역할과 맥이 닿아 있다. 왜 2100여 년 전 과거에서 미디어의 흔적을 찾는 것일까? 인류의 문명이 탄생한 후, 결속과 연대라는 가치를 공동체에 구현하기 위한 움직임이 끊임없이 있었다는 사실을 확인하기 위해서다.

근대적 의미에서 미디어의 출발 기준을 찾는다면 출판의 대중화가 시작된 15세기라고 할 수 있다. 15세기는 유럽이 대서양을 건너 아메리카, 아프리카, 인도 등으로 식민지를 개척한 시기로 '대항해 시대'라고 한다. 1492년 이탈리아 출신의 탐험가 콜럼버스(1450~1506)가 스페인 이사벨 여왕의 후원으로 산타마리아호를 타고 금과 보물을 찾아 아메리카 대륙에 도착했다. 콜럼버스의 1차 항해가 성공한 후, 유럽의 강국들은 식민지 개척을 통해 국부를 창출할 수 있다고 믿고 탐험에 나섰다.

미디어의 특징 중 으뜸으로 꼽히는 것은 정보 공유다. 사람이 모이고 부를 형성할 수 있는 곳에 정보가 생기게 마련이다. 신문도 그렇게 탄생했고, 1인 미디어를 표방한 유튜브 역시 그렇다. '어떻게 하면 더 편리하게 정보를 교류할까.' 인류는 그 답을 찾아 진화하고 있다.

매체를 기준으로 미디어의 발전 과정을 살펴보자. 먼저 책이다. 1440년 무렵 구텐베르크가 금속인쇄술을 발명하기 전까지, 책은 왕이나 귀족 등 소수 권력층의 전유물이었다. 파피루스, 죽간, 양피지, 종이 등 재료가 바뀌기는 했지만 글자가 적힌 책은 항상 진귀한 보물이었다. 특히 책에 적힌 지식은 국가 통치에 필요한 정보이기 때문에 이를 쓰고 읽는 사람들이 별도로 있었다. 중세시대에는 수도원의 수도사들이 종교에 관련된 정보를 다루는 지식층이었다. 책을 만드는 작업도 이들의 몫이었다. 당시에는 말을 하는 사람과 그 말을 옮겨 적는 사람이 따로 있었다. 연설이나 대화를 글로 옮겨 적는 사람을 '필경사'라고 한다. 필경사는 17세기까지 전문직이었고 대부분 교육을 받은 수도사들이었다.

금속인쇄술의 발명이 근대를 앞당기다

1440년 무렵 소수 지배계층의 전유물이었던 정보의 대량생산을 가능하게 한 주인공은 구텐베르크다. 교회 중심의 사회였던 중세 1000년에서 벗어나 개인이 직접 신과 만날 수 있게 해준 주역이기도 하다. 독일 마인츠 지방의 기울어가는 가문의 귀족이자 금세공술 장인이었던 구텐베르크의 금속인쇄술은 혁신 그 자체였다. 양피지로 책 한 권을 만드는 데 3~4개월이 걸리던 시절, 구텐베르크의 인쇄기는 하루에 300~400장을 찍어낼 수 있는 첨단기기였다.

그는 단순히 인쇄술을 발명한 데 그치지 않았다. 돈이 되는 사업이 어떤 것인지 고민하다가 1455년부터 성경을 인쇄하기 시작했다. 독일 마인츠시에 위치한 마인츠 대성당에는 성모 마리아가 아기 예수에게 둘러줬던 천 등이 보관되어 있어 문전성시를 이룬다는 사실에 착안해 성경을 만들어 팔아볼 요량이었다. 구텐베르크의 성경은 독일의 성직자 마르틴 루터가 1517년 '95조 반박문'을 비텐베르크 교회 정문에 붙이면서 시작된 종교개혁으로 주목받게 되었다. '모든 그리스도인이 성경 말씀으로 하나님과 직접 만날 수 있다'는 루터의 주장에 구텐베르크 성경이 날개돋힌 듯 팔려나가며 대중의 인식을 바꿔놓았다. 금속인쇄술 하나로 세상이 뒤바뀐 것은 아니다. 하지만 세상이 뒤바뀌는 과정에 금속인쇄술이 있었다. 이후 서양사회는 산업혁명, 정치혁명 등 근대사회로 나아가는 대전환을 맞게 된다.

구텐베르크(1904)는 교회 중심의 사회였던 중세에서 벗어나 개인이 직접 신과 만날 수 있게 해준 주역이다.

카이사르가 악타 디우르나를 광장에 게시하고 약 1600년이 지난 후, 비로소 신문이 정기적으로 발행되기 시작했다. 1609년 독일에서 처음으로 뉴스레터가 매주 정기적으로 발행되었다. 볼펜뷔텔에서 발행된 〈아비사〉와 스트라스부르크에서 발행된 〈렐라치온〉으로 이 둘은 세계 최초의 주간신문이다.

당시 뉴스 작성은 인쇄업자나 발행인의 몫이었다. 대부분 새로운 뉴스를 발굴해서 작성하기보다 국회 등에서 나오는 정보를 정리했다. 지금은 등록만 하면 출판업을 할 수 있지만, 17세기만 해도 소수 특권층만 할 수 있었다. 영국에서는 『실락원』의 저자이자 철학자인 존 밀턴이

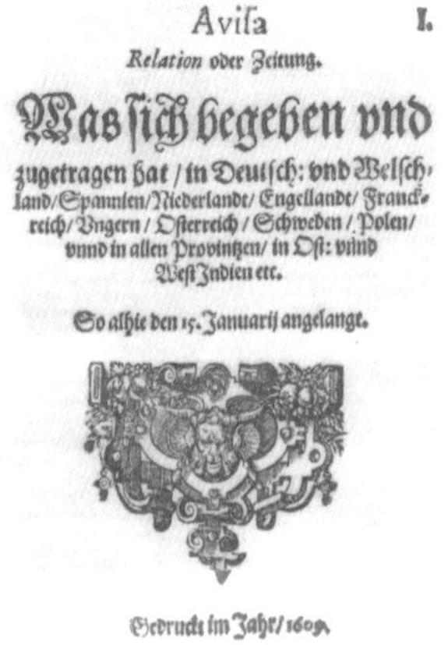

Avisa I.
Relation oder Zeitung.
Was sich begeben vnd zugetragen hat / in Deutsch: vnd Welschland / Spannien / Niederlandt / Engellandt / Franckreich / Vngern / Osterreich / Schweden / Polen / vnnd in allen Provintzen / in Ost: vnnd West Indien etc.
So alhie den 15. Januarij angelangt.
Gedruckt im Jahr / 1609.

Relation:
Aller Fürnemmen, vnd gedenckwürdigen Historien / so sich hin vnnd wider in Hoch vnnd Nieder Teutschland / auch in Franckreich / Italien / Schott vnd Engelland / Hispanien / Hungern / Polen / Siebenbürgen / Wallachey / Moldaw / Türckey / etc. Inn diesem 1609. Jahr verlauffen vnd zutragen möchte.
Alles auff das trewlichst wie ich solche bekommen vnd zu wegen bringen mag / in Truck verfertigen will.

1609년 독일에서 처음으로 정기적으로 발행된 뉴스레터 〈아비사〉와 〈렐라치온〉. 이 둘은 세계 최초의 주간신문이다.

언론의 자유를 요구하며 출판물의 허가 및 검열제에 정면으로 도전한 바 있다. 영국은 명예혁명을 거쳐 1695년 검열법이 폐지되면서 언론의 자유가 확립되기 시작했다.

일간 신문은 주간 뉴스레터가 나온 지 약 50년이 지난 1650년에 이르러서야 발행되었다. 독일 라이프치히 지역에서 발행된 〈아인코멘데 차이퉁겐〉이 세계 최초의 일간지로 알려져 있다.

기자, 전문직이 되다

전문적인 기자가 등장한 것은 17세기 말 영국의 명예혁명 전후다. 기자는 새로운 소식을 찾아 취재하고 기사를 작성해 보도하는 일을 한다. 당시 유럽은 로마 가톨릭교회 지지국과 개신교 지지국 간에 30년 전쟁(1618~48)이 이어지고, 영국에서는 왕당파와 의회파로 나뉘어 싸운 내전(English Civil War, 1642~51)으로 혼돈의 소용돌이에 속에 있었다. 전쟁통에 뉴스의 수요는 급증했다. 이때까지만 해도 신문은 소식지의 성격이 짙었다. 특히 새로운 소식이 담긴 인쇄물을 마차로 전달했기에 시간이 걸릴 수밖에 없었다. 또한 글을 읽을 수 있는 사람이 소수에 불과해 신문은 소량만 인쇄하는 정도였다.

그러다 대항해시대에 상황은 완전히 바뀌게 된다. 무역을 통해 부를 축적한 새로운 계층이 등장하면서 미디어에 대한 관심이 더욱 커졌다. 독일, 네덜란드 등 무역업이 성행한 곳에서 신문이 다양하게 발행된 것도 자본의 창출에 필요한 정보에 대한 수요가 증가했기 때문이다. 한편 프랑스 혁명의 성공을 계기로 자유·평등 정신이 확산하면서 18세기 독일, 영국, 프랑스 등에서 공교육 제도가 정착되어 문맹이 줄어들었고 그 결과 본격적으로 정보의 수요가 급증하게 되었다.

신문사업이 번성한 지역은 네덜란드와 독일 등으로 대규모 무역루트를 끼고 있는 도시였다. 네덜란드에서 1926년 이전까지 출간된 뉴스 간행물이 약 140종에 이를 정도다. 독일의 쾰른, 프랑크푸르트, 메인,

정보 생산과 소비의 현장이었던 커피하우스

1652년 런던에서 잉글랜드 상인의 하인이었던 아르메니아 출신 파스카 로제가 처음으로 커피하우스를 열었는데 이후 약 50년간 런던에만 550여 개가 생겨났다. 사람들이 모이기 시작하면서 커피하우스는 다양한 정보를 얻을 수 있는 장소로 거듭났다. 상인과 선주가 만나고, 런던 증권거래소 근처 기업인들이 삼삼오오 모여 증권과 상품을 팔기도 했다. 발명가들이 모여 토론하며 창업을 논의하는 곳이기도 했다. 아이작 뉴턴, 애드먼 핼리 등 영국왕립학회 구성원들이 커피하우스로 자리를 옮겨 토론을 계속하기도 했다. 근대 과학의 주춧돌을 놓았던 뉴턴의 『프린키피아(원제: 자연철학의 수학적 원리)』와 자본주의의 토대가 된 애덤 스미스의 『국부론』도 런던의 커피하우스에서 탄생했다.

함부르크 등에서도 어김없이 신문이 발행되었는데, 식민지로 떠나는 무역선의 항로는 물론 출발시간 등이 자세하게 소개되었다. '정보가 곧 돈'이라는 생각은 예나 지금이나 마찬가지라는 사실을 알 수 있다.

전신, 장거리 통신의 혁명

"What hath God wrought(하나님께서 큰일을 하셨구나)."

1844년 5월 23일 새뮤얼 모스가 워싱턴DC에서 메릴랜드주 볼티모어에 있는 그의 조수이자 발명가 베일에게 타전한 전신문이다. 이는 당시 모스의 전신기술을 적극적으로 후원했던 미국의 특허청장 헨리 W. 엘스워스의 딸 애니가 성경에서 따온 문장이다. 같은 시각 볼티모어행 기차에 실린 문서는 전신보다 64분 늦게 도착했다. 전신을 이용하면 말이나 기차와 비교할 수 없을 만큼 빠른 속도로 정보를 전달할 수 있음이 증명된 것이다.

사람들에게 둘러싸인 새뮤얼 모스가 워싱턴DC에서 메릴랜드주에 있는 조수에게 세계 최초로 전신을 타전하는 모습

전신은 장거리통신의 혁명이었다. 이후 볼티모어에서 열린 휘그당 전당대회 소식을 워싱턴으로 보내면서 정보가 더욱 신속하게 전달되기 시작했다. 모스

는 발명가들의 후원을 받아 회사를 설립했고, 1846년 1월 뉴욕과 필라델피아를 잇는 전신 선로가 개통되었다. 이후 대서양을 건너 미국과 유럽을 연결하는 선로는 1866년에 개통되었다.

장거리통신 혁명이 일어난 후 뉴스 전송이 더욱 손쉬워졌다. 1846년 뉴욕에 위치한 신문사들은 신문물인 전신을 재빨리 받아들였다. 연합통신(Associated Press, AP)을 만들어 신문사들이 자원을 공유하기 시작한 것이다. AP에 참가한 신문사들은 국내외 통신원의 소식을 신속하게 받아볼 수 있었다. 기자들은 전신국으로 기사를 타전하기 시작했고, 전송되는 뉴스가 폭발적으로 증가했다. 뉴스가 대중매체로 본격적으로 제 모습을 갖추기 시작한 것이다.

출판업자 대신 등장한 전문기자

최초의 전문기자는 누구일까. 1770년대 영국 의회에서 벌어진 토론 내용이 신문의 주요한 부분을 차지했다. 의회 토론장에서 기록은 금기였기에 〈모닝 크로니클〉[1]의 인쇄업자이자 편집자인 윌리엄 우드폴은 여러 시간에 걸친 토론을 복기해 자세하고 정확하게 보도했다. 토론의 과정을 압축적으로 정리하여 보도한 덕분에, 우드폴은 가운데 이름(middle name)으로 메모리(Memory)라는 애칭을 얻었다.

이때까지만 해도 기자를 부르는 명칭은 뉴스 작성자(news writer), 팸플릿 작성자(pamphleteer), 관보 작성자(gazetteer), 저자(author), 디우르널리스트(diurnalist, 저널리스트의 라틴어식 표현) 등이었다.

---

1 1769년 영국 런던에서 창간한 신문으로 1862년까지 발간되었다. 수필가 윌리엄 해즐릿을 정치기자로 채용했고 소설가 찰스 디킨스, 철학자 존 스튜어트 밀 등이 한때 이곳에서 기자로 일했다.

정보가 폭발적으로 증가하고 전신과 전기기술이 발전하고, 20세기에 들어서면서 더 이상 출판인이 뉴스를 생산할 수 없는 상황에 이르자 기자를 고용하고 뉴스 작성과 제작 등으로 업무를 분장하게 되었다. 미국에서도 기자 채용이 늘어났다. 1820년 미국 워싱턴에서 정치부 기자를 채용하기 시작했고 보도기사의 숫자는 더욱 증가했다. 이전까지만 해도 일간지에 올라오는 새로운 소식은 2개 정도에 불과했으나, 전문직 기자가 등장하면서 뉴스가 더욱 다양해졌다. 미국에서는 1830년대에 이미 일간지 65개, 주간지 630개가 발행되고 있었다. 기자가 전문직으로 등장하면서 뉴스는 급격히 대중화되었다.

미디어는 어떻게 사용하느냐에 따라 약이 될 수도, 독이 될 수도 있다. 소가 물을 마시면 우유를 만들지만, 독사는 독을 만들어내듯이 말이다. 과거에 공동체의 소통과 결속이라는 목표를 달성하기 위해 미디어를 사용했듯, 현대사회에서도 미디어는 결속을 다지고 선동 혹은 홍보를 위해 사용된다.

미디어를 효과적으로 활용한 인물

1930년대 유럽과 미국에서는 보급률이 급증한 라디오가 정치적 결속을 위한 강한 연대의식을 형성하는 데 큰 역할을 했다. 미국에서 라디오를 가장 잘 활용한 인물로는 1930년대 대공황을 극복하기 위해 뉴딜정책을 펼쳤던 루스벨트 대통령이 꼽힌다. 그는 재임 기간(1933~44) 라디오 담화로 대중과 소통했다. 거실에서 온 가족이 둘러앉아 라디오를 듣는 게 일상이었던 당시, 루스벨트의 부드러운 목소리는 대중의 마음을 얻는 데 주효했다.

유럽에서 미디어를 효과적으로 이용한 인물로는 괴벨스가 있다. 당시 독일은 잇달아 전쟁에서 패해 국토가 만신창이가 되었고 전쟁 보상금을 마련하느라 빚더미에 올라앉았다. 또한 심각한 하이퍼인플레이션을 겪으면서 화폐가치가 땅에 떨어졌다. 독일 국민들은 이런 위기를 극복하겠다고 선언하며 등장한 나치의 손을 들어줬다. 괴벨스는 미디어의 특성을 정확하게 이해하고 있는 인물이었다. 그는 독일 나치 정권의 선전장관을 맡아 미디어를 적극 활용했다. 괴벨스가 남긴 유명한 말이 있다.

초창기 라디오 모델 중 하나. TV가 없던 시절, 라디오는 중요한 소식통이었다.

"대중은 처음에는 거짓말을 부정하고, 그다음엔 의심하지만, 되풀이하면 결국에는 믿게 된다."

1930년대 과학기술의 발전에 힘입어 독일은 국민라디오(Volksempfänger)를 대량생산하여 저렴한 가격에 보급했다. 1933년부터 1939년까지 총 700만 대가 넘게 생산된 국민라디오는 2주치 급여로 구매할 수 있을 정도의 합리적인 가격 덕분에 독일 가정의 중요한 소식통이 되었다.

당시 나치는 언론을 통제하며 선전도구로 활용한 탓에 독일 국민들은 라디오로 전해지는 소식을 믿을 수밖에 없었다. 제2차 세계대전에서 패배하고 있는 상황에서도, 괴벨스는 라디오를 통해 독일군이 승리를 이어가고 있다고 알렸다. 정부의 통제가 심해지면 미디어가 어떻게 변질되는지 알 수 있다.

영상의 시대

19세기까지 산업혁명과 종교혁명을 거치면서 인쇄물이 미디어를 주도했다면, 20세기에 들어서는 TV 등 영상매체가 등장해 그 역할의 많은 부분을 대신하고 있다. 1922년 세계 최초로 영국 BBC가 TV 방송을 시연했고, 영국 전 지역에 송신할 수 있는 방송사가 설립되었다. TV의 시대가 열린 것이다. 1950년대에는 TV수상기가 보급되기 시작했다. 라디오 보급률은 10%에서 40%로 늘어나는 데 6년이 걸렸지만, TV수상기는 3년에 불과했다. 1970년대에 이르러서는 미국 가정의 95%에 TV수상기가 보급되었다. 한국은 1970년대에 TV가 보급되기 시작해 서울의 보급률이 30%에 불과했으나, 1989년에는 가구 평균 TV 보유 대수가 1대를 넘어섰다. 1988년에는 서울 올림픽의 개최를 앞두고 컬러 TV가 등장했다.

영화도 이 시기에 발명되었다. 1895년 프랑스 뤼미에르 형제가 활동사진(motion picture)을 발명한 후 영화가 새로운 미디어로 등장했다. 애니메이션은 애니미즘(animism)에서 어원을 찾을 수 있는데 애니미즘에는 모든 사물에 영혼이 깃들어 있다는 세계관이 반영되어 있다. 세계 최초의 장편 컬러 애니메이션은 월트디즈니가 제작한 〈백설공주와 일곱 난쟁이〉(1937년)이고, 우리나라 최초의 애니메이션은 〈홍길동전〉(1967년)으로 10만 관객을 동원했는데 지금 봐도 어색하지 않을 정도로 제작 수준이 높다.

미디어의 진화

컴퓨터와 네트워크의 등장

미디어는 인쇄술, 전기전자(영상), 정보통신 등 기술발전에 힘입어 진화해왔다. 인쇄술의 발전으로 인쇄물이 약 500년간 대세를 이루었다면, 전기전자 및 정보통신기술의 발전으로 열린 영상시대는 아직 역사가 약 100년에 불과하다.

컴퓨터와 네트워크 기술이 발전하면서 미디어의 진화 속도는 더욱 빨라졌다. 컴퓨터가 처음 등장한 시기는 1946년이다. 1943년 미국 펜실베이니아대학의 모클리와 에커트가 제작한 전자컴퓨터 에니악(ENIAC)은 세계 최초의 범용컴퓨터로 미사일 탄도 계산과 적국의 암호 해독을 위해 개발되었다. 개인용 컴퓨터(Personal Computer, PC)가 등장하기 전까지 컴퓨터는 주로 국가 기밀을 취급하는 연구소에서나 사용하는 기기였다.

한편 미국 국방부 산하 연구기관의 네트워크였던 ARPA넷은 1969년 여러 대의 컴퓨터를 전화선으로 연결하고자 했다. 모뎀을 이용한 네트워크 실험은 성공을 거뒀고, 연구원들은 ARPA넷을 이용해 정보를 교환했다. 연구원들의 전유물이었던 네트워크 기술이 세계적으로 전파된 것은 1990년 영국의 과학자 팀 버너스 리가 개발한 월드와이드웹(World Wide Web)이 등장하면서부터다.

이후 빠른 속도로 발전하기 시작한 컴퓨터와 정보통신기술 덕분에 가상공간(cyberspace)이 우리 앞에 펼쳐졌다. '사이버스페이스'라는 말은 윌리엄 깁슨의 SF소설 『뉴로맨서(*Neuromancer*)』(1984)에 처음 등장했다. 인공두뇌학(cybernetics)과 공간(space)의 합성어로 현실이 아닌 뇌 속에서 펼쳐지는 또 다른 세계라는 뜻이다.

1990년 네트워크 기술이 상용화하면서 가상의 세계는 급속하게 커져갔다. 1991년 500만 명 미만에 머물렀던 인터넷 이용자는 2019년 기준으로 약 46억 명에 이른다. 지구인 2중 한 명이 네트워크에 접속하는 것이다.

통신기술 혁신의 아이콘

통신기술 혁신의 아이콘은 스티브 잡스다. 그는 2007년 6월 29일 '내 손 안의 컴퓨터' 스마트폰을 선보이면서 유비쿼터스 세상을 펼쳤다. 유선 컴퓨터가 아닌 무선으로, 그것도 손바닥 크기의 통신기기가 세상을 다시 바꿔놓았다. 멀티 터치스크린, 가상 키보드, 웹브라우징, 전화, 카메라, 이메일, GPS 내비게이션 등 낱개로 존재하던 기술을 스마트폰 안에 모두 집어넣은 것이다.

스마트폰은 미디어의 세계에도 큰 영향을 미쳤다. 이제 어디서든 영상을 촬영하고 공유할 수 있는 시대가 되었다. 2005년 스티브 첸 등 3명의 청년이 차고에 모여 개발한 영상 공유 플랫폼 스타트업 '유튜브'는 창업 1년 만인 2006년 구글에 인수되었다. 인수금액은 16억 5,000만 달러로 구글은 당시 인수한 기업 중 유튜브에 가장 큰돈을 지불했다. 유튜브는 초기 적자를 면치 못해 투자자들의 비난을 사기도 했지만, 2019년 기준으로 구글 광고 수익의 13%를 차지할 정도로 크게 성장했다.

유튜브는 '1인 미디어' 시대를 열었다. 1분에 500시간의 영상이 올라오고, 이용자 중 비영어권 접속자가 95%에 이른다. 누구나 미디어의 주인이 될 수 있는 시대, 우리는 넘쳐나는 정보 속에서 갈피를 잡지 못하고 있는 것은 아닐지 생각해볼 필요가 있다.

소통하는 데 가장 효과적인 집단의 크기

우리는 마음만 먹으면 미디어의 주인이 될 수 있는 시대에 살고 있다. 많은 사람들이 유튜브에 동영상을 올려 수익을 올린다. 그렇다면 페이스북, 트위터와 같은 사회관계망서비스(Social Network Service)의 친구의 숫자나 '좋아요' 클릭 수가 미디어를 효과적으로 사용하고 있다는 증거가 될 수 있을까.

미디어를 효과적으로 활용하려면 먼저 인간의 소통방식을 알아야 한다. 영국 옥스퍼드대학 인류학과 로버트 던바 교수는 영장류 무리의 평균 숫자와 대뇌피질의 크기를 비교하는 실험을 했는데, 대뇌피질의 크기가 클수록 무리의 평균 숫자가 컸다. 고함원숭이 무리의 평균 숫자는 8, 코주부원숭이 18, 침팬지 54, 인간 150 등이다. 그는 영장류의 '털 고르기'를 중요한 사회적 속성이라고 보고, 서로 털을 골라주는 무리를 한 무리라고 봤다. 즉 가장 소통을 잘할 수 있는 무리의 숫자라는 것이다. 이 숫자는 집단의 모든 구성원이 나머지 모든 구성원을 알고 지낼 수 있는 최대 크기로 '던바의 수'라고 한다.

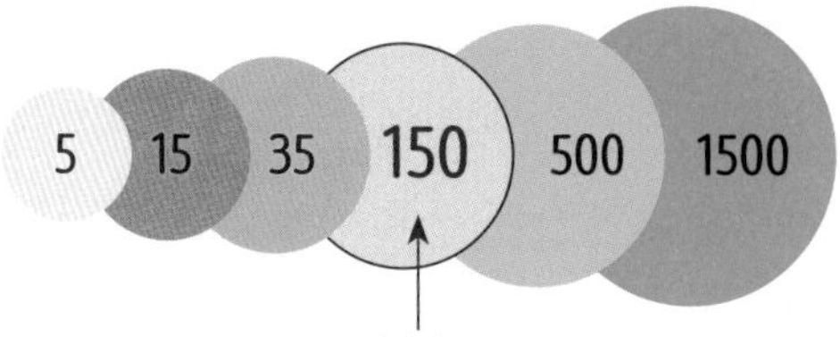

던바의 수에 따르면 인간은 150명 정도가 서로 소통하는 데 가장 효과적인 집단의 크기다. 150명이라는 숫자는 인류가 처음 촌락을 이루고 살았던 고대 한 마을의 구성원의 숫자(100~150)와 엇비슷하다. 또 군대에서 중대원의 숫자(50~255명)에 해당한다. 인간이 직접 효과적으로 소통하기 위해서는 150명이 넘지 않는 것이 좋다. 150명이 넘어가면 실제 소통이라는 의미가 무색해진다. '좋아요' 클릭 수가 늘어나면 기분은 좋아질지 모르지만, 깊은 내면의 소통을 원하는 인간의 본질에 다가가기는 어렵다는 뜻이다.

3

실용 글쓰기의 기본

뉴스

뉴스의 특징 6가지

글의 종류를 구분하자면, 창의적인 글과 실용적인 글로 나눌 수 있다. 창의적인 글에는 소설, 시 등 문학적인 글이 대부분이다. 실용적인 글은 문학적인 글을 제외한 거의 모든 글이 해당한다.

뉴스는 뉴스와 논평을 다루는 대중매체와 콘텐츠를 아우르는 글이다. 창의적인 글쓰기가 아니라 대중을 위한 글이기 때문에 쉽게 이해할 수 있도록 써야 한다.

뉴스의 특징을 6가지로 압축해서 설명하면 다음과 같다.

첫째, 기사는 사실적인 글이다. 정확한 사실을 있는 그대로 전달하기 위해 쓴다. 사실관계를 따지기 위해 육하원칙(5W1H)에 맞춰 쓴다. 취재 과정에서 드러난 사실을 독자에게 전달하는 것이 목적이기에 간결하면서도 사실관계가 명확해야 한다.

둘째, 뉴스는 새로워야 한다. 뉴스의 생명은 새로움이다. 최신 뉴스만이 가치가 있다. 시간이 지나면 뉴스의 가치는 떨어진다. 따라서 과거형보다는 현재형 시제가 대부분이다. 이 또한 새로움을 지향하기 위한 뉴스의 특징이다.

셋째, 뉴스는 비판적이다. 언론의 역할 중 하나로 비판 기능이 빠지지 않는다. 사건의 이면을 들여다보고 비판적인 시선으로 분석한다. 정보의 홍수 속에서 기득권의 잘못된 행태를 바로잡는 언론 본연의 역할을 수행하기 위해서다. 독자도 기사를 볼 때 사건의 이면을 보려고 하고 비판적인 시선으로 분석하며 읽어야 한다.

넷째, 뉴스의 생명은 객관성이다. 사실과 현장을 있는 그대로 독자에게 전달해야 한다. 보도하는 과정에서 기자와 편집자들의 주관이 개입해서는 안 된다.

다섯째, 뉴스는 불특정 다수가 이해할 수 있는 대중적인 글이다. 뉴스의 내용이 복잡하면 독자가 이해하기 어렵다. 복잡하고 어려운 기술용어도 독자의 눈높이에 맞춰 쉽게 설명할 수 있어야 한다. 이는 정확한 정보를 전달하기 위한 노력이기도 하다. 뉴스는 독자 중심적인 글이므로 상대방의 입장에서 글을 써야 한다.

여섯째, 뉴스는 압축적인 글이다. 엄청난 사건이 터져도 혹은 정부에서 복잡한 정책을 발표해도 한마디로 요약해서 쓸 수 있어야 한다. 독자가 첫 문장을 읽고 핵심 내용을 이해할 수 있어야 한다. 불필요한 수식어, 앞서 설명한 내용의 반복, 과장된 표현 등은 삭제 대상이다.

뉴스 쓰기는 간결하게 객관적으로 정리하는 것이 핵심이다. 신문기사 형식의 글을 익히면 어떤 글을 쓰든 막힘이 없다. 필요한 내용만 압축적으로 전달하기 때문에 뉴스를 읽는 습관은 실용 글쓰기를 할 때 도움이 된다.

두괄식 글쓰기

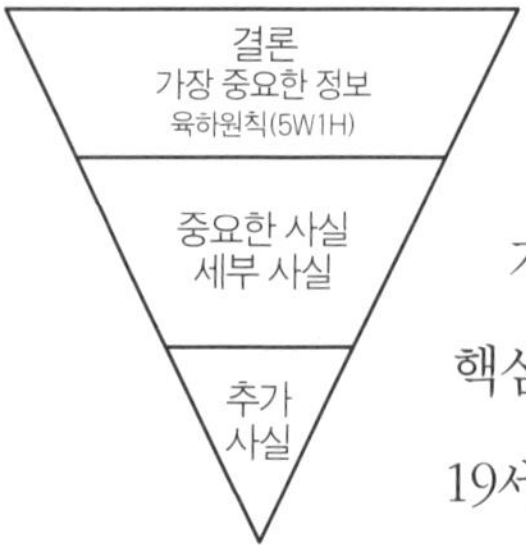

두괄식 글쓰기

뉴스 기사의 가장 핵심적인 형식 중 하나는 두괄식 글쓰기다. 두괄식 글쓰기는 '역피라미드형 글쓰기'라고도 하는데, 첫 문단(lead)에 전달하고자 하는 핵심 메시지를 간결하게 쓰는 형식이다.

19세기 새뮤얼 모스의 전신으로 장거리 통신이 가능해지면서 두괄식이 뉴스 기사의 주요 글쓰기 형식이 되었다. 아직 기술이 충분히 발달하지 않은 탓에 언제 전신이 끊어질지 몰라 메시지의 핵심을 간결하게 가장 앞에 쓰기 시작한 것이다.

핵심 메시지를 압축적으로 쓰기 위해서는 육하원칙에 따라 문장을 만드는 것이 좋다. 첫 문단에 핵심 메시지를 쓰고 나면, 그다음 문단에는 관련 사실이나 세부 내용을 정리하는 형식으로 연결해서 글을 쓸 수 있다. 앞 문단과 뒷 문단의 내용이 연결될 수 있도록 써 내려가면 어렵지 않게 자신이 주장하고자 하는 내용을 모두 정리할 수 있다.

New tabloid size With two pull-out sections
Journal Fear and loathing at the BBC • Bernie Sanders • Polly Toynbee • What is gene editing?
G2 #MeToo creator Tarana Burke • Rhik Samadder • Scott Walker
Sport Thrilling Liverpool end Man City run
The Guardian
Students drafted in to plug NHS gaps
Carillion talks fail to provide rescue plan
Chelsea Manning reveals plan to run for US Senate

영국의 일간지 〈가디언〉. 뉴스 기사의 핵심적인 형식 중 하나는 핵심 내용이 첫 문단에 나오는 두괄식 글쓰기다.

두괄식 글쓰기에 익숙해지면 내용의 중요성을 파악하는 힘을 기를 수 있다.

두괄식 글쓰기가 뉴스를 작성할 때만 적용되는 것은 아니다. 자기소개서, 탐구보고서 등 학교에서 써야 하는 여러 글쓰기의 형식에 사용할 수 있다. 평가를 받아야 하는 글의 경우 실용적인 글쓰기가 더욱 유용한데 이유는 간단하다. 글을 쓴 사람이 전하고자 하는 혹은 설득하고자 하는 메시지의 핵심을 정확하게 처음에 전달해야 하기 때문이다. 너무 길게 쓰거나 결론이 뒤에 있어 미처 전달하지 못하는 일이 생겨서는 안 된다. 글은 다 썼는데 핵심 메시지가 전달되지 못하는 낭패를 겪을 수도 있다.

미괄식 글쓰기

두괄식 글쓰기가 적합하지 않는 글도 있다. 이런 경우에는 미괄식 글쓰기, 즉 '피라미드형 글쓰기' 형식으로 쓰기도 한다. 논문처럼 기승전결 형식을 따르는 경우가 대표적이다. 자신이 주장하고자 하는 결론에 이르기 위해 먼저 가설을 내세우고, 실험이나 설문조사와 같은 검증 과정을 거치며, 최종 결론에 이르는 글에는 두괄식 글쓰기가 적합하지 않다.

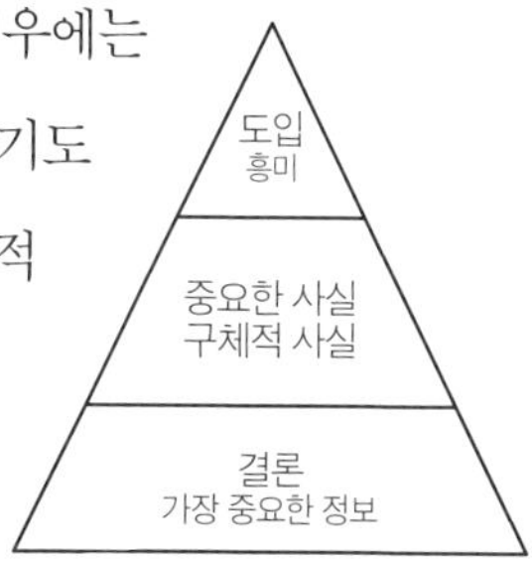

미괄식 글쓰기

논문을 쓸 때는 미괄식 글쓰기 형식을 적용해야 한다. 미괄식은 두괄식과 반대로 마지막에 결론을 쓰는 형식이다. 뉴스 기사의 경우 흥미로운 내용으로 글을 시작해서 결론에 도달하는 형식이 미괄식 글쓰기에 해당한다.

뉴스로 논리력 키우기

"논리적이네." "이치에 맞네." 글이 술술 읽힐 뿐만 아니라 다 읽고 났을 때 내용을 일목요연하게 알 수 있을 때 하는 말이다. 화려한 미사여구로 아름답게 포장된 글이라도 논리적이지 못하면 상대를 설득하는

데 한계가 있다. 뉴스를 읽으면 논리력을 키울 수 있다. 뉴스의 특징이 논리적 글쓰기, 즉 논증을 바탕으로 한 글이기 때문이다. 논증이란 근거를 제시해 어떤 주장이나 견해를 증명하는 것을 말한다. 뉴스를 작성할 때는 주장하고자 하는 내용을 제시한 후 근거를 제시해야 한다. 근거는 취재 과정에서 수집하는데, 취재가 미흡할 경우 근거가 부족한 글이 나올 수도 있다.

논리를 전개할 때 적용하는 추론법으로 연역법과 귀납법이 있다. 연역법은 누구나 받아들이는 명제를 근거로 결론을 이끌어내는 것으로 삼단논법이 대표적이다.

사람은 죽는다. 공자는 사람이다. 그러므로 공자는 죽는다.

귀납법은 객관적인 관찰과 경험을 바탕으로 일반적인 결론에 이르는 방식이다. 대상의 특징을 관찰해 공통된 성질이나 관계를 이끌어낸다. 혹은 반복되는 현상의 패턴을 관찰해 법칙을 형식화한다.

아리스토텔레스도 죽었고, 칸트도 죽었고, 데카르트도 죽었다.

인간은 죽는다.

자신의 주장을 뒷받침하는 논리적인 증거를 제시하기 위해서는 많은 준비가 필요하다. 논쟁을 벌일 때도 과거의 지식을 조사하고 이해하여 이론적인 근거를 갖춰야 한다. 논증이 부족하면, 결국 자신의 주장을 목청껏 외치는 말싸움 대잔치밖에 되지 않는다.

4

누구나 쉽게 배우는 실전 글쓰기

자기소개서

"글쓰기 좋아하는 사람?"

중고등학교에 글쓰기 관련 강의를 하러 가면 가장 먼저 던지는 질문이다. 학생들은 "아니요"라고 합창이라도 하듯 한목소리로 대답하며 고개를 숙이거나 먼 산을 본다. 수업 중에 과제를 내주고 그 자리에서 써보라고 하면 지레 겁을 먹고 포기하는 학생들도 있다.

변명도 다양하다. "전 이과니까 글을 잘 못 써도 괜찮아요", "소설가 안 될 거니까 괜찮아요" 등 나름대로 논리를 세워서 변명을 늘어놓기 바쁘다.

왜 글쓰기를 좋아하지 않을까. 답은 명쾌하다. 제대로 배울 기회가 없었기 때문이다. 글쓰기는 읽기와 더불어 태어나면서 물려받는 능력이 아니다. 하지만 훈련을 거치면 최소한 글쓰기의 공포에서는 벗어날 수 있다.

글쓰기는 가성비 높은 자기 표현법

사람에게는 누구나 인정받고 싶은 욕구가 있다. 남들보다 잘한다고 능력을 인정받으면 자신감이 생긴다. 청소년 시기에는 자신감을 많이 충전할수록 좋다. 성장하면서 마주하게 될 어려움을 극복하고 자신이 원하는 것을 얻을 힘을 기를 수 있어서다.

어른이 되어서도 잘살기 위해 필요한 재능을 꼽으라고 하면, 각자 타고난 능력을 표현하는 것이 으뜸이라고 말하고 싶다. 자신을 표현하는 방법은 다양하다. 노래를 잘 부르거나, 그림을 잘 그린다면 예술적인 재능을 발휘해 존재감을 키울 수 있고, 운동을 잘하거나, 춤을 잘 춘다면 몸으로써 재능을 십분 표현할 수 있다. 그러나 이 같은 재능에는 유전적인 요인이 필요하다. 박자 감각이 떨어지면 노래를 잘 부르기 어렵고, 사물을 제대로 묘사하지 못하면 붓을 들 엄두도 내지 못한다.

타고난 재능이 분명하지 않으면, 자신을 표현할 방법이 없는 것일까. 글쓰기는 누구나 사용할 수 있는 자기 표현법이다. 특히 짧은 기간에 자신감을 키울 수 있는 방법이기도 하다.

글쓰기는 타고난 능력이 없어도 괜찮다. 실용적인 글쓰기는 특히 그렇다. 소설이나 시와 같은 창작 글쓰기가 아니라면 누구나 할 수 있다. 정규 교육과정을 거친 학생들 중에 읽기가 어려운 난독 증상을 보이는 경우가 있지만, 우리나라에 글을 읽지 못하는 문맹은 많지 않다. 읽을 수 있다면 쓸 수도 있다.

글쓰기의 본질은 감동과 공감

학교에서 쓰는 글은 대부분 평가를 받기 위한 것이다 보니 내가 진정 쓰고 싶은 글이 아닐 수도 있다. 하지만 실용 글쓰기는 일상에서 혹은 직업을 얻은 후 직장에서 사용할 수도 있다. 일상 속의 글쓰기에는 분명한 독자가 있는데 상대방을 설득하여 감동을 주고 또 공감을 이끌어내기 위한 작업이 바로 실용 글쓰기인 셈이다. 그렇다면 어떤 글이 좋은 글일까.

첫째, 쉬운 말로 써야 한다. 전공 분야의 논문이 아닌데, 어려운 한자와 전문용어로 가득 차 독자가 이해하지 못한다면 분명 잘못 쓴 글이다. 어려운 내용이라도 쉬운 단어로 풀어 쓸 수 있어야 독자를 만족시킬 수 있다. 쉬운 글이 좋은 글이다.

둘째, 올바르게 쓴 글이다. 상황에 맞는 단어를 선택해야 하고, 우리말의 문법과 띄어쓰기 등을 정확하게 알고 있어야 한다. 일본식, 영어식 표현법을 지나치게 많이 쓰다 보면 우리말의 장점을 충분히 발휘할

상대방을 설득해 감동을 주고 또 공감을 이끌어내기 위한 작업이 바로 실용 글쓰기다.

수 없을 뿐 아니라 메시지를 정확하게 전달하기도 어렵다. 마침표, 물음표, 느낌표, 가운뎃점 등 인용부호를 쓰는 법도 우리말을 제대로 쓰는 법 중 하나다.

셋째, 살아 있는 말로 쓴 글이다. 올바른 한글 표기법으로 정확하게 내용을 전달하는 글을 의미한다. 현장에서 쓰는 말을 인용해서 쓰다 보면 상황이 분명하게 드러나 독자들이 쉽게 이해할 수 있다. 또 본 대로 들은 대로 느낀 대로 쓰다 보면 글은 솔직해지고 감동은 두 배가 된다.

뉴스 읽기로 글쓰기 공포부터 없애자

글쓰기를 자연스럽게 하려면 쓸거리, 즉 글감이 있어야 한다. 나를 둘러싼 모든 것이 글감이 될 수 있다. 그러나 글감을 스스로 만들어내기까지는 면밀하게 검토하고 생각하는 과정이 필요하다. 이를 위해서는 먼저 읽고 생각하는 훈련을 거쳐야 한다.

송나라의 문인이자 당나라, 송나라를 통틀어 8명의 문인 중 한 명으로 꼽히는(당송팔대가) 구양수(1007~72)는 글을 잘 쓰고 싶다면 반드시 많이 읽고(다독, 多讀), 많이 생각하고(다상량, 多常量), 많이 써야(다작, 多作)한다고 했다.

송나라 최고의 문인 중 한 명으로 꼽히는 구양수. 그는 글을 잘 쓰려면 많이 읽고, 많이 생각하고, 많이 써야 한다고 했다.

읽고 생각하고 쓰기를 거듭할수록 세상을 보는 눈이 넓어지고 상대방을 이해하는 포용력이 생긴다. 또 사건을 분석하고 참과 거짓을 구분할 수 있으며, 무엇이 올바른 가치인지를 스스로 판단할 수 있

뉴스는 읽기 및 글쓰기의 좋은 교재이다.

다. 이 과정에서 올바른 행동과 태도를 자연스럽게 익히며 민주사회의 시민으로서 살아가는 데 필요한 자의식을 키우게 된다.

"누가 그걸 몰라?" 대뜸 이렇게 반문하고 싶은 생각이 들 수도 있다. 하지만 아는 것과 내 것으로 만드는 것은 하늘과 땅 차이다. 읽기 습관을 들이고 싶다면, 생활 속에서 짧은 글을 자주 읽는 훈련을 할 것을 권한다. 읽기 훈련을 할 수 있는 좋은 교재로 뉴스가 있다.

뉴스는 살아 있는 글쓰기 교재이자 자신을 표현할 수 있는 글쓰기 능력을 키우기에 그만이다. 뉴스는 기자 한 사람이 작성해서 보도하는 것이 아니다. 내용은 물론이고 문장을 다듬는 과정에서 여러 사람의 손을 거친다.

기자가 뉴스를 발제하고 작성하면 데스크의 검증을 통과해야만 한다. 여기서 끝이 아니다. 다시 편집기자, 교열기자를 거치면서 문장을 가다듬고, 비문(非文, 잘못 쓴 문장)을 고치고, 논리의 비약을 바로잡은 후, 다시 편집 데스크를 거치고 편집국장을 비롯한 발행인의 최종 회의를 거친 후 보도된다. 내용의 검증과 글의 퇴고 과정을 여러 번 거치기 때문에 최종 보도된 뉴스는 엄선된 글이라고 할 수 있다.

특별한 계획을 세울 필요도 없다. 뉴스를 3개월 정도 무작정 읽어나가다 보면 자신도 모르는 사이에 읽기 능력은 물론, 쓰기 훈련을 위해 갖추어야 하는 어휘력과 논리력을 자연스럽게 키울 수 있다. 게다가 현실 세계가 돌아가는 이야기, 즉 시사에 눈이 밝아지니 사고력과 분석력도 덤으로 키울 수 있다.

뉴스를 읽으면서 자신의 관심사를 발견할 수도 있다. 국내외 정치, 경제, 사회, 문화, 예술 등 다양한 분야에서 특별히 관심이 가는 주제를 읽다 보면 흥미를 느낄 수 있다. 연구를 더 해보고 싶은 주제, 하고 싶은 일, 가보고 싶은 나라 등 나만의 관심 주제를 찾게 된다. 압축적으로 정리된 뉴스를 읽는 습관을 들이자. 굳이 글쓰기 연습을 하지 않아도 자연스럽게 간결한 글쓰기, 실용적인 글쓰기를 익힐 수 있다.

긴 글도 한 줄로 요약할 수 있다

무작정 뉴스 읽기 과정을 거쳤다면 요약하기 단계로 넘어가보자. 요약하기란 문단별로 핵심 문장을 집어내 전체 글의 내용을 파악하는 훈련 방법이다. 뉴스 중에서 요약하기에 적합한 글은 언론사의 칼럼이나 사설 등이다. 저널리스트로 활동한 경력이 20년이 넘는 베테랑 기자들이 쓴 글이기 때문에 논리적인 흐름에 빈틈이 거의 없고 문장력도 뛰어나기 때문이다.

요약하기를 통해 문장의 핵심을 파고들어 글을 압축적으로 정리하는 능력을 기를 수 있다. 문단별로 나누어 각각 핵심 문장을 고르고, 각 문단별로 발췌한 핵심 문장을 200자로 압축할 수도 있다. 압축한 글에서 10자 내외로 글자를 뽑아내면 제목이 되는 것이다. 이 같은 과정을 20차례 정도 반복하면 아무리 긴 글이라도 빠른 속도로 읽을 수 있을

요약 능력도 훈련으로 키울 수 있다.

뿐 아니라 핵심포인트를 짚어낼 수 있다. 다른 사람의 글을 요약해보면 핵심 메시지를 발굴하는 눈이 떠진다. 심청 아비가 눈을 번쩍 뜨듯이 말이다.

요약하기는 간단하다. 신문기사를 문단별로 구분하고 각 단락별로 핵심 문장을 뽑는다. 그리고 단락별로 뽑아낸 핵심 문장으로 다시 한 문단 정도의 글을 써보면 된다.

처음에는 낯설고 어색하지만, 이 과정을 반복하다 보면 글을 읽는 속도가 빨라지고, 핵심 문장이 밝고 선명하게 빛나는 것을 알게 되고, 굳이 시키지 않아도 밑줄을 긋게 된다. 이렇게 되기까지 3개월이면 충분하다. 3개월 정도 훈련해보면 시험지의 긴 지문도 술술 읽어가는 자신을 발견하게 될 것이다.

그럼 실제로 연습해보자.

[오늘의 경제소사]

1914년 전기식 교통신호등 등장…생명 구하는 사회적 약속

출처: 권홍우, 〈서울경제신문〉(2020. 8. 4)

1914년 8월 5일, 미국 오하이오주 클리브랜드. 105번 도로와 유클리드 거리 교차로에 전기식 신호등이 처음 선보였다. 구성은 단순했다. 적색 표시등이 네 방향으로 달렸을 뿐이다. 전기로 제어되는 빨간 등이 켜지면 정지, 꺼지면 출발하는 방식이었다.

한 줄 요약: 1914년 미국 클리브랜드에 전기식 신호등이 처음 생겼다.

최초의 교통신호등이 무엇인지에 대해서는 이론이 분분하다. 세계 최초의 신호등은 1868년 영국에서 철도용으로 등장했으나 불과 두 달 만에 자취를 감추고 말았다. 가스로 신호등을 켜고 끄는 식이었는데, 자주 폭발하는 바람에 교통 관제요원들이 죽고 다치는 사고가 발생한 탓이다.

한 줄 요약: 46년 전 영국에서 가스식 신호등이 나왔지만 잦은 사고로 두 달 만에 사라졌다.

'신호등=위험한 물건'이라는 인식이 바뀌는 데는 두 가지 요인이 있었다. 첫째는 전기의 보급. 폭발 위험이 큰 가스 대신 전기를 사용해 안전도가 높아졌다. 두 번째 요인은 갈수록 심화하는 교통 혼란. 자동차와 마차, 자전거와 오토바이, 말이 같은 도로를 사용해 사고가 잦았다. 교차로에서 서로 뒤엉키고 예전에는 볼 수 없었던 교통 체증 현상도 생겼다.

한 줄 요약: 전기식 신호등의 개발과, 교통 체증으로 신호등이 필요해졌다.

클리브랜드에 처음 나온 전기식 신호등은 급속도로 미국 전역에 퍼졌다. 신호등이 확산하며 신호색이 늘어났다. 빨간색과 파란색, 노란색으로 구성된 3색 전자식 신호등은 1920년대에 등장, 세계 표준으로 자리 잡았다. 국가와 지방에 따라 조금씩 다르지만 '빨강은 중지, 노랑은 신호 변경 예고, 파랑은 통과 및 출발'이라는 신호만큼은 세계 어디서나 통한다.

한 줄 요약: 빨강, 파랑, 노랑의 3색 전자식 신호등의 1920년대 세계 표준으로 자리 잡았다.

신호등은 운전자는 물론 보행자의 안전 의식을 높이고 규범을 지키는 운전 문화 정착에 크게 기여했다. 신호를 지키지 않을 경우 자신은 물론 타인의 생명과 재산에 피해를 줄 수 있기에 선진국일수록 신호 위반에 대한 벌금이 크다. 어린이들이 가장 먼저 받는 교육이 신호등인 것도 사회적 약속이기 때문이다.

한 줄 요약: 신호등은 운전자와 보행자의 안전 의식을 높이고 운전 문화 정착에도 기여했다.

신호등 설치 장소와 신호 간격 배정, 인근 신호등과의 연계에는 수학적 알고리즘(계산식)이 필수적이다. 교통량에 따라 가변적인 감응식 신호등의 설치와 유지에도 풍부한 교통 데이터가 필요하다.

한 줄 요약: 신호등 설치를 위해 수학적 알고리즘은 필수다.

사회적 약속의 상징인 교통신호등이 한국에서는 불신과 조롱의 대상이었던 시절도 있다. 5공 초기 빈번한 신호등 교체는 나중에서야 그 실체가 드러났다. 전두환 대통령의 친인척에게 사업권을 내주고 실적을 쌓으라고 마구 일을 벌였다. 멀쩡한 신호등이 교체됐던 이유를 알게 된 국민들은 권력을 비웃었다.

한 줄 요약: 대통령의 친인척 비리로 한국에서는 신호등이 한때 불신과 조롱의 대상이 되기도 했다.

한국의 교통신호등은 최근 또 다른 변화를 겪고 있다. 주요 도로에서 신호등이 감소하고 있다는 소식이다. 2차선 국도를 4차선 고속도로 규격으로 넓히고 교차로를 입체화하면서 신호등 수요가 줄어든 덕분이다. 도로 인프라가 그만큼 좋아졌다는 얘기다. / 권홍우 선임기자

한 줄 요약: 도로 인프라 개선으로 신호등이 감소하고 있다.

단락별로 표시한 중요 문장을 포인트로 잡아서 다시 글을 써보자.

신호등은 교통안전을 위한 사회적 약속

1914년 8월 5일 미국 오하이오주 클리브랜드에 전기식 교통신호등이 생겼다. 46년 전 영국에서 가스식 신호등이 철로에 등장했지만, 사고가 잦아 두 달 만에 사라졌다. 이때까지만 해도 교통신호등은 위험한 물건이라는 인식이 강했다. 전기식 신호등이 개발되고, 교통량이 증가하면서 교통신호등의 필요성은 더 커졌다. 1920년대에 빨강, 파랑, 노랑의 3색 신호등이 표준으로 제정되었다. 신호등은 운전자와 보행자의 안전 의식을 높이는 사회적 약속이다. 어릴 때부터 교통 교육을 받는 이유도 같은 맥락이다. 사회적 약속인 신호등이 우리나라에서 불신과 조롱의 대상이 된 적도 있다. 제5공화국 때 대통령의 친인척 비리에 연루된 탓이다. 최근에는 도로 인프라가 개선되면서 교통신호등을 줄이고 있는 추세이다. 기술 혁신의 힘이다.

기억을 되살리는 메모의 힘

아무리 글쓰기가 싫어도 피할 수 없는 것이 있다. 자기소개서가 그렇다. 중학교 때 이미 써본 경험이 있다면 익숙할 것이다. 대학 입학 준비를 하면서도 역시 자기소개서가 필요한데 여기서 끝이 아니다. 대학을 졸업한 후 취업을 준비할 때도 자기소개서는 기본 글쓰기 중 하나다. 그런데 정작 글로 자기를 소개해보라고 하면 딱히 쓸 말이 떠오르지 않는다. 대책없이 버티다 대학과 전공과목을 선택할 때가 되어 자기소개서 양식을 받아들면 난감할 뿐이다.

자기소개서를 쓸 때 잊지 말아야 할 것을 세 가지로 압축하면 다음과 같다. 첫째, '누구에게 점수를 딸까', 둘째, '누구에게 나를 알릴까',

셋째, '나의 잠재력을 어떻게 표현할까'이다.

한마디로 자기소개서는 나를 평가하는 그 누구에게 나를 알리기 위해 내 장점과 잠재력을 표현하는 글이다. 특히 대학 입학을 준비하는 고등학생이 쓰는 자기소개서에는 세 가지 질문이 나온다. 첫째, 학업 성과와 학습 경험, 둘째, 교내활동, 셋째, 인성과 교양이다.

자기소개서는 창작을 요구하는 글쓰기가 아니다. 고등학교 시절 내가 어떤 활동을 했으며, 고교 시절의 활동 내용이 대학에 입학한 후 해당 분야의 전문가로 성장하는 데 밑거름이 될 것이라는 사실을 잘 정리하면 된다. 좋은 성적을 거두었다, 그래서 전교 1등을 연거푸 했다는 식의 자랑을 늘어놓는 것은 자기소개서가 아니다.

자신이 관심을 가진 분야가 있다면 그것이 무엇이고, 그것을 더 자세하게 알고 싶어 어떠한 활동을 했는지 구체적으로 정리해야 한다. 활동 과정에서 맞닥뜨린 문제가 있다면 어떻게 해결했는지, 친구들과 어떠한 협력을 했는지 등을 설명하면 된다.

단, 길게 쓰지 않는 것이 좋다. 평가자에게 주어진 시간은 길게 잡아 20분이다. 20분 내에 평가자를 설득할 수 있어야 한다는 말이다.

자기소개서는 고등학교 1학년 때부터 쓰는 게 좋다. 일지를 쓰듯이 별도의 수첩을 마련해 특별한 행사에 참가하거나, 동아리 활동, 창의 체험 등 활동 내역을 떠올릴 수 있는 간단한 키워드를 정리하는 형식이면 된다. 고등학교 3학년이 되어 자기소개서를 써야 할 때 이 수첩을 꺼내보면 어떤 활동을 했는지 한눈에 알 수 있다.

자기소개서는 미려한 문장의 글을 쓰라는 요구가 아니라, 자신이 희망하는 대학에 들어가 인재로 성장할 자질을 갖춘 학생이라는 것을 증명해보라는 것이다. 학교를 다니면서 했던 활동 이력이 이를 잘 말해줄 수 있도록 문맥을 매끄럽게 정리하면 그만이다. 질문을 봐도 그렇다.

1. 고등학교 재학 기간 중 학업에 기울인 노력과 학습 경험에 대하여 배우고 느낀 점을 중심으로 기술해주십시오. (1,000자 이내)

학업성과에 대한 경험을 쓰라는 것이다. 질문의 핵심은 '배우고 느낀 점'에 있다. 학업성과를 올리기 위해 기울인 노력과 그 과정에서 무엇을 느꼈는지를 써야 한다. 친구와 함께 서로 가르쳐주면서 공부해보니 이해가 훨씬 잘되었다는 식으로 각자 스스로 터득한 공부법과 그 과정에서 겪은 좌절과 남다른 성취감이 있을 것이다. 이를 정리하면 된다.

2. 고등학교 재학 기간 중 본인이 의미를 두고 노력했던 교내활동을 배우고 느낀 점 중심으로 3개 이내로 기술하시오. 단, 교외활동 중 학교장의 허락을 받고 참여한 활동은 포함됩니다. (1,500자 이내)

이 질문의 핵심포인트는 '의미를 두고 노력했던 교내활동', 그리고 그 과정에서 '배우고 느낀 점'에 있다. 동아리 활동, 창의체험 등 참가했던 활동 중에서 특별한 의미가 있는 것이 무엇인지 떠올리고, 그 특별한 의미가 무엇인지를 강조하면 된다. 또 활동을 하면서 스스로 배우고 느낀 것이 무엇인지 구체적으로 설명해야 한다. 가끔 '참 좋았다', '기뻤다' 등으로 마무리하는 경우가 있는데, 좀 더 자세하게 써야 한다.

3. 학교생활 중 배려, 나눔, 협력, 갈등관리 등을 실천한 사례를 들고 그 과정을 통해 배우고 느낀 점을 기술해주시기 바랍니다. (1,000자 이내)

고등학교 재학 시기에 친구와의 관계, 리더십, 인성을 키우기 위해 기울였던 노력이나 경험을 자세하게 정리해보는 기회이다. 여기서도 그 과정에서 무엇을 배우고 느꼈는지 간결하게 쓰면 된다.

자기소개서, 미리 써두자

자기소개서는 미리 써두는 게 좋다. 글이란 고치면 고칠수록 좋아지게 마련이기 때문이다. 가끔 자기소개서를 미처 쓰지 못해 비용을 들여 전문가의 자문을 받는 경우가 있는데, 자문을 받더라도 굳이 남에게 자기소개서 전체를 맡기는 것을 권하지는 않는다. 이유는 몇 가지가 있다.

이미 고등학교를 졸업한 사람은 쓰는 언어가 다르기 때문에 아무리 표나지 않게 쓰려고 해도 티가 나게 마련이다. 읽는 사람이 눈치채기 쉽다는 의미다.

자기소개서는 학생생활부의 보완제가 될 수 있지만 대체재는 될 수 없다. 교과목의 성적이 우선이라는 말이다. 그렇다고 자기소개서가 중요하지 않다는 말은 아니다. 진심 어린 진정성 넘치는 글로 학창시절을 어떻게 보냈는지를 정리하는 데 집중하자.

여기서는 대학에 가기 위한 자기소개서를 예로 들었는데 이러한 요령은 다른 목적의 자기소개서를 쓰는 데도 마찬가지로 적용할 수 있다.

참고문헌과 영화
앤토니 스미스, 『세계 신문의 역사』, 최정호·공용배 옮김, 나남, 1999.
마샬 매클루언, 『미디어의 이해』, 김상호 옮김, 커뮤니케이션북스, 2012.
김경화, 『세상을 바꾼 미디어』, 다른, 2013.
톰 스탠디지, 『소셜미디어 2000년』, 노승영 옮김, 열린책들, 2013.
장선화, 『교실밖 글쓰기』, 스마트북스, 2017.
톰 매카시, 영화 〈스포트라이트〉, 2015.

세상의 많은 지식들은 '언어'로 구성되어 있다. 우리는 언어로 지식을 얻고 언어로 생각한다. 서평 쓰기는 언어 실력을 갈고닦는 읽기와 쓰기, 두 마리 토끼를 잡아준다. 서평은 책을 '읽고', 글을 '쓰는' 것이기 때문이다.

4장

단박에 익히는 서평 쓰기

김나정 | 작가 겸 문학비평가. 현재 고려대, 세종 사이버대에 출강하고 있다. 상명여대 교육학과, 서울예대 문창과를 졸업하고, 문예창작으로 중앙대 대학원에서 석사, 고려대에서 박사학위를 마쳤다. 〈동아일보〉 신춘문예 소설, 문학동네 신인상 비평, 〈한국일보〉 신춘문예 희곡 부문에 당선했다.

1

읽는 법과 쓰는 법을 배운다

서평

읽기와 쓰기, 두 마리 토끼를 잡는다

세상의 많은 지식들은 '언어'로 구성되어 있다. 문학은 물론이고 철학, 역사 등을 포함한 인문학은 언어로 뜻을 펼치고, 과학이나 경제학도 언어로 생각을 나눈다. 우리는 언어로 지식을 얻고 언어로 생각한다. '외롭다'는 말을 알아야 외롭다는 생각도 할 수 있다. 언어는 우리의 생각과 삶, 사회를 이루는 소중한 토대다. 서평 쓰기는 이런 언어 능력을 기르는 데 맞춤이다. 언어 실력을 갈고닦는 읽기와 쓰기, 두 마리 토끼를 잡아준다. 서평은 책을 '읽고', 글을 '쓰는' 것이기 때문이다.

서평 쓰기는 읽는 법을 알게 해준다. 서평을 써야 한다고 생각하면 후다닥 읽어치우지 않고 꼼꼼하게 읽는다. 어떤 부분이 핵심인지, 어떤 부분을 서평에 넣어야 할지 생각하며 눈에 불을 켠다. 유감스럽게도 한글을 읽을 줄 안다고 해서 글을 이해하는 능력까지 절로 길러지지는 않는다. 글을 이해하고 평가한 뒤 이를 활용할 수 있는 능력을 '문해력'

이라고 하는데, 단지 글자만 읽는 것이 아니라, 이 글이 어떻게 짜였고 어떤 뜻을 담았는지 해석하고 평가하는 능력을 뜻한다. 서평 쓰기는 이런 문해력을 길러준다.

서평을 쓰면 글쓰기 실력도 자연스레 길러진다. 글을 쓸 때 빈 문서를 보면 막막해지기도 한다. 그런데 서평은 책을 읽고 쓰는 것이기에, 백지에 마냥 내 생각만 늘어놓는 것보다 기댈 데가 있어 마음이 편하다. 좋은 책을 내 동지로 삼는 것이다. 세상의 많은 작가들은 원래 책벌레였다. 책과 적극적으로 대화를 나누면 내 생각도 자라난다. 서평은 그 생각의 바탕을 기르는 데 보탬이 된다.

게다가 서평을 쓰면 정보를 다루는 법을 익히게 된다.

요즘엔 인터넷이나 스마트폰, 텔레비전 등 다양한 통로로 정보들이 쏟아져 들어온다. 이렇게 정보가 넘쳐나면 되레 생각의 토대를 만들기 어렵다. 이 말도 그럴듯하고 저 말도 솔깃하니 중심을 잡기 어렵고 때로는 가짜 정보에 휘둘리기도 한다. 서평을 쓴다는 건, 책이란 정보 꾸러미를 두고 중요한 것을 가늠하고 자기 식대로 소화하는 것이다. 서평을 쓰려면 뭐가 중요한지, 어떤 걸 써야 하는지 가려내야 하고, 중요한 정보를 요약하고, 골라낸 정보를 논리적으로 짜는 법도 궁리해야 한다.

또한 연필심처럼 자기 생각에 중심이 생기고 거짓말을 걸러내고 사실을 골라내는 눈과 귀가 생긴다. 남의 이야기를 듣고 중요한 것을 파악해내고 자기 생각을 글로 써내는 능력은 앞으로 더 소중해질 것이다.

책을 그냥 읽는 것이 아니라 내 손으로 내 식대로 정리하면 그 책은 온전히 내 것이 된다. 무엇보다 서평 쓰기는 자신을 발견하는 데 도움이 된다. '개성'이란 취향의 집합체라고 한다. 내가 좋아하는 것, 싫어하는 것이 내가 어떤 사람인지를 보여준다. 서평에는 자기 생각이 들어간다. 어떤 책에 대한 자기의 입장이나 생각을 발견함으로써 '나다움'이 만들어지는 것이다. 서평이 자신이라는 집을 만드는 벽돌이 되어주는 것이다.

막무가내가 아니라 조목조목

책을 읽고 쓰는 글을 '독후감'이라고 하는데, 독서 '후'에 쓰는 글이라 하여 독후감이다. 독후감은 크게 독서감상문, 서평, 리뷰, 비평문 등 4가지로 나뉜다. 모두 책을 읽고 쓰는 글인데 무엇을 중심에 두느냐에 따라 차이가 난다.

리뷰는 홈쇼핑 광고를 떠올리면 된다. 상품을 구매한 소비자가 구매평을 다는 것과 비슷하다. 인터넷 서점의 리뷰나 100자 평에서 보듯, 살 만한 책인가, 읽을 만한 내용인가를 알려주는 글이다.

비평은 전문가들이 책의 가치를 논하고 내용을 깊이 파고드는 글이다. 이 책과 다른 책의 관계를 밝히고, 작가에 대한 정보도 주며, 책의 의미와 가치를 이모저모로 살핀다.

우리가 주로 쓴 건 감상문과 서평이다. 둘은 무엇이 다를까? 독서감상문은 '나'의 감상이 중심이다. 내가 이 책을 읽고 무엇을 느꼈는지를 쓰는 것이다. "눈물이 멈추지 않았다", "심장이 벌렁거렸다", "가족의 고마움을 새삼 느꼈다"는 식으로 말이다.

독서감상문이 '나'의 감상을 적는 글이라면 서평은 책을 '남'에게 전달하는 글이다. 내가 이 책을 읽고 느끼고 생각한 바를 '남'에게도 나눠주는 것이다. 책의 내용이 무엇이고, 어떤 점이 좋았고, 어떤 점은 아쉬웠는지를 객관적으로 쓴다. 독서감상문이 '나'의 느낌을 자유롭게 쓴 일기에 가깝다면, 서평은 '남'을 대상으로 삼는 설명문이나 논술에 가깝다. 서평은 책에 대해 '논하는' 글이다. 사전에서 '논하다'의 의미를 찾으면, '자기 의견이나 사물의 이치 따위를 조리를 세워 말하다'라고 나와 있다. 조리(條理)는 말이나 글 또는 일이나 행동에서 앞뒤가 들어맞고 체계가 서는 갈피를 의미한다. 남들도 납득할 수 있게 적절한 이유를 논리에 맞게 써주는 것이 중요하다.

만약 어떤 책이 '한국 청소년의 고민을 다양한 사례들로 잘 파헤치고 있다'라고 생각한다면, 어떤 근거에서 그런 주장을 하는지 밝혀야 한다. 논술을 할 때 주장과 근거를 제시하는 것처럼 말이다. '내가 생각하기에 이 책의 핵심은 여기에 담겨 있다. 그런 까닭에 나는 이 부분을 요약, 정리하고 그것에 대한 내 생각이나 평가를 간략하게 덧붙인다'는 식으로 말이다.

"어쩐지, 내 느낌으론 당신이 범인일세."

탐정이 이렇게 말하면 황당할 것이다. 추리가 설득력이 있으려면 적절한 근거가 있어야 한다. 알리바이, DNA, 범죄 동기 등 '증거'가 있어야 한다. 서평도 마찬가지다. 이 책은 어떤 내용을 담고 있다(책 내용 요약), 이런 점이 장점이다(근거는?), 이런 부분은 아쉽다(어떤 면이?), 이런 사람들이 읽었으면 좋겠다(이유는?). 이렇게 남들이 납득하게, 책의 내용을 잘 설명해주고 자기주장을 펼치는 게 중요하다. 그냥 '재미있었다'라거나 그저 '재미없었다'라고 쓰면 곤란하다. 나의 주장을 일방적으로 나열하지 않는 게 중요하다.

그러니까 서평은 '내용 소개 + 특징 설명 + 가치와 의미 찾기'로 구성되고, 거기에 적절한 근거가 덧붙여진 글이다. 어떤 부분이 좋았는지를 콕 짚어 밝히고 책에서 따온 인용문을 근거로 든다. 서평을 쓸 땐 앞에 상상의 독자나 친구가 있다고 생각하고 그에게 이 책의 장점이 무엇이고 아쉬운 점이 무엇이며 특징은 무엇인지를 조목조목 밝히는 것이 도움이 된다.

서평을 위한 읽기

책을 어떻게 읽으면 서평을 쓰는 데 보탬이 될까? 책을 펼치기 전에 숨어 있는 힌트들을 이용해보자.

책을 읽으며 우리는 저자가 펼쳐놓은 낯선 세계로 들어가는데 어색하고 막막할 때도 많다. 그럴 때는 책을 이해하는 데 도움을 주는 지원군을 찾아보자. 본문뿐 아니라 다른 부분도 살피는 것이다. 마치 마트에서 시식을 하듯, 책의 내용을 미리 맛보는 것이다.

표지를 보면 책 제목부터 눈에 들어온다. 제목은 그 책의 간판이다. 책이나 글을 쓸 때 작가들은 제목을 무엇으로 할지 고심한다. 갓 태어난 아이에게 이름을 붙여주듯 말이다. 제목에는 책의 핵심 내용이 농축

되어 있다. 이를테면 어떤 사람의 일생을 중심에 둔 소설의 경우 주인공의 이름을 제목으로 삼는다. 『데미안』이나 『고리오 영감』처럼 말이다. 제목에 책의 주제를 담는 경우도 많다. 『참을 수 없는 존재의 가벼움』이나 『자기만의 방』이 그런 예로, 작가의 메시지를 푸는 열쇠가 되어준다. 제목을 두고 책의 내용을 가늠해보는 것도 좋다. 특히 독자의 호기심을 자극하는 알쏭달쏭한 제목들을 보고 내용을 상상해보고, 짐작한 내용이 어느 정도 맞았는지 확인하는 것도 재미있다.

『고리오 영감』(1835)의 속표지. 프랑스의 소설가 발자크가 쓴 이 책은 금전만능주의를 고발한 풍자소설로 유명하다.

또한 띠지를 보면 그 책의 매력 포인트를 한눈에 알게 된다. 띠지는 출판사에서 광고를 하기 위해 붙이는 것이므로 독자의 마음을 잡아끌 만한 내용을 압축해 담는다. 책 속의 인상적인 구절을 인용하거나 독자에게 이 책이 왜 필요한지 짧고 굵게 써놓는다. '인간관계가 술술 풀리는 비법', '하룻밤에 아는 세계사'처럼 독자가 원하는 바를 콕콕 찍어준다.

표지는 책이 입은 옷이다. 표지 디자이너들은 책을 읽고 그 내용을 그림(이미지)으로 풀어내는데, 이미지 한 장에 많은 이야기가 담기기도 한다.

앞표지만이 아니라 뒤표지도 살펴보자. 뒤표지에는 글자가 많은데, 좀 더 구체적으로 그 책의 내용을 알려준다. 책의 핵심이 정리되거나 인용되어 있기에 서평 쓰기의 훌륭한 길라잡이가 된다. 추천사가 붙어 있을 때도 많은데, 추천사도 일종의 서평이다. 누군가가 이 책을 '추천' 하는 내용이 담겨 있어서 어떤 면에서 좋은지를 잘 알 수 있다.

표지를 들추면 저자 소개가 나온다. '그 나무에 그 열매'라고 작가와 책은 부모 자식처럼 닮았다. 작가를 알면 책에 한 발짝 다가가게 된다. 저자 소개에는 그 사람의 이력이 담겨 있는데, 어디에 관심이 많고 어떤 경로를 거쳐 왜 이 책을 쓰게 되었는지, 작가의 주요 관심사와 어떤 연관이 있는지 짚어볼 수 있다.

이제 표지를 넘겨보자.

드디어 목차가 등장한다. 책에서 가장 눈여겨봐야 할 부분이다. 목차는 책의 지도이며 내비게이션이다. 목차만 잘 파악해도 책의 전체 흐름이 한눈에 들어온다. 목차만 훑어도 이 책이 구성이 잘되었는지, 내용은 풍성한지 가늠할 수 있다. 책을 읽을 시간이 부족할 때는 목차를 보고 필요한 부분만 골라 읽는 방법도 있다. 또는 관심이 가는 부분을 먼저 읽고 다른 부분은 훑어보면서 전체 윤곽을 파악할 수도 있다.

'머리말' 혹은 서문은 작가가 보내는 초대장이며 책의 설계도다. 이 책을 왜 쓰게 되었는지, 어떤 내용이 담겼으며, 어떤 순서로 펼칠지를 보여준다. 또한 서문을 보면 작가의 글솜씨를 맛볼 수 있다. 이밖에 해설이나 저자 후기(에필로그), 역자 후기도 책에 대한 중요한 정보를 전달해준다.

책을 더럽히자

연필이 없으면 책을 읽지 못한다는 사람이 있다. 자신이 중요하다고 생각하는 부분에 밑줄을 긋고 생각도 메모해야 비로소 책을 읽는 기분이

난다는 것이다. 이처럼 책은 나의 흔적을 잔뜩 남기면서 적극적으로 읽는 것이 좋다. 책이라고 생각하지 말고 '공책'이라고 여겨도 좋다. 거리를 두고 감상하는 대신 내 목소리와 생각을 입히는 것이다.

책에 표시를 하는 대표적인 방법은 밑줄 긋기다. 밑줄을 그으면 중요한 부분이 도드라져 보이고 기억에 오래 남으며 내 흔적이 남은 유일무이한 '내 책'이 된다. 신기하게도 읽을 때마다 밑줄을 긋는 데가 달라진다. 시간 차이를 두고 그은 밑줄을 보면 내 생각의 변화도 알 수 있다. 무엇보다 밑줄 긋기는 서평 쓰기에 도움이 된다. 책의 내용을 요약할 때 굳이 책을 다 볼 필요가 없고, 밑줄 그은 부분만 살펴도 책의 핵심이 도드라진다. 밑줄 긋는 방법은 다음과 같다.

① 구분을 지어준다. 저자가 말하고자 하는 핵심 내용, 그리고 책의 중심 내용이 아니더라도 내 생각이나 마음을 움직이는 대목들을 볼펜 색깔을 달리하거나 밑줄 모양을 바꿔서 표시하는 것이 좋다.
② 핵심 개념이나 중요한 단어는 동그라미나 세모로 따로 표시한다.
③ 핵심 문장(주제) 뒤에는 으레 구체적인 예나 보충 내용이 나온다. 이럴 때는 예시 부분을 (　)이나 // 로 묶으면 핵심이 더 부각된다.
④ 한 문단을 다 읽고 밑줄을 긋자. 그래야 엉뚱한 부분에 밑줄을 긋는 일을 피할 수 있다.
⑤ 나에게 소중한 구절도 따로 표시한다. 문장부호를 활용해서 감동적

이거나 놀라운 구절에는 느낌표(!)를, 아리송하거나 작가의 의견에 찬성하지 않는 부분에는 물음표(?)를 달아준다. 이해가 되지 않는 부분에 표시하면 질문이 생겨 그 답을 찾는 과정에서 생각의 힘이 길러진다. 그 밖에 이모티콘을 그려두거나 낙서를 해도 좋다.

밑줄을 그을 때는 서평에 들어갈 '인용구'를 수집한다. 서평은 순전히 내 목소리와 생각만으로 쓰는 글이 아니라 책과 대화를 나눈 결과물이다. 자기 목소리만 내는 글은 단조롭다. 큰따옴표(" ") 안에 들어간 인용구는 작가의 목소리를 생생하게 들려주어 글을 풍성하게 만들어 주고(반대로 인용구가 너무 많으면 내 목소리는 사라진다), 내 주장을 뒷받침하는 힘센 근거가 된다. 서평에 활용할 인용구를 3개만 찾기로 마음먹어 보자.

'메모하기'도 책을 내 것으로 만드는 훌륭한 방법이다. 글을 읽고 떠오른 생각들을 자유롭게 책 여기저기에 끄적여보자. 저자의 의견에 반대하는 대목에 표시하고 간략하게 이유를 붙여도 좋다. 이렇게 하면 자신의 생각을 만들어가는 데 보탬이 된다. 책의 여백에 서평을 쓸 때 길잡이가 될 낱말이나 내 생각을 써두고 그것을 잘 정리해도 좋은 서평이 탄생한다.

물음표로 낚시질을 해보자. 책을 읽기 전에 질문을 던지면 많은 것들이 걸려든다. 이를테면 이런 질문들이 가능할 것이다. '작가는 이 책을 왜 썼을까?'라는 질문은 '주제'와 연관된다. '이 책은 어떻게 짜였을까?'라는 질문을 던지고 책을 읽으면, 작가가 말하고자 하는 바를 잘 전달하기 위해 어떤 전략을 썼는지, 글의 구성이 보이고 스스로 논리적인 글을 쓰는 데도 참고가 된다. 다른 저자들의 글쓰기 방법을 통해 좋은 글을 쓰는 방법을 읽힐 수 있는 것이다.

마지막으로 '나는 이 책을 왜 읽는가?', '이 책에서 무엇을 얻을 수 있을까?'라는 질문을 던져본다. '기후변화'에 대한 책이라면 내가 가장 알고 싶은 것이 기후변화의 원인인지, 상황인지, 해결방안인지를 생각해보는 것이다. 내 나름대로 발견한 의미가 무엇보다 소중하다.

독서의 목적은 제각각 다르다. 어떤 사람은 심심풀이로, 누군가는 정보를 얻으려고, 어떤 사람은 실제적인 해결책을 알아내려고 책을 읽는다. 감동을 받거나 흥미롭고 낯선 세계로 여행을 떠나려고 책을 집어 드는 사람도 많다. 중요한 것은 내가 이 책을 읽는 이유다. 스스로 목적을 정하고 책을 펼치면 보이는 것이 늘어나고 얻는 것이 많아진다. 마찬가지로 질문을 던지고 그 답을 찾는다고 생각하면 서평의 핵심이 되는 내용도 쉽사리 발견할 수 있다. 내가 만든 질문과 내가 발견한 답이 바로 서평의 핵심이다.

2

글의 수준은 쓰기 전에 정해진다

서평 쓰기 밑 작업

"글의 수준은 쓰기 전에 정해진다." 무작정 쓰지 말고 미리 준비를 하고 어떻게 쓸지 계획해두면 더 짜임새 있고 멋진 글이 탄생한다.

서평 쓰기 준비

먼저 글 쓸 재료를 준비한다. 앞서 밑줄을 그어두었던 부분이나 메모가 재료로 쓰인다.

서평의 기본은 책을 최대한 간략하고 명확하게 요약하는 것이다. 요약하기의 핵심은 '포인트 잡기'다. 책 내용 중에서 자신이 중요하다고 생각하는 중심을 잡고, 거기에 해당되는 내용을 골라내야 한다. 만약 책의 핵심이 '자유'라고 생각한다면 그와 연관된 내용을 중심으로 추리는 것이다. 중심을 잡으면 불필요한 내용은 삭제할 수 있다.

처음부터 요약하기가 어렵다면 정리부터 시작하는 것도 방법이다. 밑줄 그은 부분을 한글 문서에 그냥 쭉 입력해 정리하다 보면, 글의 흐름이 보이고 작가가 전달하고자 하는 메시지도 보인다. 작가들은 대개 중요한 부분은 반복하여 강조하므로, 정리를 하다가 반복되는 내용이 있다면 그것이 핵심 주장일 가능성이 높다.

메모해두었던 부분은 자신의 생각이다. 그 생각 조각들을 문장으로 만들면 그 책에 대한 자신의 평가가 만들어진다.

밑줄 그은 핵심 내용과 메모 중에서 세 가지만 골라보자. 순위를 매기는 것도 좋다. 아래와 같은 형식으로 핵심 내용과 메모 중에서 세 가지만 잘 정리해도 책에서 중요한 내용, 자신이 꼭 말하고 싶은 내용이 다 들어가게 된다.

글 재료 준비 – 핵심 내용과 메모

	밑줄 그은 핵심 내용(작가)	내가 쓴 메모(독자인 '나')
1		
2		
3		

위에서 정리한 내용을 변형해 책에서 중요한 부분을 고르고, 거기에 덧붙여 자기 생각을 정리하는 방법도 있다. 다음은 『위저드 베이커리』(구병모 지음, 창비, 2009)라는 소설을 읽고, 핵심 내용과 내 생각을 세 가지씩 정리한 예다.

글 재료 준비 – 핵심 내용과 메모의 예

	밑줄 그은 핵심 내용(작가)	내 생각(독자인 '나')
1	슬픈 기억, 상처의 의미	상처는 사람을 힘들게 하지만, 성숙하게 만들어주기도 한다.
2	결말 부분을 독자의 선택에 맡김	나라면 슬픈 기억을 잊지 않는 쪽을 택하겠다. 왜냐하면 슬픔도 나의 일부이기 때문이다.
3	여러 사람의 상처, 슬픔	세상에는 다양한 상처와 슬픔이 있다. 그러기에 사람들은 서로 애틋해 하며 다독여준다.

내 생각을 중심으로 이 책에서 좋았던 부분과 맘에 들지 않았던 부분(혹은 이해하지 못했거나 의문스러운 부분)을 골라내 정리하는 방법도 있다. 서평은 근거나 이유를 들어주는 글이므로 그 부분에 맞추어 이유를 정리하면 글의 설득력이 높아진다.

글 재료 준비 – 의견과 이유

	책에서 마음에 든 부분	이유	맘에 들지 않거나 의문스러운 부분	이유
1				
2				
3				

내용을 다 정리하기 버겁다면 '키워드'에 집중하는 방법도 있다. 책에서 많이 나오거나 내가 중요하다고 생각하는 키워드를 골라내는 것이다. 마치 해시태그를 달 듯 간략하게 메모하고 이것들을 연결할 방법을 찾는 것이다.

글 재료 준비 – 키워드법

#	#	#	#	#

『변신』의 작가 카프카는 "책은 우리 내면의 얼어붙은 바다를 깨는 도끼여야 한다"라고 했다. 전에 내가 몰랐던 걸 알게 해주거나, 내가 원래 가졌던 생각을 바꿔주는 책은 값지다. 책을 읽고 내가 '새롭게' 알게 된 것과 고쳐서 생각하게 된 것은 무엇일까? 이 점을 중심으로 내용을 정리하면, 책의 의미와 가치가 생생하게 드러난다.

카프카가 쓴 『변신』(1916)의 표지. 현대인의 불안한 내면세계와 소외의식을 드러낸 이 소설은 카프카의 대표작으로 평가받는다.

글 재료 준비 – 바뀐 생각에 주목하기

이 책을 읽고 '새롭게' 알게 된 것	이 책을 읽고 내 생각이 바뀐 점

더 강력한 방법은 확 줄이기다. 이런 질문에 답해보는 것이다.

글 재료 준비 – 한 줄 쓰기 훈련법

이 책의 내용을 한마디로 말하면,

이 책을 한 문장으로 정리하자면,

"호모 사피엔스가 어떻게 오늘날의 사회와 경제를 이뤘는지 알려주는 책"(유발 하라리, 『사피엔스』), "무기, 병균, 금속이 인류의 운명을 어떻게 바꿨는지를 보여주는 책"(제러드 다이아몬드, 『총 균 쇠』), 이처럼 100자평이나 한 줄로 줄이기 훈련을 튼튼이 하면 서평 쓰는 능력이 쑥쑥 자란다.

글쓰기 계획 세우기

무작정 글을 쓰지 말고 계획을 세우면 짜임새 있는 글을 쓸 수 있다. 구성은 글의 구성이나 글 안에 들어갈 항목 등을 정리하는 것이고, 글의 목차를 짜는 것이다. 목차를 짜면 불필요한 내용은 빠지고 글의 논리적인 흐름이 만들어진다. 구성은 서랍 정리와 같다. 옷장 서랍마다 양말, 속옷, 셔츠를 정리하듯, 글에 서랍을 만들고 각기 들어갈 내용을 정리해주면 된다.

먼저 윤곽부터 대충 잡아본다. 종이에 글에 들어갈 내용을 메모하고, 비슷한 내용은 묶어 서랍을 만들고 어떤 순서로 쓸지 하나하나 번호를 매긴다.

① 줄거리(요약)

② 특징(1)

③ 특징(2)

④ 가치와 의미

표를 활용해 정리해볼 수 있다.

글의 윤곽 잡기

주제	이 책은 무엇을 다뤘는가?
다루고 싶은 소주제 수	내가 이 서평에서 하고 싶은 이야기는 몇 가지나 되는가?
요점 및 결론	내가 생각하는 이 책의 특징과 장단점은 무엇인가?
이유	그렇게 생각한 이유는 무엇인가?
핵심 내용	한마디로 이 책은 이런 의미와 가치가 있다.

숫자를 활용하는 것도 바람직하다. 내가 이 글에서 몇 가지 정보를 전해줄지 미리 일러두는 것이다. 숫자 3을 활용하자면, '이 책의 특징은 크게 다음 세 가지다', '이 책에 대한 내 생각은 다음 셋으로 정리할 수 있다'라고 쓰고, 첫째…, 둘째…, 셋째… 하는 식으로 정리하면 글의 내용이 한눈에 들어온다. 또한 읽는 사람도 몇 가지 정보가 나올지 아니 읽기가 편해진다.

숫자 3을 이용할 때는 가장 흥미로운 것을 첫 번째로, 가장 중요한 것을 세 번째로 배치하는 것이 좋다. 숫자 2를 이용해서 찬반 토론을 벌일 수도 있다. 이를테면 '이 책에 대한 입장은 크게 둘로 나뉜다', '이 책의 장점과 단점은 다음과 같다'는 식으로. 이렇게 맞서는 내용을 함께 다루면 글이 흥미진진해지고, 양쪽 입장을 두루 다룰 수 있다.

3

글을 쓸 때 가장 중요한 것

실전 서평 쓰기

서평 쓰기 필살기

서평을 쓸 때 중요한 것은 '시간차 공격'이다. 읽고 바로 쓰지 말고, 적어도 몇 시간만이라도 생각할 시간을 갖자. 밥에 뜸을 들이듯. 책을 덮고 머릿속으로 내용을 떠올리거나 메모를 하고, 어떤 식으로 글을 써나갈지 틀을 만든다. 그런 다음 글의 지도인 '개요'를 바탕으로 초고를 쓰고, 이후 시간을 두고 글을 다듬는 것이다. 퇴고를 빼먹지 말자. 내 글을 근사하게 다듬을 기회를 놓쳐선 안 된다.

서평은 '제목'이 중요하다. 책 제목에는 그 책에서 제일 소중하게 여기는 것이 담겨 있다. 마찬가지로 서평의 제목에도 저자가 생각하는 핵심이 들어가야 한다. 책 제목을 고스란히 서평 제목으로 삼으면 곤란하다. 이를테면 '『자기 앞의 생』을 읽고', '『자기 앞의 생』 서평' 같은 제목은 무성의해 보이고 독자의 눈길을 잡을 수 없다.

서평에 제목을 붙이는 방법은 여러 가지다. 책의 한 구절을 인용해도 좋다. 『자기 앞의 생』에 나오는 중요한 대사를 끌어와 "사람이 사랑 없이 살 수 있나요"라고 제목을 붙일 수도 있다. 책의 주제나 중요 줄거리를 가져와 "모모가 찾은 사랑의 의미", "사랑을 찾아다니는 소년의 이야기"라는 식으로 해도 좋다.

첫 문장과 마지막 문장 쓰는 법

어떤 글이든 첫 문장과 끝 문장이 중요하다. 첫 문장은 읽는 사람을 끌어들이고, 끝 문장은 읽는 사람의 마음에 여운을 남긴다. 첫 문장을 쓰는 법도 다양하다. 인용으로 시작해 눈길을 잡아끌어도 좋고, 책의 핵심 내용과 연관된 질문을 던지는 것도 괜찮다. 허먼 멜빌의 『모비딕』 서평 첫머리를 '에이허브는 왜 목숨을 걸고 흰 고래를 쫓아다녔을까?'라는 질문으로 여는 것이다. 사람들은 질문을 보면 답이 궁금해지고 글 속으로 이끌려 들어가게 된다.

"Both jaws, like enormous shears, bit the craft completely in twain."
—Page 510.

허먼 멜빌이 쓴 『모비딕』의 1892년 판 삽화. 모비딕이 포경선을 공격하고 있다. 에이허브 선장이 모비딕에게 한쪽 다리를 잃고 복수심에 불타 끝까지 그를 쫓는 이야기로 세계문학의 걸작으로 꼽힌다.

마지막 문장에서 '일기체'는 피한다. 우리는 일기장 끝에 주로 다짐이나 반성을 꾹꾹 눌러 쓰거나 멋진 말을 길게 하고 싶어 한다. 이런 마무리는 자칫 잔소리나 주제를 강요한다는 인상을 주기 쉽다. 독자에게 함께 생각해볼 질문을 던지거나, 책의 내용을 간략하게 정리한 문장으로 마무리하면 글이 깔끔해진다.

첫 문장과 마지막 문장 혹은 글의 맨 앞부분과 끝부분을 연결하는 '수미상관법'을 활용하면 글의 짜임새가 높아진다. 수미상관은 머리와 꼬리를 잇는 것이다. 앞에서 던진 질문을 결론에서 받아 정리하거나, 처음에 나온 내용을 살짝 변주해 끝에서 반복해준다.

글이 논리적으로 흘러가려면 문단 나누기도 중요하다. 한 문단에는 하나의 중심 생각이 들어간다. 글은 '주제 문장 + 뒷받침 문장'으로 구성된다. 중심 내용이 바뀔 때마다 문단을 나눠준다. 수박은 쪼개야 잘 먹을 수 있는 것처럼 글도 생각의 단위로 나누면 읽기 편하다. 다른 내용이 나오면 줄을 바꿔줘야 한다. 반면에 문단을 너무 자주 나누면 글이 매끄럽게 연결되지 않고 끊겨버리니 주의해야 한다.

문단 맨 처음에 주제문을 넣고, 다음으로 뒷받침 문장을 더해주는 것이 좋다. 용건부터 먼저 말하는 것이다. 중요한 내용, 말하고 싶은 핵심 생각부터 넣으면 강조가 되고 중심 내용을 빠뜨리는 일도 없다. 이어서 나오는 뒷받침 내용은 주제를 반복해서 강조해준다.

글쓰기는 문장과 문장을 잇는 것이다. 문장이 모여 문단이 되고 문단이 쌓이면 글이 만들어진다. 문장을 쓸 때는 다이어트를 해야 한다. 군더더기를 줄인 날렵한 문장이 좋은 문장이다. 반복되는 표현이 있는지 살펴봐야 한다. 접속부사(그리고, 그러나, 그런데 등)를 줄여도 문장이 힘이 세진다. 특히 앞 문장과 순순히 연결시키는 순접의 '그리고'는 빼도 괜찮다.

문장에도 5적이 있다고들 한다. '있다, 수, 것, 적(的), ~의'인데 '있다(be 동사)와 수(can), 것(it)은 영어 번역투이고, 적(的), ~의는 일본어 번역투다. 번역투라서 우리말에 쓰기에는 어색하고 문장을 불필요하게 늘어지게 만든다. 날렵한 문장이 힘세고 아름답다.

서평 달인 되기

글을 쓸 때 글말과 입말을 구별해야 한다. 입말체(구어체)는 우리가 일상생활에서 친구 등과 이야기를 할 때 주로 사용하는데 '~요, 반말, 줄임말' 같은 것이다. 입말은 대화를 나눌 때는 문제가 없지만 글로 쓰면 어색하다. 물론 일부러 쓰는 경우도 있다. 말을 걸듯 부드럽게 쓰고 싶다면 입말을 쓴다. 하지만 글을 쓸 때 또는 제삼자 입장에서 설명이나 서술을 할 때는 주로 글말체(문어체, 문장체)를 사용한다. 느낌표나 말줄임표, 물결표시(~) 등을 너무 남발하면 글이 가벼워지며, 특히 느낌표를 마구 찍은 문장은 요란법석을 떠는 것 같으니 주의하자.

서평을 쓸 때 흔히 하는 실수는, 남들도 이 책을 읽었을 거라고 지레짐작하는 것이다. 이런 착각을 하면 글이 불친절해지고 그 책을 읽지 않은 독자들은 어리둥절해한다. 먼저 이 책의 내용이 뭔지 간략하게 알려주자. 아무리 유명한 책이라도 그 책을 읽지 않은 사람도 내 서평을 읽을 수 있다고 생각하고, 적절하게 요약해주면 서평이 더욱 단단해진다. 요약을 하면 자기가 설명하는 것이 무엇인지 콕 짚어 알게 되기 때문이다.

글쓰기의 마지막 단계는 '퇴고'다. 글은 다듬을수록 좋아진다. 퇴고를 할 때, 먼저 숲부터 보고 다음에 나무를 살펴야 한다. '숲'을 본다는 건 지울 부분과 채워 넣어야 할 부분을 찾아내는 과정이다. 글의 전체적 구성이 잘되었는지, 문단이 잘 나뉘었는지, 문단과 문단의 연결이 자연스러운지 보고 불필요한 내용은 솎아낸다. 내가 이 책을 어디서 읽

었는지, 왜 읽었는지를 구구절절 쓸 필요는 없다. 또한 줄거리를 요약한 부분이 너무 길지는 않은지 살펴야 한다. 요약이 길어질수록 내 생각이 들어갈 부분이 줄어든다. 반면 꼭 들어가야 할 내용을 빠뜨리지 않았는지 점검하는 것도 중요하다. 뒷받침하는 내용이 적어 일방적인 주장만 하는 부분은 없는지도 유심히 살펴야 한다.

퇴고할 때 소리 내어 읽는 것도 해봄직하다. 읽는 데 걸리거나 혀가 꼬이면 뭔가 문제가 있다는 것이다. 어색한 표현이 있는지, 반복되는 내용이 있는지를 따져보고, 겹치는 것은 과감하게 지우거나 다른 말로 바꾸고 어색한 표현은 사전을 참고해서 다듬어보자.

서평을 잘 쓰고 싶다면 좋은 서평을 많이 읽어봐야 한다. 본보기로 삼을 만한 글을 읽으면 슬며시 글쓰기 능력이 자라난다. 온라인 서점에 들려 잘 쓴 서평을 고르고 왜 잘 썼다고 판단했는지 궁리해보자.

서평에 필요한 요약 기술을 튼튼이 갈고 닦자. 책 한 권을 요약하기가 버겁다면 먼저 일부분을 골라 해본다. 1장의 중심 내용을 찾는 식으로. 그렇게 적은 분량에서 시작해 점차 분량을 늘려보자. 처음에는 100자 평부터 시작하는 것도 괜찮은 방법이다.

서평 쓰는 것이 너무 부담스럽다면, 일단 책을 읽고 친구와 이야기를 나눠보자. 수다 떨 듯 편하게 어떤 내용인지, 어떤 점이 좋은지 말해본다. 책을 읽고 친구와 토론을 벌이는 것도 좋다. 같은 책을 읽더라도 사람마다 좋아하는 부분이 다르다. 세상을 보는 시각이 제각각이듯. 그렇게 다른 관점을 만나면 내가 읽은 책이 새삼 달라 보이고 시야가 확장될 것이다.

서평은 읽기, 생각하기, 쓰기 능력을 길러준다. 이 셋은 삶을 꾸려나가는 힘이 되어줄 것이다. 최근에 당신을 지나쳐간 책은 어떤 것인가?

함께 보면 좋은 책

모티머 J. 애들러, 『독서의 기술』, 민병덕 옮김, 범우사, 1993
히라노 게이치로, 『책을 읽는 방법』, 김효순 옮김, 문학동네, 2008.
임정섭, 『글쓰기 훈련소』, 경향미디어, 2009.
이권우, 『책읽기의 달인, 호모 부커스』, 그린비, 2008.
김나정, 『서평 쓰기의 모든 것』, 지식의 날개, 2020.

"1파운드를 소비할 때마다 사람의 살 2온스를 먹는 것과 같다"라는 말이 있을 정도였던 설탕, 많은 학자들이 설탕 소비를 인류 최초의 윤리적 소비형태의 기원으로 꼽는다.

5장

음식에 숨어 있는 경제학 원리

박정호 | 명지대 특임교수. 연세대 경제학과 대학원을 마치고 KAIST 대학원에서 경영학을 공부했다. KDI 전문연구원 출신으로 한국인적자원개발학회 부회장, 인공지능법학회 상임이사, 혁신클러스터학회 학술위원장, 남북경협 한동해포럼 위원 등으로 활동하며 다양한 분야의 연구 프로젝트에 참여하고 있다.

1

부의 상징이었던 하얀 가루

소금

소금의 중요성과 가치는 성경 구절만 봐도 쉽게 확인할 수 있다. 마태복음 5장 13절에는 '너희는 세상의 소금이라…'라고 되어 있다. 소금을 가장 가치 있는 대상에 비유한 것이다. 이는 동양 문화권에서도 마찬가지다. 고대 중국에서는 자연산 소금은 '鹵(로)'로 표시하고, 인간이 인위적으로 만든 소금은 '鹽(염)'이라고 썼는데 이는 소금(鹵)을 그릇(皿) 위에 올려놓은 신하(臣)의 모습을 형상화한 것이다. 이 역시 고대부터 소금을 귀하게 여겨 국가가 직접 관리 감독하였음을 알게 해주는 내용이다.

소금을 이처럼 중요시하는 이유는 소화, 살균, 해독 작용 등 생존에 꼭 필요한 중요한 일을 하는 자원이기 때문일 것이다. 사람은 혈액에 일정 농도의 염분이 있어야 생명을 유지할 수 있다. 염분은 혈액의 산성화를 막아주고 신진대사를 주도하며, 인체 여러 조직의 삼투압 조절 작용을 한다. 인체 내에 염분이 줄어들면 체중이 감소하고, 체력이 떨어지면서 급기야 근육에 경련이 일어나기도 한다.

사실 인류보다 먼저 소금을 찾아 헤맨 것은 여타의 포유동물이었다. 선사시대에는 야생 포유동물들이 필요한 염분을 얻기 위해 산속 암염 지대로 이동하면서 '오솔길'이 만들어졌다. 인류가 사냥에 의존해 살아가던 시절에는 굳이 염분을 얻기 위해 별도로 노력할 필요가 없었다. 사냥감 속에 축적된 염분을 통해 생존에 필요한 양을 충분히 얻을 수 있었기 때문이다.

하지만 신석기에 들어 농업을 시작하고, 주식이 곡물 위주로 바뀌면서 소금을 따로 구해 섭취해야 했다. 더 정확히 말하면 농경생활을 시작하면서 식물 속에 함유된 칼륨 섭취가 늘어나면서 오히려 소금 섭취가 더욱 필요해졌다. 그 결과 신석기 들어 우리 인류 역시 다른 포유동물들처럼 소금 오솔길을 만들어 오가면서 필요한 염분을 보충하게 되었다. 이 과정에서 가장 오래된 도로인 오솔길들이 생겨났다.

소금은 바다보다 육지에 더 많다

소금을 바다에서만 구할 수 있는 것은 아니다. 한때는 바다였던 지층이 융기해 내륙이 된 곳에서도 소금을 구할 수 있다. 소금을 얻을 수 있는 지역을 중심으로 도로가 형성되었고, 초기 도시의 경우도 마찬가지다.

암염 지대는 암염에 물을 부은 후 증발시켜 소금을 채취할 수 있기에 초기 정착지로 선호했다. 바다가 융기하는 과정에서 형성된 짠물호수 인근 지역 역시 소금을 채취하기가 쉬웠기에 정착지로 선택했다. 오늘날에도 바닷물로 소금을 만드는 것은 전체 소금 생산량의 30%에 지나지 않는다. 나머지 70%는 땅속의 암염이 녹아 만들어진 염수를 끌어올려 가열하거나 암염 덩어리에서 추출한다.

이스라엘 사해 해안. 해안가를 따라 소금 결정이 쌓여 있다. 우리는 흔히 인류가 바다에서만 소금을 얻었을 것으로 생각하지만, 육지에서 얻은 경우가 더 많다.

수렵인이나 농민들은 짐승이나 농산물을 소금과 교환하기 위해 소금 산지에 모였고 이 과정에서 교역로와 중심지가 형성되었다. 독일 지명에 할(Hal) 또는 할레(Halle)라는 단어가 들어가는 경우가 있는데 이는 소금을 의미한다. 영어권에서도 드로이트위치(Droitwich), 낸트위치(Nantwich) 등 위치(wich)로 끝나는 지역 이름은 한때 소금의 원천이었다는 것을 의미한다. 이처럼 소금 산지는 대표적인 인류의 정착지 중 하나였다. 중국 각지의 유서 깊은 도시들 중에도 소금길을 통해 형성된 소금도시가 많다.

유용한 통치수단이 된 소금

소금은 대표적인 교역품으로 대륙 간의 교역로를 만들어냈다. 모로코는 육로를 통해 인근 아프리카와 지중해 연안 국가들에게 소금을 유통했다. 고대 로마와 그리스는 해상로를 통해 소금을 유통했다. 베니스는 아시아에서 들여온 향신료를 판 돈의 거의 대부분을 콘스탄티노플의 소금을 구하는 데 썼다는 기록도 있다.

위정자의 입장에서도 소금은 유용한 통치수단 중 하나였다. 국민 한 사람당 정해진 가격에 따라 일정 기간마다 소금세를 붙인 소금을 사도록 해 통치자금을 마련한 국가들이 있는가 하면, 소금이 풍부한 지역을 국유화해 전매제도를 시행한 국가들도 다수다.

대표적인 예로 프랑스의 가벨을 들 수 있다. 이 제도는 여덟 살이 넘은 모든 개인이 정해진 가격에 따라 매주 소금을 사도록 강제하는 제도로, 훗날 프랑스 혁명을 촉발하는 원인이 되기도 했다. 국민들에게 강제로 소금을 구매하게 한 것도 문제지만, 구매한 소금으로 염장식품을 만드는 행위를 엄격히 금지하고 어길 시 형벌을 주었다. 지역마다 세금이 달리 부과되는 것도 큰 불만이었다. 대서양 인근 지역은 낮은 세율을 적용한 데 반해, 파리를 중심으로 한 북부 지역에는 높은 세율을 부과했다.

1670년에는 자살을 방지한다는 명분 아래 자살한 사람들의 시체를 소금에 절여 재판을 받도록 한 다음 공개 전시하는 법률을 제정했다. 하지만 이 법률의 실질적인 목적은 소금의 사용처를 늘리고, 소금을 팔아 염세 수입을 늘리기 위함이었다.

영국의 경우 재정난에서 벗어나기 위해 1694년 소금세를 도입했다. 그 덕분에 1697년 잉글랜드 은행은 재정 곤란 상태에서 벗어날 수 있었다. 영국은 산업혁명의 기술발달을 소금 채취에도 적용해 적지 않은 금전적 이익을 거뒀다. 가열식 제염 기술을 개발해 소금을 생산하기 시

프랑스의 소작농들이 소금세에 반발해 일으킨 폭동을 진압하는 모습을 묘사한 그림. 1541년 보다 많은 지역에 소금세가 부과되었고, 1542년 소금 밀수가 급속히 퍼졌으며, 1548년 폭동이 일어났다. 이 반란에는 2만 명 정도가 참여했으며 사제들도 합류했다. 성은 약탈당했고 염세 징수업자들은 목숨을 잃었다.

작한 것이다. 이후 과거 프랑스 게랑드 지역에서 소금을 수입했던 덴마크나 스칸디나비아 지역 국가들이 영국과 거래하기 시작했고, 이는 영국이 유럽 최대 소금 산지를 통해 막대한 부를 거머쥔 프랑스를 누르고, 경제력에서 앞서는 계기가 되었다.

중국은 유럽에 비해 일찍부터 소금의 중요성을 인식하고 소금 전매제도를 실시했다. 춘추전국시대 제나라는 소금을 전매하면서 강성했다. 적은 비용으로 소금을 생산한 뒤 비싼 가격에 판매해 큰 수입을 올렸는데 이는 국가 수입의 상당 부분을 차지했다. 반대로 여러 왕조를 위협한 세력 또한 소금을 기반으로 성장한 경우가 많다. 당 왕조는 황소의 난을 계기로 멸망의 길을 걷기 시작했는데, 이 반란을 이끈 왕선지와 황소는 소금 밀매업자 출신이었다. 당나라가 망한 후 세워진 다섯

왕조 중 후량의 주전충과 10개국 중 전촉의 왕건 역시 염도 출신 천자였다.

중국은 소금의 약용효과에 주목해 최초로 의약품으로 사용하기 시작한 민족 중 하나였다. 명나라 이시진의 『본초강목』에는 총 75종의 소금을 활용한 처방이 수록되어 있다. 소금물이 몸의 가려움증과 부스럼을 치료하는 데 효과가 있다는 사실을 알고 식염수와 소독수로 활용했다. 또한 통증에도 효과가 있음을 확인하고, 그의 치료에도 사용한 기록이 있다.

부의 창출 기반

인류가 소금을 철저히 경제적인 관점에서 인식하기 시작한 시기는 15~18세기다. 이 시기에 전 세계적으로 소금 산업이 크게 발전하기 시작했다.

14세기까지 유럽과 중동 지역에서는 페스트로 인구가 크게 감소했는데, 15세기에 들어 인구가 본격적으로 증가하기 시작하면서 소금이 부족하게 되었다. 이때부터 누가 얼마만큼의 소금을 얻을 수 있느냐가 부를 창출할 수 있는 중요한 기반이 되었고, 세계 각국은 소금을 손에 넣기 위해 전쟁을 감행하거나 해상무역을 하기 시작했다. 특히 많은 상인들이 소금 무역에 더욱 열을 올렸고, 이 때문에 소금은 국가가 독과점하는 관리 감독 품목이 아닌 보편적인 거래 품목이 되었다. 소금이 민간에서 보편적으로 거래되기 시작하면서 소금산업이 더욱 발달한다.

초기 유럽 소금 시장에서 주도권을 행사한 지역은 지중해 연안의 베네치아와 제노바였다. 이들 지역은 16세기까지 소금 수송의 거점 도시 역할을 하면서 크게 번성했다. 유럽의 여타 지역은 이들 지역에 소금 수급을 절대적으로 의존하는 구도에서 벗어나기 위해 자체적으로 다른 경로를 찾기 시작했고, 그 과정에서 주목을 받은 지역이 프랑스의 게랑드 지역이다. 5억 년 전 프랑스는 알프스와 피레네산맥 일부 지역을 제외하고는 전부 바다였으나 이후 조금씩 융기하여 오늘날 육지가 되었는데, 이때 최초로 육지가 된 곳 중 하나가 게랑드 지역이다. 프랑스 북서부 해안에 위치한 게랑드는 4세기 중엽부터는 켈트계 브리튼인이 잉글랜드에서 넘어오면서 독자적인 언어와 문화를 형성했으며, 오랫동안 프랑스와는 별도로 독립국가로 존재했다. 이들 지역이 독자적인 길을 걸을 수 있었던 재정적 기반은 바로 소금이었다.

게랑드 지역에 염전이 형성된 시기는 9세기로 추정된다. 당시 수도원의 수도사가 염전을 기증받거나 사고판 기록이 남아 있으며, 1380년의 기록에는 200여 명이 소금 104톤을 생산한 기록이 있다. 이후 소금에 대한 수요가 점차 커지면서 게랑드 지역에서 생산된 소금은 낭트 항구를 통해 포르투갈에서 발틱 반도까지 유럽 전역으로 수출되었다.

현대에 들어 소금이 갖고 있는 경제적 가치가 더욱 커졌다고 해도 과언이 아니다. 소금이 단순한 식재료를 넘어 산업 및 화학용 소재로 활용되고 있기 때문이다. 현재 식염으로 사용되는 소금은 전체 소금 소비량의 5%에 지나지 않고, 나머지 95% 가까이가 다양한 산업 부분에 쓰이고 있다. 소금이 절대적으로 필요한 분야는 화학공업 분야로 소다공업이 여기에 해당한다. 소다공업은 염화나트륨을 원료로 소다회·가성소다·염소 등을 생산하는 분야인데 소다회는 유리·무기약품·세제 등을 만드는 데 사용되고, 가성소다는 종이·펄프·화학섬유·조미료 등에 들어간다.

하수처리 시에도 나트륨 이온이 첨가된 소금이 사용되며, 알루미늄·

프랑스 서부에 위치한 중세마을 게랑드가 있던 게랑데 반도는 소금 습지로 유명하다. 사진은 세계 최고의 명품 천일염을 생산하는 프랑스 게랑드의 모습.

구리·철 등 비철금속 가공에도 들어간다. 목재를 표백하거나 탈색할 때나 직물 염색의 매염제로도 활용되고 있다. 일부 명품 브랜드에서는 가죽 제품에서 미생물을 억제하고 습기를 제거하는 데 쓴다.

세계적인 소금 산지 한국

우리나라는 세계적으로 질 좋은 소금 산지 중의 하나로 천일염을 생산하고 있다. 우리나라 외에도 캘리포니아 반도의 멕시코 게레로네그는 천일염전 형태로 소금을 생산해 북미 지역에 공급하고 있으며, 프랑스 게랑드 갯벌의 천일염은 세계 최고의 명품 소금으로 정평이 나 있는데 생산량은 겨우 1만 5,000~2만 톤에 불과하다. 한 해 전 세계 소금 거래량은 대략 2억 6,000만 톤 정도이고 이 중 천일염의 비중은 30%밖에 되지 않는다.

바닷가에 염전을 조성해 뜨거운 햇볕과 바람을 쐬어 채취하는 방식은 대만의 전통적인 생산방식을 일제가 국내에 도입하면서 사용하게 됐다. 그 이전까지 우리나라는 불을 피워 바닷물을 끓여 주로 자염을 만들었다.

일제 통감부는 재정문제의 해결책 중 하나로 염세에 주목했다. 값싼 중국산 천일염의 수입과 밀수 증가에 대응하기 위해 식민지인 우리나라에서 천일제염을 생산해 가져다 쓰려고 했다. 또한 일본은 산업용 소금이 대량으로 필요했지만 자체적으로는 충분히 생산하지 못하는 상황이어서 식민지인 대만, 한국 등지에서 생산해 조달하려는 계획이었다.

소금에 대한 인간의 가치 부여가 남다르다 보니, 소금은 문화적, 신앙적인 의미마저 갖게 되었다. 우리나라를 비롯해 일부 문화권에서는 소금이 부정을 씻어주는 용도로 사용되었고, 하얀 색 때문에 고귀한 물질로 취급되기도 했다. 폴란드에서는 결혼식에서 혼주가 결혼식에 참석한 하객들에게 소금을 선물하고, 신랑 신부에게도 빵을 소금에 찍어 먹도록 하는 풍습이 있다. 생존에 꼭 필요한 소금을 주고받으면서 새로운 가족이 된 신랑 신부를 환영하고 축복해준 것이다.

우리 인류는 원초적으로는 생존을 위해 앞으로도 소금이 반드시 필요하다. 또한 다양한 경제적 수요에 따라 소금의 용처는 더욱 늘어날 것으로 전망된다. 이 과정에서 미래에 인류가 소금을 어떻게 사용하고 어떠한 가치를 부여할지 기대된다.

2

사악한 소비에서 착한 소비의 대명사로

설탕

거위의 목구멍까지 강제로 사료를 넣어 사육하는 모습이 공개되면서 푸아그라 불매운동이 전개됐다. 또 유기농으로 재배한 튤립은 값이 상대적으로 비싸지만 많은 소비자들이 환경을 지키는 데 기여하기 위해 기꺼이 구매한다. 이처럼 최근 들어 소비활동에 나름의 윤리의식을 투영하고자 하는 경향이 강해지면서 주목받는 재화가 있으니 다름 아닌 설탕이다. 많은 학자들이 설탕 소비를 인류 최초의 윤리적 소비 형태의 기원으로 꼽고 있다.

인류는 좀처럼 단맛을 느끼기 어려웠다. 단맛을 낼 향신료를 구할 수 없었기 때문이다. 단맛의 거의 유일한 원천은 꿀이었고, 꿀은 오랫동안 희소한 사치품이었다. 하지만 갠지스강 델타와 아셈 지방 사이가 원산지인 사탕수수가 재배되기 시작하면서 인류는 단맛에 빠져들기 시작했다.

과거 설탕은 왕족이나 귀족들만 살 수 있는 사치품이었다. 중동·인

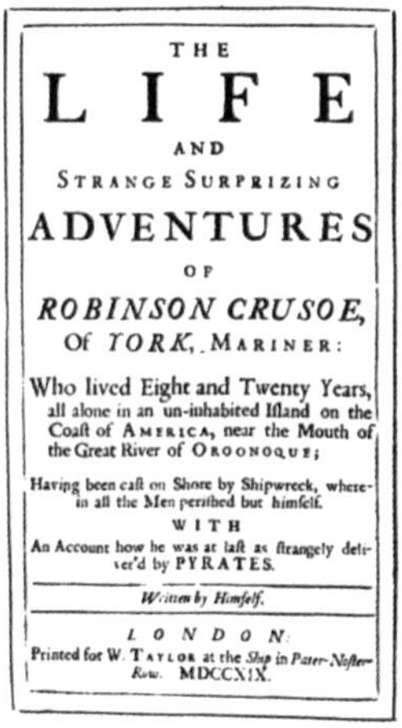

THE
LIFE
AND
STRANGE SURPRIZING
ADVENTURES
OF
ROBINSON CRUSOE,
Of *YORK*, MARINER:

Who lived Eight and Twenty Years, all alone in an un-inhabited Island on the Coast of AMERICA, near the Mouth of the Great River of OROONOQUE;

Having been cast on Shore by Shipwreck, wherein all the Men perished but himself.

WITH

An Account how he was at last as strangely deliver'd by PYRATES.

Written by Himself.

LONDON:
Printed for W. TAYLOR at the *Ship* in *Pater-Noster-Row*. MDCCXIX.

1719년 판 『로빈슨 크루소』의 삽화와 표지. 이 책의 주인공은 사탕수수 농장에서 일할 노예를 구하기 위해 아프리카로 가던 중 무인도에 표류한다.

도·중국 등지에서 교역을 통해 조달할 수 있는 양이 한정되어 있었기 때문이다. 그러다 신대륙을 발견한 유럽인들은 서인도제도의 섬들과 브라질 등지에서 본격적으로 사탕수수 재배에 돌입했다.

영국의 소설가 다니엘 디포가 1719년에 쓴 『로빈슨 크루소』의 주인공은 브라질에서 사탕수수 농장을 하는 농장주로 그려진다. 그가 배를 타고 항해한 이유는 자기 농장에서 일할 노예를 사오기 위해서였는데, 아프리카 기니로 가던 중 무인도에 표류하게 된 것이다. 이러한 소설의 배경은 당시 유럽인들 사이에서 신대륙으로 건너가 사탕수수를 재배하는 일이 얼마나 일상화되어 있었는지를 알 수 있게 해준다.

설탕 생산을 위해 식민지로 눈을 돌리다

사탕수수와 사탕무를 통해 단맛을 추출할 수 있다는 사실은 알게 되었지만 곧바로 설탕으로 가공하지는 못했는데 바로 기후와 노동력 때문이다. 사탕수수의 재배에는 적당한 강우량과 온도가 필요할 뿐만 아니라 토양의 비료분을 소모하기 때문에 토질이 쉽게 황폐화하는 경향이 있어 한 곳에서 계속 재배하는 것이 불가능했다. 또한 재배한 사탕수수를 가공해 설탕을 추출하는 과정에 많은 노동력이 필요했다. 사탕수수는 베어낸 후 얼마나 빨리 분쇄한 다음 원액이 되는 설탕즙을 짜내는가가 관건인데, 설탕을 신속하게 대량으로 생산하기 위해서는 노예 내지 노예에 가까운 사람들이 많이 필요했다. 비옥한 토지와 노동력, 이것이 바로 유럽의 지배계층이 설탕 생산을 위해 식민지로 눈을 돌린 이유다.

결국 유럽의 지배계층들은 식민지에서 설탕을 생산하기로 결정하고 브라질이나 카리브해의 섬들에서 사탕수수를 생산해 설탕을 제조하기 위한 대규모 농장인 '플랜테이션(plantation)'을 구상하기에 이른다. 플랜테이션이란 선진국은 자본과 기술을 투입하고 후진국은 값싼 노동력을 제공하는 대규모 기업식 농업을 말한다. 초기에는 식민지의 비옥한 토지에 백인 노동자들을 데려와 일을 시켰지만, 사탕수수 재배 규모가 더욱 커지자 아프리카 흑인 노동자들을 활용하는 방안이 도입됐다. 오늘날 카리브 지역의 여러 섬에 원주민보다 아프리카 출신 흑인이 더 많은 이유도 바로 여기 있다. 또한 이들 지역에서 아프리카 토속 종교와 크리스트교가 혼합된 부두교가 이색 종교로 자리매김한 것도 이런 까닭이다.

당시 설탕은 용도가 다양해 16~17세기 유럽에서는 설탕을 결핵 등 주요 질병을 치료하는 약재로 썼다. 한편 설탕은 아시아에서 수입한 후추나 기타 향신료 못지않은 고급 조미료였기에 신분을 표현하는 수단으로 사용되기도 했다. 특히 설탕은 다른 조미료와 달리 신비로운 흰색

사탕수수를 자르는 흑인 노예의 모습. 사탕수수를 가공해 설탕을 추출하는 과정에 많은 노동력이 필요했던 까닭에 아프리카의 흑인들이 식민지로 끌려와 고된 노역에 시달렸다.

을 띠는 까닭에 국왕이나 귀족의 파티나 의례를 화려하게 장식하곤 했다. 18세기 무렵부터는 일반 서민들의 아침식사에 등장하는 조미료가 되었는데 설탕을 대량 생산할수록 그만큼 더 많은 아프리카 원주민들이 신대륙으로 끌려올 수밖에 없었다.

아프리카인들이 유럽인에게 저항하지 않은 이유

여기서 우리는 한 가지 의문을 가지지 않을 수 없다. 소수의 식민지 경영자들이 어떻게 수많은 아프리카 노예들을 통제할 수 있었을까? 수십만 명의 흑인들이 먼 타국까지 강제로 끌려와 고된 노역에 동원되었음에도 불구하고 그들은 소수의 유럽인들에게 저항하지 않았다. 왜 이 같은 일이 벌어졌을까?

이러한 원인은 '합리적 무시(rational ignorance)'를 통해 설명 가능하다. 예를 들어 특정 정치인이 재선을 위해 지역구에 선심성으로 큰 공원을 건설하려고 한다고 해보자. 지역구는 인구가 얼마 되지 않아 막대한 비용을 들여 공원을 건설해도 국가 전체로 보면 편익이 크지 않다. 즉 투자한 비용에 비해 얻는 이익이 적다. 하지만 이러한 불합리한 정책은 집행으로 이어지기 쉽다. 어느 누구도 이같이 불합리한 정책이 집행되는 것을 막기 위해 나서지 않기 때문이다. 특정 정치인이 자신의 사적 이익을 위해 정책을 집행해도 이로 인해 일반 국민이 추가로 부담해야 하는 세금은 굉장히 미미한 수준이다. 해당 정책에 필요한 자금을 전 국민이 함께 부담하기 때문이다. 반면 어느 개인이 불합리한 정책의 집행을 막기 위해서는 시위에 참여하거나 직접 탄원서를 작성하는 등 많은 시간과 노력을 투자해야 한다. 이러한 상황에서는 정치인이 사적인 이익을 추구하든 말든 못 본 척 무시하는 것이 합리적인 선택이 된다. 불합리한 정책 집행으로 인해 자신이 지불해야 할 비용은 국가 전체로 보면 소액의 세금이지만, 불필요한 소액의 세금 지출을 막기 위해서는 귀중한 시간과 더 큰 노력을 투여해야 하기 때문이다.

신대륙에 끌려와 노예로 일한 수십만 명의 노예들이 소수의 유럽인들에게 저항하지 않은 이유도 여기 있다. 유럽인에게 저항할 경우 본인이 치러야 할 대가는 죽음을 각오해야 하는 수준이었을 것이다. 하지만 그로 인해 얻게 되는 혜택은 어차피 본국으로 돌아가기 힘든 상황에서 다소간의 휴식 내지 안락함에 지나지 않았을 것이다. 아프리카에 계속 남는다 해도 또 다른 유럽인에게 언제든 다시 끌려올 수 있다고 생각했을지도 모른다.

다시 말해 저항으로 인해 얻게 된 편익보다 비용이 훨씬 크다고 생각한 것이다. 뿐만 아니라 내가 먼저 나서지 않고 다른 누군가가 나서 유럽인들을 몰아내는 데 성공한다면 그 혜택을 본인도 누리게 된다. 이 역시 본인이 먼저 저항하기를 꺼린 이유 중 하나였을 것이다. 결국 합리적 무시로 인해 수십만 명의 흑인 노예들이 소수의 백인 경영자에게 저항하지 못한 것이다.

저임금 노동자들의 열량을 보충하는 대안

신대륙에서 다량의 설탕이 원활히 공급되면서 수요가 폭발적으로 늘어났다. 쓴맛이 강한 차나 초콜릿에 설탕을 넣어 마시기 시작한 것도 이때부터이며, 19세기 들어서는 저임금 노동자들이 저렴한 비용으로 높은 열량을 얻을 수 있는 대표적인 수단으로 설탕이 꼽혔다. 설탕이 뿌려진 비스킷, 캔디 등 고칼로리 음식들은 모두 저임금 노동자들의 열량을 보충하는 대안으로 고안되었고 결국 19세기 말 설탕은 전체 칼로리 섭취의 14%를 차지한다. 이에 대해 역사가 시드니 미츠는 자신의 저서에 1650년에는 설탕이 신기한 물건이었지만, 1750년에는 사치품으로 변했고, 1850년에는 그야말로 모든 사람의 필수품이 되었다고 썼다.

설탕에 대한 수요가 보편화하면서 사탕수수 재배 노예에 대한 노동착취의 강도도 높아졌다. 사탕수수로 설탕을 정제하는 데 많은 노동력이 필요해 "설탕 1파운드를 소비할 때마다 사람의 살 2온스를 먹는 것과 같다"라는 말이 있을 정도였다. 노예에 대한 수탈이 더욱 심각해지면서 이를 개선하기 위한 시도로 설탕 불매 운동이 전개되었다.

18세기 전반부터 퀘이커교도 등 종교집단들이 앞장서서 노예무역을 반대했다. 1786년에는 토머스 클라크슨이 케임브리지대학에서 논문상을 받은 〈노예제와 인간매매론〉을 출간함으로써 노예제 폐지운동을 사회적인 이슈로 부각하기도 했다. 1792년 영국 정부에 접수된 노예무역 반대 청원서는 519건에 달했다. 이처럼 노예문제에 대한 사회적 요구가 높아졌지만, 노예를 이용한 설탕 생산은 한동안 계속되었다. 그것은 영국의회 의원 대부분이 노예무역 내지 서인도제도 농장과 깊은 이해관계를 갖고 있었기 때문이다.

결국 1807년이 되어서야 영국의회는 노예무역을 금지하는 법안을 통과시킨다. 하지만 이 역시 노예제 자체를 폐지하는 것이 아니었고, 노예매매를 금지하는 내용일 뿐이었다. 노예제는 1833년이 되어서야 폐지된다.

최근에는 또 다른 이유로 설탕에 대한 불매운동이 전개되고 있는데 바로 국민 건강이다. 국민들의 설탕 소비를 줄이기 위해 영국을 비롯해

설탕 음료세는 비만 문제가 심각한 국가들에서 설탕이 첨가된 음료의 소비를 줄여 국민의 건강을 증진시키기 위해 고안되었다.

핀란드·프랑스·벨기에·노르웨이·포르투갈 등 10여 개국의 유럽 국가들과 멕시코·칠레 등의 중남미와 피지 등 남태평양 국가, 그리고 태국·필리핀 등 아시아 국가까지 약 30개 국가에서 설탕세를 부과하고 있다.

3

한반도가 원산지인 식재료의 가치

콩

콩의 본고장

오늘날 우리 식탁 위에 오르는 다양한 식재료들 중 대부분은 원산지가 동북아 지역이 아니다. 우리나라 음식의 대표적인 식재료로 꼽히는 고추만 하더라도 원산지는 중남미 지역이다. 고추는 조선시대에 우리나라에 들어왔고, 조선 후기인 18세기부터 보편적으로 활용되었다. 그러니 우리나라의 대표음식이라 할 수 있는 김치·깍두기·고추장 등이 오늘날의 모습을 갖춘 것은 불과 200~300년 전의 일이다. 감자·고구마 역시 원산지는 중남미이며, 보리도 서아시아인 홍해, 카스피해 지역이 원산지다. 심지어 우리의 주식인 쌀도 원산지는 동남아 지역에 가깝다.

그렇다면 우리 한반도가 원산지인 식재료는 무엇일까? 정답은 '콩'이다. 최초의 콩 원산지는 고구려 영토에 해당하는 만주지역과 한반도 지역으로 추정된다. 문헌상에 남아 있는 콩 재배 기록 역시 5000년 전으로 콩이야말로 우리 선조들의 대표적인 식자재였다 해도 과언이 아니다. 백두산을 중심으로 남만주 지역과 한반도에서 농경이 시작된 신석기시대부터 콩을 재배했고, 초기 청동기시대(BC 1500년)에는 한반도를 비롯한 동북아시아에서 콩의 식용이 보편화된 것으로 추정된다.

중국에서도 일찍이 콩을 대두(大豆), 숙(菽), 태(太)와 함께 융숙(戎菽)이라 칭했다. 이는 중국인들이 콩을 자신들이 재배하는 작물이 아니라 오랑캐(戎)들이 재배하는 작물이라 여겼음을 보여준다. 이러한 사실을 종합할 때, 콩을 인류 최초로 먹기 시작한 민족은 우리 한민족이라 할 수 있다.

콩의 본고장은 동북아시아 지역이지만, 정작 그 가치에 주목해 적극적으로 활용하기 시작한 것은 서양인이다. 콩은 1739년 프랑스 선교사가 중국에서 종자를 가져가 파리식물원에서 재배하면서 유럽인에게 처음 소개되었다. 이후 1790년에는 영국식물원에서 재배한 것으로 알려져 있다. 영국인들은 콩을 관상용으로만 본 것이 아니라 식자재로 재배하기 위한 연구를 계속해 20세기 초에는 아프리카 등지에서 콩 생산을 위한 시험 재배를 시작했다. 그 결과 콩이 전 세계적으로 보급될 수 있는 기술적 기반이 마련되었다.

하지만 콩이 전 세계인들에게 급속히 전파된 계기는 세계대전이 었다. 제1차 세계대전 당시 식량 수급 체계가 붕괴하면서 극심한 식량난에 직면하자 전방의 군인들에게도 식자재를 원활하게 공급할 수 없었다. 이때 주목받은 것이 바로 콩이다. 콩은 영양학적으로 단백질과 필수 아미노산을 대량 함유하고 있어 그 자체가 완전식품이라 할 수 있으며, 재배가 용이할 뿐만 아니라 쉽게 부패하지 않아 보관하기도 쉽다. 자연스럽게 전쟁 중 가장 쉽게 조달 가능한 식자재로 콩이 대두됐다. 오늘날 대표적인 군대 음식 하면 완두콩 수프(pea soup)를 떠올리게 된 것도 이 때문이다. 실제로 영국군에서는 '진급하다'라는 표현을 '완두콩 수프 진급(pea-soup promotion)'이라 할 정도로 콩은 군인들의 대표적인 식자재가 되었다.

다양한 곳에 활용된 콩

세계대전으로 인해 유럽에서 콩에 대한 수요가 폭발하자, 1910년대만 하더라도 콩을 재배하는 농장이 거의 없었던 미국은 본격적으로 재배를 시작한다. 미국 정부는 농민들이 재배에 관심을 갖도록 하기 위해 콩을 활용한 다양한 조리법을 홍보했다. 1918년 5월 미국 농무부는 콩가루로 만든 빵(Victory Bread), 콩고기(soy meat loaf) 등의 조리법을 널리 알렸는데 그 덕분에 1922년 일리노이주 디케이터에 미국 최초의 콩기름 공장이 세워졌고, 1929년에는 얼라이드밀(Allied Mill)이 설립되어 콩 가공 산업에 뛰어든다.

민간 부분에서 콩의 활용도를 크게 늘린 인물은 자동차 왕 헨리 포드다. 헨리 포드는 자기 회사의 트럭을 구매해준 농민들이 대공황으로 어려움에 처한 것을 안타깝게 생각해, 농산물의 부가가치를 올리기 위한 연구를 지원하기 시작한다. 당시 여러 농작물을 후보군으로 놓고 검토한 결과, 가장 주목받은 농작물이 콩이었다. 1933년 포드사는 시카고에서 열린 세계박람회에 콩을 재료로 한 마가린을 처음 선보였으며, 콩으로 에나멜을 만들기도 했다. 또한 포드 모델 A 자동차의 계기판과 버튼들을 콩 단백질로 만든 플라스틱으로 제조했고, 차체도 콩 단백질 플라스틱으로 만들었다. 또한 1937년에는 콩 단백질로 베이컨과 같은 동물성 식품을 만드는 인조육(meat analog)을 제조하는 데 성공한다.

정부와 민간 부분이 콩을 다양하게 활용할 수 있는 방안을 하나씩

포드 모델 A. 계기판과 버튼을 콩 단백질로 만든 플라스틱으로 제조했다.

제시하기 시작하면서 미국에서 자연스럽게 콩 생산량이 증가하게 되었고, 콩을 가공해 처리하는 기술 또한 급속히 발달했다. 그러던 와중에 제2차 세계대전이 발발하고 그로 인해 유럽 대륙은 또다시 대규모 식량난에 직면한다. 이때 미국은 대량으로 재배한 콩을 유럽에 공급했고, 이것이 유럽 각지에서 콩을 주식으로 삼는 결정적인 계기가 된다. 오늘날 콩의 주요 생산국이 미국을 비롯해 브라질·아르헨티나·파라과이·캐나다 등인 이유도 여기에 있다.

경제적 위기에서 인류를 구한 식자재

콩은 경제적 위기에 직면할 때마다 주목 받은 식자재다. 1973년 오일쇼크가 발발하면서 전 세계적인 에너지 위기와 함께 기초 식료품뿐 아니라 육류 가격이 폭등하기 시작했다. 이 과정에서 전 세계적으로 단백질류를 원활히 수급받기 위한 대안을 모색하기 시작했고, 또다시 콩에 관심이 쏠린다. 당시 미국의 식품회사 제너럴밀은 콩을 재료로 한 대체육을 개발했고, 기존 육류에 비해 훨씬 저렴한 가격에 마트에 출시해 소비자들을 사로잡는다. 이 때문에 일부 학자들은 1973년의 에너지 위기가 미국에서 '콩의 한 해'를 만들었다고 평가하기도 한다.

오늘날 콩은 식용으로는 식용유를 비롯해 마가린·마요네즈 등 주요 식자재의 가장 핵심적인 원료로 사용되고 있을 뿐 아니라 동물사료에서 절대적인 비중을 차지한다. 먹거리의 대부분이 직간접적으로 콩에 기반한다 해도 과언이 아닌 것이다. 콩은 또한 페인트, 인조고무, 플라스틱 제품의 원료로도 사용된다.

콩에서 대안을 찾으려는 인류의 노력은 머지않아 전개될 우주시대에서도 계속될 듯하다. 미 항공우주국(NASA)은 장거리 우주여행을 준비하는 과정에서 우주에서 직접 작물을 재배하는 것을 검토하기 시작했다. 냉동 건조식품이나 진공 포장식품만으로는 수개월 내지 수년이 걸리는 우주 탐사 업무를 수행할 수 없다고 판단한 것이다. 이때 NASA에서 가장 먼저 우주 재배를 시도한 작물 역시 콩이다.

2002년 NASA와 듀폰의 자회사인 농업용 종자 생산업체 파이어니어 하이브리드사는 우주왕복선 인데버호에서 처음으로 무중력 상태로 콩을 재배하는 데 도전한다. 그리고 지구로 귀환할 때 우주에서 최초로 재배에 성공한 콩을 들고 돌아온다. 우주에서 만들어진 콩의 DNA와 성분 등을 분석해보니 지구상에서 재배한 콩과 형태, 생장속도, 생물학

우주에서 콩을 재배하는 모습. 우주 비행 환경에서 자란 많은 식물들은 지구에서 자라는 것보다 작고 성장 속도가 느리다고 한다.

적 특징 등이 거의 동일했다고 한다. 우주 공간에서도 콩을 기를 수 있다는 사실이 처음으로 확인된 것이다. 최근에는 2021년부터 국제우주정거장에서 본격적으로 콩을 재배하기 위한 계획이 수립된 상황이다.

국가 최우선 과제, 식량자급

이상에서 열거한 바와 같이 오늘날 전 지구적으로 콩의 가치에 대한 인식은 그 어느 때보다도 높아지고 있다. 하지만 정작 원산지인 우리나라에서는 인식의 제고가 좀처럼 이뤄지지 않는 듯하다. 일차적으로 콩을 식량자원으로 삼기 위한 전략도 부재한 상황이다.

현재 우리나라의 곡물 자급률은 24% 수준으로 OECD 회원국 34개국 중 32번째로 낮다. 1년간 우리나라가 필요로 하는 곡물은 대략 2,000만 톤이지만 이 가운데 쌀 400만 톤을 포함한 500만 톤 정도만 국내에서 생산하고 나머지 1,500만 톤은 수입하는 실정이다. 게다가 그동안 우리나라에 주요 식자재를 공급해왔던 중국 역시 2004년부터 식량 수입국으로 전환돼 식량 자급을 국가 최우선 과제로 추진하고 있다. 자체적인 식량자원을 확보하기 위한 노력이 그 어느 때보다 절실한 것이다.

물론 국내에서 식량 수급을 위해 아무런 노력도 하지 않은 것은 아니다. 오히려 쌀 생산을 중심으로 한 식량 수급에만 주력해 문제가 되는 상황이다. 현재 쌀은 자급 수준을 넘어 매년 상당량이 남아도는 실정이지만, 여타 식자재는 거의 전량을 해외에 의존하고 있다. 콩의 경우 식용콩을 기준으로 34% 수준의 자급률을 보이고 있다.

우리가 콩을 주목해야 하는 이유는 단순히 식량 자급률을 높이기 위함이 아니다. 최근 세계적으로 채식 인구가 급증하고 있기 때문이다.

콩을 재료로 만든 버거. 우리가 콩을 주목해야 하는 이유는 단순히 식량 자급률을 높이기 위함이 아니다. 최근 세계적으로 채식 인구가 급증하고 있기 때문이다.

국제채식인연맹(IVU)에 따르면 전 세계 채식 인구는 1억 8,000만 명에 달한다. 현재 비건시장이라 통칭되는 채식시장은 매년 9.6% 가까이 급성장하고 있는데 2025년 무렵에는 시장규모가 28조 원을 넘어설 것으로 보인다. 비건시장이 급성장하는 것은 국내도 마찬가지다. 국내 채식 인구는 2008년 15만 명 수준이었으나, 2019년에는 150만 명으로 급성장했다.

초창기 채식시장은 착한 소비에 기대어 성장했다. 동물 학대를 막고, 지구 온난화 등 환경보호의 일환으로 적극 권장했고, 이에 부합하는 소비층이 형성되면서 시작되었다. 하지만 지금은 밀레니얼 세대 내지 Z세대(1980~2000년)를 중심으로 착한 소비와 무관하게 채식 자체를 즐기는 사람이 크게 늘고 있다.

채식 인구가 급증하는 데는 관련 업계의 노력도 큰 역할을 한 것으로 보인다. 채식은 자신의 건강과 함께 동물과 지구를 지키는 훌륭한 일이지만, 맛은 포기해야 한다는 인식이 많았다. 하지만 최근에는 채식을 맛있게 하는 다양한 대안이 제시되고 있고, 기존 음식을 채식 형태로 즐길 수 있는 방법 또한 등장하고 있다.

대두 등을 원료로 고기의 질감을 내는 대체육 기술이 대표적이다. 콩 단백질을 활용한 대체육은 오래전부터 있었지만 쇠고기나 돼지고기의 맛을 따라잡기에는 무리였다. 하지만 이제 많이 개선되어 서브웨이나 롯데리아 같은 육류 관련 프랜차이즈 회사들이 대체육을 활용한 샌드위치와 햄버거 제품을 출시해 채식인들이 일상생활 속에서도 얼마든지 채식주의를 유지할 수 있도록 해주고 있다.

대표적인 유제품인 아이스크림 역시 예외가 아니다. 현재 전 세계적으로 유제품 대신 콩을 활용한 아이스크림 개발과 이에 대한 수요가 크게 증가하고 있으며, 국내에서도 2020년 초 채식 인구를 위한 아이스크림이 출시되었다. 채식 인구를 위한 즉석 식품 또한 크게 늘고 있다.

앞서 말했듯이 콩의 종주국은 우리 선조들이다. 하지만 최근 콩을 주목하고 활용도를 높여온 것은 여타 국가들인 듯하다. 이제라도 콩의 부가가치를 높이는 다양한 대안이 모색되었으면 하는 바람이다.

4

선진 금융거래 탄생의 주역

쌀

금융시장이 발달한 나라 하면 미국, 영국 등을 떠올리는 사람들이 많지만 우리나라 역시 보기 드문 이력을 갖고 있는데, 바로 파생상품 시장에서 거래량 기준으로 한때 세계 1위를 한 나라라는 것이다.

파생상품이란 해당 상품의 가치가 다른 무엇인가의 가치에 근거해 결정되는 상품을 말하는데, 예를 들어 채권이나 외환의 가치가 변화함에 따라 함께 가치가 변하는 금융상품을 파생상품이라 한다. 파생금융상품은 주로 미래에 있을 가격 변화로 인한 손실을 막기 위한 방편으로 도입되었다. 대표적인 파생금융상품인 선물(future)거래와 선도(forward)거래 등의 이름에서도 드러나듯이 미래, 앞날 등을 의미하는 future, forward라는 단어를 사용해 각각 '미래에 대한 계약'이라는 뜻이 담겨 있다.

미래에 대한 계약으로 손해를 막는다

현재 쌀 한 가마 가격이 10만 원인데, 6개월 뒤에는 15만 원이 될 것으로 예상하는 상인이 있다고 하자. 이 상인은 6개월 뒤에 쌀 한 가마를 11만 원에 구입한다는 내용으로 누군가와 계약을 체결한다. 그러면 6개월 뒤에 쌀 가격이 14만 원으로 4만 원 올라도 이 상인은 자신이 구매한 선물 상품으로 인해 쌀을 시세보다 3만 원 싼 11만 원에 구입할 수 있다. 많은 사람들이 선물거래나 선도거래와 같은 '미래에 대한 계약'에 관심을 갖는 이유가 여기 있다.

미래 상황에 대한 계약은 상품 가격이 하락해 입을 수 있는 손해를 막는 데도 유용하다. 예를 들어 쌀 한 가마를 6개월 뒤에 11만 원에 판매하는 내용의 선물계약을 체결할 경우 6개월 뒤 한 가마당 가격이 6만 원으로 하락한다 하더라도 시세보다 5만 원 비싼 11만 원에 판매할 수 있어 가격 하락으로 인한 손실을 막을 수 있다.

실제로 파생상품은 농산물 가격이 변함으로써 입게 될 손실 위험을 줄이기 위해 등장했다. 19세기 시카고는 미국의 중서부 지역에서 생산한 옥수수, 콩, 밀 등을 거래하는 중심지였다. 수확기가 되면 한꺼번에 많은 곡물들이 몰려드는데, 시카고에는 이를 모두 수용할 만한 창고가 없었다. 겨울철에는 운하가 얼어 아예 운송조차 못하는 경우도 많았다. 운송되지 못한 곡물들은 헐값에 거래되지만 운송만 되면 매우 비싼 가격에 거래되는 문제가 있었다. 이런 폐해를 막기 위해 1948년 미국 시카고에 상품거래소(Chicago Board of Trade, CBOT)가 설립됐다. 운송 여부와 상관없이 곡물을 안정적으로 거래하기 위한 취지로 만들어진 것이다.

선도거래와 선물거래의 본질은 사실 동일하다. 두 거래 모두 앞서

시카고상품거래소 앞의 시계탑. 1848년에 설립된 세계에서 가장 오래된 선물 및 옵션 거래소로서 현재 전 세계 곡물 선물거래의 80~85%가 이곳에서 이뤄지고 있다.

예로 든 쌀 거래와 마찬가지로 미래에 있을 화폐 내지 재화의 거래를 현시점에 계약하는 것이다. 하지만 이 둘은 계약 방식에서 큰 차이점이 있다. 먼저 선도거래는 거래 내용과 방식을 거래 당사자끼리 만나 1대 1로 직접 결정한다. 언뜻 보면 거래 당사자끼리 자유롭게 흥정을 하기에 거래가 더 원활히 이뤄질 것 같지만 실상은 그렇지 않다. 상대방이 거래를 이행하리라는 보장이 없기 때문이다. 지금 당장 실행하는 거래를 체결할 때도 상대방이 거래 내용을 성실히 이행하리라는 보장이 없는데, 하물며 미래 시점에 이행해야 할 계약 내용은 어떻겠는가. 거래 당사자들이 느끼는 위험은 더욱 클 것이다. 선도거래는 이렇게 거래 당사자가 거래 내용과 성격뿐 아니라 이러한 위험에 대비하는 일 또한 직접 해야 하는 불편함이 있다.

선물거래는 이러한 불편을 없애기 위해 등장했다. 선물거래는 공인

된 시장에서 거래의 세부사항을 표준화하고 그 이행과정에서 생길 수 있는 위험 요인 또한 다양한 보완책을 통해 표준화했다. 거래가 표준화되어 있기에 누구나 해당 거래의 내용과 성격을 사전에 명확히 이해하고 손쉽게 거래에 참여할 수 있다.

선물거래는 거래의 표준화 덕분에 선도거래와 같은 개인 대 개인의 거래가 아니라 불특정 다수가 참여하는 거래로 거듭날 수 있었다. 그 결과 선도거래와 달리 횟수와 규모가 비약적으로 증가했고, 오늘날 대표적인 금융방식으로 자리매김했다.

아시아 최초의 선물거래소 오사카

17세기 초 일본을 통일하고 지금의 도쿄인 에도를 거점으로 삼은 도쿠가와 이에야스의 고민은 지방 영주인 다이묘(大名)를 어떻게 통제할 것인가 하는 것이었다. 이들이 독립해 군벌이 되면 또다시 전국시대의 혼란이 발생할 것이기 때문이었다. 그는 각 지역 다이묘들로부터 충성서약을 받았지만 이들이 언제든 모반을 꾀할 수 있다는 생각에 다이묘들의 경제권을 박탈하기 위한 방법을 모색한다. 그 방법으로 주목한 것이 바로 쌀이었다.

당시 쌀은 일종의 화폐처럼 쓰였다. 다이묘의 세력은 대개 영지에서 쌀이 몇만석(가마) 생산되느냐로 측정되었다. 도쿠가와 이에야스는 바로 이 점에 주목해 전국에서 세금으로 거둬들인 쌀을 도쿄와 오사카에 일단 모았다가 다시 분배하는 방식을 도입했다. 그렇게 해서 통제력을 갖고자 했던 것이다.

각 지방 다이묘들이 세금으로 거둔 쌀이 오사카 지역의 나카노시마에 있는 창고에 모이기 시작했다. 이렇게 전국 각지에서 동시에 쌀이

다이묘들을 통제하기 위해 쌀을 이용한 도쿠가와 이에야스. 도쿠가와 이에야스의 에도막부(1603~1867)는 1730년 에도(지금의 도쿄)에 도지마 쌀시장을 공인했는데 이는 세계 최초의 파생상품거래소라고 할 수 있다.

모이다 보니 다양한 관리방식을 모색하게 되었는데 이 과정에서 선물거래도 도입했다. 당시 일본은 격년으로 흉년이 든 까닭에 쌀 공급이 일정하지 않아 상인들이 많은 혼란을 겪었다. 해결책을 고심하던 오사카 상인들은 미리 돈을 주고 필요한 쌀의 수요를 맞추기 시작했다. 쌀이 갑자기 필요할 때를 대비해서 미리 10석 단위로 현금과 같은 선납수표를 준 것이다. 선납수표를 내면 돈의 액수에 해당하는 만큼의 쌀을 언제든 내주도록 되어 있었다. 선물거래를 시작한 것이다.

쌀을 파는 입장에서는 미리 일정한 값을 받고 팔 수 있기에 이러한 거래방식을 선호했고, 상인들 역시 언제든지 자신들이 원하는 만큼의 쌀을 가져갈 수 있기 때문에 이러한 방식을 좋아했다.

이 거래 방식을 선호한 데는 또 다른 이유가 있었는데, 그것은 쌀 운송과정에서 발생하는 여러 가지 비용들 때문이었다. 각 지역의 다이묘들은 자신들이 거둔 세금인 쌀을 오사카로 올려보내는 과정에서 운반비용, 보관비용 등 여러 비용을 지불한 까닭에, 오사카로 보낸 쌀이 헐값에 팔리면 큰 낭패를 보기 십상이었다.

하지만 선납수표를 통한 선물거래 방식이 도입되면서 이러한 불안감에서 벗어날 수 있었다. 쌀의 선납수표는 쌀값의 오르내림에 상관없이 약속한 수량을 받을 수 있는 방법이었기 때문이다.

특히 지방의 다이묘들은 중앙 정부로부터 재산 몰수 등의 명을 받거나 파산을 하더라도 선납수표는 재산 회수 목록에서 제외되었기 때문에 그들의 선물거래 참여도는 더욱 높아지게 되었다.

쌀의 선납수표가 활발히 거래되면서 쌀의 유통성이 높아졌을 뿐만

호쿠사이, 〈에도에 있는 니혼바시 다리〉(1830). 에도 시대 니혼바시 다리 주변 풍경을 그린 그림으로 쌀 중개인들의 모습이 보인다.

아니라 화폐로서의 기능도 갖게 되어 유용한 자산 보유 형태로 부각됐다. 쌀을 취급하지 않는 상인들도 이러한 선납수표를 빈번히 사고팔았다. 결국 오사카에는 선납수표만을 전문적으로 거래하는 전문 환전상인까지 등장했다. 오사카는 아시아 최초의 선물거래소였던 것이다.

환경의 변화에 따라 건축물은 더더욱 자연과 환경을 존중하며 인간을 이어줄 수 있는 방법을 찾기 위해 끊임없이 노력해야 할 것이다.

6장

단박에 읽는 서양 근현대 건축사

정현정 | 도시환경교육디자인연구소(C.E.E.D. Lab) 소장 겸 세명대 건축공학과 겸임교수. 건국대 건축공학과 석박사 과정을 마치고 프랑스 라빌레트 건축학교에서 DPLG(국립 프랑스건축사자격증)를 취득했으며 프랑스 국립 고등사회과학대학원에서 역사와 문명분과 박사과정을 수료했다. 노인과 장애인 등 사회적 약자와 청소년 등을 고려한 건축에 힘쓰고 있으며, 교육부 그린스마트 미래학교의 공간 관련 사전기획 활동과 건축에 대한 대중의 이해를 돕기 위한 강연활동을 하고 있다.

1

근대 건축과 거장들 1

시카고학파와 아르누보

유용한 건물 자재가 된 철

영국에서 시작된 산업혁명과 본격적인 기술시대의 도래는 건축산업의 모습을 바꿔놓았는데, 철과 석탄의 개발이 그 원동력의 큰 부분을 차지했다. 바로크와 낭만주의의 시대인 17세기와 18세기, 그리고 19세기 중반까지의 건축 경향은 당시 인문적 가치의 변화와 새로운 시대의 의미·가치·열망 등을 기술·기능과 정확히 일치하도록 표현하지 못한 채로 오랜 시간이 흘렀다.

유용한 건물 자재로서 사용되기 시작한 철은 18세기부터 대량생산이 가능해졌다. 이로 인해 건축과는 다른 분야인 교량이나 철로, 대규모 홀 등의 구조물에 사용되었고 이러한 작업은 주로 건축가보다 구조기술자들에 의해 대대적으로 진행되었다. 세계 최초로 철로가 건설된 것은 1767년의 일이다. 10여 년이 지난 1775년에는 교량 건설에 철이 처음 사용되면서 강철이 건축사를 바꿔놓기 시작했다.

1848년에 완공된 미국의 하퍼 앤 브라더스 출판사 건물. 뼈대를 주철재 기둥으로 만든 최초의 건물이다.

교량은 그 의미가 건축물과 남다른 점이 있다. 형태가 장애물의 극복 혹은 삶의 길을 연결해준다는 기대감과 희망 등의 의미를 갖고 있다. 건축사학자 비난트 클라센은 교량은 상징적으로 심각하게 분열된 서양의 문화와 문명에서 구세계와 신세계를 연결하여 연속성을 유지하기 위한 노력의 흔적이라고 말한 바 있다.

교량의 건설에 힘입어 건축에도 철제 기둥이 적용되었고, 뼈대를 주철재 기둥으로 만든 최초의 건물은 1848년 미국의 하퍼 앤 브라더스 출판사 건물(1848)로 제임스 보가더스가 구조를 발명했다. 이후 정면

프랑스의 교량 기술자 귀스타브 에펠이 세운 파리의 에펠탑(1889)

에펠탑 건설 당시 사진. 리프트를 이용해 필요한 것들을 운반하는 모습이 담겨 있다.

과 뼈대구조가 주철재로 된 상업건물들이 미국 전역으로 확산하며 철은 주요한 건축 재료가 되었다. 당시 이러한 철의 구조화를 바탕으로 만들어진 최고의 구조적 건축물은 귀스타브 에펠이 만든 에펠탑이다. 305미터 높이에 엘리베이터를 설치한 이 건축물은 1889년 파리 만국박람회[1]에 소개된 혁신적인 작품이다.[2] 에펠탑은 전체적으로 세 단계로 구성되어 있고, 엘리베이터 역시 세 단계에 걸쳐 최상층까지 이르도록 되어 있다. 막혀 있지 않는 철제 구조물이므로 파리 전체의 풍경을 그대로 볼 수 있어 외부와 시각적인 교감이 가능하고 높이의 변화도 함께 누릴 수 있기에 관람자들은 움직이는 4차원의 입체적 경험을 하게

---

1 새로운 공산품을 전시하고 구매 계약하는 행사로 이를 위해서는 십수 채의 새로운 건물을 지어야 했다. 보통 일회용으로 지었기에 건축가들은 이를 새로운 건축적 실험을 하는 기회로 생각하고 마음껏 자신들의 경향을 드러냈다.

2 사람들은 철이라는 재료로 에펠탑을 세우는 것에 반대하는 한편으로 자부심 가득한 수도 파리 한복판에 불필요하고 괴물과도 같은 구조물이 서는 것을 위협으로 받아들였다.

된다.

프랑스 혁명 이후 건축에서 근대화의 출발을 알리는 1900년 이전의 주요한 역사적 건축과 분위기를 볼 수 있는 대표적인 예를 살펴보자.

고층건물의 발전을 주도한 시카고학파

근대 건축사의 주요 사건

1789 프랑스 혁명

영국의 산업혁명

파리 만국박람회

미국의 시카고학파

유럽이 이러한 상황일 때 미국은 시카고학파를 통해 근대 건축의 발전에 크게 공헌한다. 대화재로 전소된 1871년의 시카고를 재건하면서 형성된 시카고학파는 특히 미국의 마천루를 탄생시킨 고층건물의 발전에 절대적인 영향을 미쳤다. 1850년 제임스 보가더스가 설계한 주철재 건물은 시카고학파 활동의 전신이 되었고, 뉴욕의 엘리샤 그레이브스 오티스가 제작한 엘리베이터에 의해 고층건물들이 갖는 수직적 동선에 편리함이 더해졌다.

루이스 설리번은 시카고학파의 시초로 큰 영향을 미쳤고 그의 노력은 제자인 프랭크 로이드 라이트에 의해 완성되었다. 루이스 설리번은 건물과 인간 사이의 유사점과 상관성을 눈여겨보고 미켈란젤로가 활동했던 르네상스 시대의 인본주의적 접근법을 디자인으로 재현하려 했다. 특히 고층 사무소 건물의 기능을 연구하면서 건물이 중요 기능에 따라 수직적으로 구분된 점포, 음식점, 공적 공간 등 세 부분으로 나뉘는 저층부와 개인 사무실로 사용하는 몸체(사무실로 사용하는 기준층), 그리고 기계설비를 위한 층으로 구성되는 것을 원칙으로 했다. 특히 설리번의 작업은 상상력이 풍부하고 유기적인 장식이 뛰어나 아르누보를 미국적으로 해석했다는 평가를 받는다. 그의 대표적인 건축물로는 워커 창고 건물(시카고, 1888~99)과 첫 번째 대마천루 건축물인 웨인라이트(세인트루이스, 1890~91), 개런티 빌딩(버팔로, 1895) 등이 있다.

1900년 이후의 근대화와 현대로 전환되는 시기의 건축적인 흐름은 다양한 사상과 역사적 상황들 속에서 변화한다.

곡선의 아름다움을 표현한 아르누보

산업혁명의 결과 건축 분야에서는 두 가지 흐름이 나타났다. 하나는 구조를 건축 미학에 응용하는 구조적인 건축작업이고, 다른 하나는 건축을 양식 자체로 보는 건축작업이었다. 과거에는 전통주의자들이 과거 양식의 재현만을 주장했다면, 1890년대의 진보적 양식주의자들은 근대적인 독자성을 갖고 활동했다.

아르누보(Art Nouveau, 새로운 예술)가 유행한 이 시기에 디자이너·예술가·건축가 등은 꽃과 식물의 유연한 곡선의 아름다움을 미학적으로 표현하고자 했고, 이는 고전적인 규범과 경직된 기하학적 표현과는 전혀 다른 양식이 탄생하도록 만들었다. 아르누보는 시카고학파의 활동보다 다소 앞서, 영국에서 존 러스킨과 윌리엄 모리스가 일으킨, 다양한 분야에서 수공업이 지니는 아름다움을 회복시키고자 한 미술공예운동의 영향을 받은 예술운동으로 모든 역사적인 양식으로부터 탈피한 예술을 추구했고 진정한 국제적 양식이었다.[3]

1881년 벨기에 브뤼셀에서 〈근대예술(Modern Art)〉이라는 잡지가 발간된 것을 계기로 예술가들은 일정한 형식이 없이 주관성과 창의력을 바탕으로 자유로운 예술을 추구했고, 공업생산된 철과 유리의 미학

---

3 아르누보는 독일에서는 유겐트스틸(Jugendstil), 오스트리아에서는 쎄세션(Secession), 이탈리아에서는 리베르티(Liberty) 등의 이름으로 다양하게 전개되었다.

적 가능성을 시험하기 시작했다. 철과 유리를 이용한 자유곡선 장식을 주요 건축 표현 언어로 사용한 결과 독특하고 화려한 건축물을 만들 수 있었다. 당시 예술의 특징은 유기적인 형태 유형과 기하학적인 유형으로 발전했고, 자연적이고 유기적인 곡선의 사용을 통한 반역사주의적 특징을 갖는다.[4] 이러한 모습은 실제로 벨기에의 두 건축가, 빅토르 오르타의 타셀 주택[5]과 앙리 반 데 벨데의 실내 디자인[6]에서 분명하게 확인할 수 있다. 프랑스의 엑토르 기마르가 작업한 파리의 지하철 역사(1900)는 현재까지도 도시 곳곳에 아르누보풍 풍경을 선사하고 있다.

영국의 수공예운동은 존 러스킨과 윌리엄 모리스로부터 시작되었다. 러스킨은 디자인의 질은 디자이너와 소비자의 도덕적, 지적 자세와 사회적 조직의 관계 및 연계에 의해 결정된다고 생각하고, 중세 후기(13세기)처럼 생산과 프로세스가 조화를 이루는 관계로 복귀할 것을 주장했다. 이들은 중세의 건축과 그 시대 사람들의 노동을 예술 및 건축의 이상으로 삼았다. 산업사회에 대한 비판과 사회개혁적 사상을 갖고 있었으며, 건축의 7가지 등불로 희생, 진실, 힘, 미, 생명, 기억과 순종을 꼽았다.

러스킨의 사상에 영향을 받은 윌리엄 모리스는 산업화와 공업화로 인한 예술의 사물화를 비판했다. 예술을 통한 사회개혁에 관심이 있었

4 아르누보는 두 가지 특성이 있는데 빅토르 오르타, 앙리 반 데 벨데와 가우디에 의해 적용된 요철형상과 곡선적인 형태와 바그너와 매킨토시의 기하학적이며 직선적인 형태가 그것이다.

5 벨기에 건축가 오르타에 의해 지어진 아르누보의 대표적 건축으로 평가받는 주택이다. 현관 홀과 계단실의 표면 장식과 벽면 무늬가 특징이고 모든 역사적 양식과는 전혀 다른 새로운 건축의 가능성을 보여준다.

6 프랑스의 '아르누보' 상점의 실내를 디자인한 경험이 있던 그는 이후 독일에서 실내장식과 건축을 하는데 특히 가구 디자인으로 명성을 얻었다.

빅토르 오르타가 건축한 타셀 주택(1893)의 내부 계단과 호텔 솔베이의 출입구가 있는 정면

엑토르 기마르가 건축한 파리 지하철 입구(1900)와 호텔 기마르의 모습(1912). 자연적이고 유기적인 곡선의 아름다움을 느낄 수 있다.

던 그는 예술을 인간이 노동의 기쁨을 표현하는 수단으로 간주하며 기계 생산을 거부하고, 건물·가구·생활용품에 이르기까지 총체적으로 디자인했다. 대표작으로 붉은 집(1860)이 있다. 또 다른 건축가 필립 웨브는 근대 건축 역사에 큰 의미를 갖는 장식, 조각, 스테인드 글라스, 금속제품, 가구 등을 남겼다. 그는 근대사회의 특성인 대량생산 시스템과 대중성에 반발했다.

섬세하고 아름다운 보이지의 섬유디자인

모리스의 영향을 받은 찰스 프랑시스 앤슬레이 보이지는 전통적인 형태를 개성적으로 해석, 근대적인 합리주의를 표현하고자 했다. 그의 대표작인 디 오차드는 가구, 카페트, 커튼, 벽지 등 모두 섬세하고 아름답게 디자인되

붉은 벽돌로 지어진 겉모습과 비대칭형 L자형 평면이 새로운 주택의 유형을 보여준다는 평가를 받는, 현대적인 주택의 시작으로 불리는 윌리엄 모리스의 붉은 집(1860).

어 마치 한 폭의 파스텔화처럼 보인다.

가우디와 독일 분리파 운동

아르누보 양식은 상당히 관습적이고 장식적이며 2차원적인 성격을 갖고 있기에 공간감은 약한 부분이 있었다. 그런데 이를 모두 초월한 독창적인 예술관을 가진 건축가가 등장한다. 바로 스페인의 가우디다.

가우디의 건축물은 역사상 가장 창조적이며 개성이 강한 건축물이라고 할 수 있다. 자유롭게 흐르는 선으로 진정한 3차원의 세계를 표현한 그의 건축은 쉽게 이해하기 어려운 초현실적인 형상을 하고 있다. 수많은 건축가와 이론가들이 그의 작품에 대한 연구를 계속하고 있다. 대표적으로 빈센트 스컬리는 가우디가 지은 건축물 카사밀라(1910)에 대해 "전체 형태는 빈센트 반 고흐의 후기 그림처럼 둥글게 흐르고 건물 자체는 자연세계의 율동에 모든 사람들이 참여하는 듯한 형상을 하

안토니오 가우디의 초상. 그는 역사상 가장 창조적이며 개성적인 건축가로 평가받는다.

고 있다. 이것이 우리가 그의 건축을 진정 환상적인 건축이라고 부르는 이유다"라고 칭송한다.[7]

가우디는 물 흐르는 듯한 자유로운 곡선을 얻기 위해 콘크리트를 많이 사용했고 색깔 있는 도자기와 유리 파편, 금속 등을 사용했다. 그의 수많은 작품 중 가장 걸작으로 꼽히는 것은 현재까지도 공사가 마무리되지 않은 사그라다 파밀리아 성당(1883~)이다.

그는 성당을 신의 집으로 여기며 신의 섭리에 따라 기도와 명상을 하기 위해 짓기 시작했고, 각각의 탑에는 성부와 성자와 성령에게 봉헌하는 "Sanctus, Sanctus, Sanctus('성스럽도다'라는 뜻)"라는 글이 각각 노랑, 진홍, 오렌지색으로 세 번씩 새겨져 있다. 그가 남긴 기록에 따르면 사그라다 파밀리아 성당의 기둥은 힘의 벡터에 따라 세워졌는데, 이는 안정성과 균형을 의미하고 기둥의 형태는 마치 별이 미끄러지며 회전하는 것과 같은 모습으로 만들었다고 한다. 16년 동안이나 공사 현장에 머물며 힘과 열정을 쏟아부은 이 성당은 사람들에게 무한한 초현실적인 형태

카사밀라(1910). 석회암을 연마하지 않은 상태로 쌓아올려 독특한 이미지를 추구했고, 외관을 감싼 부드러운 곡선은 각 층의 내부까지 이어져 건물 전체가 잔물결처럼 일렁이는 듯한 느낌을 준다.

7 비난트 클라센, 『서양건축사』, 아키그램, 2003, 229쪽 재인용.

사그라다 파밀리아 성당(1883~). 현재까지 공사가 진행 중인 이 성당은 무한한 초현실적인 형태와 공간을 경험하도록 해준다. 건축 양식은 네오고딕식이고 구조는 크게 3개의 파사드(주된 출입구가 있는 정면부)로 이루어져 있다. 가우디가 사망할 때까지 완성된 파사드는 그리스도의 탄생을 경축하는 '탄생의 파사드'뿐이며, 가우디가 직접 완성했다.

와 공간을 경험하도록 해준다. 장식과 구조적인 측면에서 가우디의 모든 예술적인 면모를 살펴볼 수 있는 구엘 공원(1900) 또한 그의 또 다른 걸작이라 할 수 있다.

가우디와 또 다른 양식으로 아르누보의 일반적인 흐름과는 조금 다른 작품을 선보인 건축가로 영국의 찰스 레니 매킨토시가 있다. 매킨토시의 건축은 질서정연하고 긴장감 있게 구성되어 있다. 전체적인 디자인을 모두 스스로 엄격하게 감독하고 세부적인 부분까지 섬세하게 표현했는데, 아르누보적인 정교한 디테일은 석재가 가진 거칠고 평평한 특성과 대조를 이룬다. 그가 공간을 구성한 방식은 근대 건축에 큰 영향을 끼쳤고 높이에 대한 자유로운 처리법은 신선한 공간감을 부여했다.

구엘 공원(1900). 지중해와 바르셀로나 시내가 한눈에 보이는 이 공원은 동화 속 나라에 들어간 듯한 환상을 불러일으킨다. 가우디 특유의 형형색색 모자이크로 장식된 건물과 자연이 어우러져 초현실적이고 신비로운 분위기를 연출하기 때문이다. 직선이 아닌 곡선 위주의 건물들과 기울어 있는 나선형 층계, 깨진 도기 조각으로 꾸민 난간 등이 가우디 건축의 특징을 잘 보여준다.

독일에서는 바이에른과 오스트리아 비엔나 건축가들이 과거의 전통적인 건축양식을 거부하는 분리파(Secession) 운동을 일으켰다. 매킨토시, 오토 바그너와 요제프 마리아 올브리히, 페터 베렌스, 요제프 호프만, 아돌프 로스 등이 분리파 운동에 참가했다. 특히 오토 바그너는 비엔나예술아카데미의 교수였기에 수많은 학생들에게 영향을 미쳤는데, 대표작으로는 근대적인 디자인으로 높이 평가받는 비엔나 우체국 저축은행(1904)이 있다. 이후 독일공작연맹이 1907년에 결성되어 건축가·디자이너·예술가 등이 공업제품을 표준화하고 공업기술을 건축 디자인에 적용하는 것을 목표로 활동했다. 이 연맹의 주축이었던 피터 베렌스와 발터 그로피우스는 고전적인 구성원리를 확고하게 지키며 건축작업을 했다. 한편 이탈리아에서는 미래파 운동과 영국 빅토리아 시대의 박애주의 운동 등이 펼쳐졌는데, 박애주의적 관점으로 공장촌 건설이 이어지는 한편으로 시골의 정취를 담은 초기 단계의 전원도시가 건설되기도 했다.[8]

글래스고 예술학교의 매킨토시 빌딩(1897~1909)

매킨토시의 가장 유명한 작품 중 하나인 힐 하우스(1903)

8 이러한 도시계획적 발전은 계획 의도와는 다르게 성장하면서 과밀화, 비효율성, 주택 가격의 상승 등의 장애 요소가 발생하여 당시 런던시의 공무원이었던 하워드는 구도시의 활성화, 넓은 교회 지역의 설치, 그리고 효율적인 주택의 배치 등을 담아 새로운 도시계획 방법을 『내일(*Tomorrow*)』(1898)'이라는 저서에 제시했다(빌 리제베로, 『서양 건축 이야기』, 한길사, 2020, 348~349쪽)

2

근대 건축과 거장들 2

고층건물과 공업화 건축의 시대

20세기의 대표적인 건축가 르코르뷔지에

스위스 출신의 건축가 르코르뷔지에는 평생 새로운 아이디어를 추구하고 시도한, 20세기에 가장 영향력 있었던 현대 건축의 거장이다. 젊은 시절 수많은 여행을 통해 견문을 넓혔는데 이는 그의 건축작업에 풍성한 양분이 되었다.

파리에서는 노트르담과 에펠탑을 공부하고 프랑스의 철근 콘크리트 건축의 선구자인 오귀스트 페레의 사무실에서 일하기도 했다. 그리스 여행에서는 아크로폴리스를 돌아보며 많은 것을 배웠고 이후 파리로 돌아와 정착했다. 이때 후기 입체파 화가인 오장팡을 만나 1920년 〈에스프리 누보(Esprit Nouveau, 새로운 정신)〉라는 이름의 잡지를 창간했는데 이는 회화, 건축, 도시 설계에 대한 그의 생각과 철학을 사람들에게 빠르게 전하는 수단이 되었다. 1923년에는 『새로운 건축을 향하여(*Vers une Architecture*)』를 출간하며 건축의 새로운 방향 전환을 주장

했다.[9]

르코르뷔지에는 1926년에 필로티, 골조와 벽의 독립적인 기능, 자유로운 평면, 자유로운 파사드(건물의 출입구로 이용되는 정면의 외벽 부분), 그리고 옥상정원 등 '새로운 건축의 5원칙'을 제시했다.[10] 페레와 함께 일하면서 그는 철과 유리, 철근 콘크리트 등의 현대적인 재료를 접했고 재료와 구조적인 특성을 연결한 공간적인 가능성에 큰 관심을 갖게 되었다.[11] 그의 수많은 이론 중 대표적인 것은 1922년의 도시계획이론 '인구 300만의 도시를 향하여'가 있다. 또한 1925년 파리 장식미술 박람회의 에스프리 누보관, 빌라 사보아(1929), 그리고 파리의 시떼 유니베시떼(대학 국제기숙사 촌)에 있는 스위스관(1931~32)은 그의 초기 건축물 중 가장 뛰어난 것으로 평가받고 있다.

1930~1940년은 세계적인 경기악화로 건축계가 침체한 시기다. 르코르뷔지에는 이때 후기 건축활동으로 형태와 공간, 그 분위기 등에서 종합예술작품으로 불릴 수 있는 롱샹 교회(1950~55), 마르세이유의 사회생활을 재구성한다는 목표로 가족생활의 프라이버시를 엄격하게 지키면서 도시생활의 다양성을 담은, 조선소 노동자들을 위한 대규모 집합주택인 유니떼 따비따시옹(1946~52)과 리옹 근처에 라 뚜레뜨 수도

---

9 주장하는 주요 내용은 '새로운 방향이 시작되었다. 새로운 정신이 탄생했고 지금까지의 건축은 과거의 양식적 관행으로 질식되었는데 양식은 거짓이다'라고 요약될 수 있다(빌 리제베로의 책 p.365 참고).

10 기둥은 독립하여 건축의 개방된 공간을 관통하여 세워져야 하며, 주택은 필로티 위에 서 있어 공중에 떠 있는 모양으로 계획됨 / 외벽뿐 아니라 내부의 칸막이벽도 골조와 벽이 기능적으로 분리하고 내벽의 위치 또한 자유로워짐 / 자유로운 평면: 내부 칸막이벽의 자유로운 구성으로 자유로운 평면을 계획 / 도미노 구조의 결과, 파사드의 자유로운 구성 / 옥상정원을 주택의 공간적인 연장으로 간주하여 평지붕과 옥상정원을 권유

11 파리에 정착하기 전, 1914년 당시 순수파의 경향을 보였던 르코르뷔지에는 철근 콘크리트로 기둥과 슬래브만으로 된 도미노 시스템을 고안하여 벽체가 하중을 지탱하는 것에서 완전히 해방되도록 하는 구조를 발표했는데 이로 인해 그의 작품은 독특하게 발전하기 시작했다.

롱샹 교회(1955). 이 교회는 표준과 합리성을 뛰어넘는 새로운 시도라는 극찬을 받았다.

원(1960)을 건축했다.

환경과 호흡하는 건축, 프랭크 로이드 라이트

미국 중서부 초원지대인 위스콘신주에서 태어난 라이트(1867~1959)는 위스콘신대학에서 토목을 공부하다 중퇴하고, 1885년부터 시카고 루이스 설리번 사무실에서 일한 후 1893년 독립하여 그의 역사적인 건축 작업을 시작했다. 그의 건축활동은 크게 3기로 구분하는데, 프레리 하우스(초원주택)를 지은 제1황금기(1893~1910), 일본의 제국호텔을 설계한 상실의 시대(1911~35), 그리고 유소니안 하우스를 설계한 1936년 이후 말년까지의 제2황금기로 구분된다. 그는 미국의 독자적 건축을 모색하면서 플로링 스페이스(Flooring space)[12]와 '유기적 건축'을 표방해 자연과 융화하는 건축을 했다. 1893년 시카고박람회를 계기로 동양과 일본 건축에 관심을 갖게 되었고, 1894년 공공 연설에서 처음으로 '유기적(organic)'이라는 말을 사용했다. "당신의 주택이 그것의 장소로부터 쉽게 확장될 수 있고, 그곳 자연이 근사하다면, 그곳의 환경과 호흡을 같이하게 하라. 그렇지 않다면 건축물이 마치 그런 기회를 가졌던 것처럼 그 장소에 조용히 자리를 잡도록 하라." 라이트의 세 가지 유기적 건축 원리는 시간의 흐름, 장소적 특성, 인간적 요구(기능)다.

로비 하우스(1909)는 라이트가 고향인 위스콘신주 평야의 수평선에서 영감을 받았다는 '프레리 양식(Prairie Style)'을 대표하는 작품이다. 노출된 발코니와 둘러싸인 테라스, 석회석의 뚜껑이 씌워진 벽돌로 된 벽과 수평성이 강조된 지붕이 조화를 이루고, 수직 요소인 굴뚝과 스

---

12 건축 각각의 공간을 상호 관입시키는 방식

프랭크 로이드 라이트의 세 가지 유기적 건축 원리

시간적 흐름	20세기 건물은 17세기 건물을 모방해서는 안 된다. 과거의 건물은 현대에 더 이상 적용될 수 없는 과거만의 삶의 방식과 사회양식 등을 반영하기 때문이다.
장소적 특성	장소에 적합하려면 주위 환경과 경관을 가장 잘 이용해야 한다. 프레리 양식의 집들은 지평선을 따라 확장되도록 만들어졌으며 주거 층은 위로 올려서 주변 환경의 경치를 감상할 수 있도록 했다. 낙수장은 건물과 장소가 조화를 이루는 대표적인 사례다.
인간적 요구	건물은 인간을 위해 있는 것이므로, 구조에서도 인간을 단위 길이로 사용했다. 건물의 리얼리티는 벽이나 천장이 아니라 그 속에 살고 있는 사람의 '공간'이기 때문에 그는 초기의 집에서 건축적 공간을 자유화했다.

테인드글라스 창문의 장식성이 연합하여 이루는 조형미가 특히 뛰어나다. 수평성을 강조하기 위해 얇고 납작한 벽돌(Roman Brick)을 특별히 주문 제작했으며, 세로의 모르타르 연결 부분은 벽돌색과 동일하게 채색하여 수평으로 일관된 느낌을 부여했다. 주택의 한가운데 위치한 벽난로가 주택의 중심이 된다는 개념은 외부로도 이어져 지붕의 처마선이 수평으로 무한 확장하는 특유의 공간감이 일품이다. 높이에 다양한 변화를 준 실내공간은 길게 개방되어 있으며, 벽난로, 가구는 물론 카펫, 조명기구, 스테인드글라스 하나까지도 손수 디자인했다. 이 집은 시카고대학에 기증된 후, 1963년 국가문화재로 지정되었다.

카우프만 주택(일명 낙수장, 1936)은 라이트가 동서양의 건축 미학을 모두 담아 설계한 걸작 중 하나다. 계곡을 낀 자연 속에 건축이 극적으로 어우러진 모습에서 그의 동양적 사고를 읽을 수 있다. 수평과 수직이 잘 결합한 입체 조형의 풍부한 해석과 내부와 외부 공간의 상호관입(내외부공간 사이에 새로운 공간이 들어옴으로써 공간의 위치 관계가 서로 얽혀 있는 상태), 적절한 재료의 사용, 공간의 연속성과 구조의 조형성을 추구한 유기적 건축의 원숙한 경지를 느낄 수 있는 작품이다.

피츠버그 백화점의 소유즈 에드가 카우프만 시니어를 위해 주말 주택으로 지어진 이 집은 모더니즘과 아메리카의 자연을 혼연일치시킨 건물로 가장 큰 특징으로는 한쪽 끝이 벽면에 고정되어 기둥 없이 바깥쪽으로 쭉 뻗은 형태인 컨틸레버 구조를 꼽을 수 있다. 또한 3층의 침실은 수평을 강조하면서 수직의 벽과 어우러져 공간적 관통과 겹침을 아름답게 연출했다. 초기의 프레리 하우스를 거쳐 그가 도달한 유기적 건축의 세계가 카우프만 주택에서 마음껏 그 날개를 펼쳤다고 할 수 있다.

로비 하우스(1909). 라이트의 프레리 양식을 대표한다.

라이트가 직접 디자인한 로비 하우스의 창(1909)

낙수장(1936). 동서양 건축 미학이 모두 담긴 걸작이다.

구겐하임 미술관(1959). 계단이 없는 나선형 구조를 가진 호화로운 건축이다.

마지막으로 구겐하임 박물관(1956~59)은 미국 철강계의 거물이자 자선사업가인 솔로몬 구겐하임이 수집한 현대미술품들을 전시하기 위해 세운 건축물로 1943년 라이트의 설계에 따라 착공해 1959년 완성되었다. 큰 달팽이 모양의 외관과 탁 트여 통풍이 잘 되는 천장을 중심으로 한, 계단 없는 나선형 구조를 가진 대담하고 호화로운 건축이다. 더욱 자유스러워진 라이트 말년의 작품으로 하나의 중심적인 개념에 의해 건물의 내용과 형식을 표현했다.

구겐하임 박물관은 경사로를 통로인 동시에 전시공간으로 사용하는 것이 기능 면에서 비판을 받기도 했는데, 여기서도 대형 내부공간의 확산을 위해 천창이 적극적으로 사용되었다. 모던한 분위기를 풍기는 이 건물은 설계 초기에 당시 주변 고급 주택가의 클래식한 분위기를 망친다는 등 커다란 논쟁을 불러일으켰고, 1959년 완공되기까지 16년이라는 오랜 시간이 걸린 하나의 '작품'이다. 라이트는 이 건물의 준공을 6개월 앞두고 사망했다.

고층건물과 공업화 건축

르코르뷔지에의 대표작인 유니떼 따비따시옹은 1950년대의 건축에 큰 영향을 미쳤는데, 특히 당시 고층 아파트의 전형적인 설계방식처럼 간주되었다. 고층건물의 높이가 갖고 있는 고립감이나 외부 공간의 부족 등 제반의 여러 문제들을 해소하고자 지상층에는 광범위한 조경을 계획한 후 건물 내부에는 생활을 위한 편의시설을 배치하고 주민들을 위해 옥상정원을 두는 등 기존에는 찾아볼 수 없던 주거생활에 대한 창의적인 배려가 돋보인다. 그러나 유니떼 따비따시옹의 주민들이 느끼는 고립감이 상대적으로 컸다. 높아지는 주거 밀도와 외부공간과 접촉

이 어려운 환경은 거주자들에게 스트레스를 주고 공동체 의식이 약해지는 부작용을 낳았다. 프라이버시가 과도하게 노출되는 단지의 경우에는 불안감까지 조성되었다.

세계대전을 겪은 후 유럽 국가들에서는 '공업화 건축'을 통해 주택 문제를 해결하려는 다양한 시도가 있었다. 당시 공장에서 조립식으로 제조한 건물을 현장에서 작은 노동력으로 효과적으로 빠르게 조립하는 방법이 인기를 끌었다.[13] 그러나 구조물 조립 공정 가운데 출발이 되는 최초의 부재인 단위 부재를 저층부터 고층까지 단순히 수직적으로 쌓아올리는 이 방법은 건물의 입면을 매우 진부하고 단순한 모양으로 만들게 된다. 정밀한 마감이 가능하다는 장점이 있는 반면 일정한 세대수를 넘으면 이런 단점이 있었던 것이다.

한편 영국에서는 전쟁 후 심각한 물자난을 겪으면서 경량 구조방식을 고안해 학교 건축에 적용했는데 이는 매우 성공적인 건설방식이었다. 경량 구조방식의 학교 건축을 위해 특별히 고안된 표준화한 부품의 사용으로 당시 100여 개의 학교를 단기간에 건설할 수 있었다. 빠른 기술의 발전에 힘입어 곳곳에서 사회적인 진보와 미래에 대한 기대감이 확대되었고, 아파트 단지와는 다른 사무실 위주의 고층건물들이 곳곳에 들어서게 되었다.

필립 존슨과 미스 반 데어 로에에 의해 설계된 뉴욕의 시그램 빌딩(1956), 네르비가 설계한 30층이 넘는 밀라노의 피렐리 타워(1957)가 그 예다. 이밖에 루이스 칸의 리처드 의학연구소(1957)는 입체적인 입

---

13 이 시스템은 프리캐스트 콘크리트를 사용해서 단위부재인 벽과 슬래브 바닥판은 공장에서 만든 뒤 현장으로 운반해서 각 부재의 접합 부분만 맞춰 볼트로 조립하는 매우 간단한 방법이었다. 철근 콘크리트 분야에 충분히 익숙한 프랑스는 이 분야에서 유럽 여러 국가 중 선두를 달릴 수 있었다.

시그램 빌딩(1956). 오피스 빌딩의 전형을 만들었다는 평가를 받는 38층 높이의 빌딩

밀라노의 피렐리 타워(1957). 현대 고층건물의 초기 모습을 보여준다.

면의 처리방식과 낭만적인 스카이라인 등 현대적인 건축을 지향했고 요른 웃손이 설계한 시드니 오페라하우스는 지금까지도 인정받는 낭만적인 건축물이다.

1960년대로 들어서면서 근대 건축의 모습은 미국과 유럽의 여러 나라들에서 인본주의와 충돌하는 등 사회적인 상황과는 모순되는 모습을 보인다. 그 위에 자연스레 발생한 사회적 저항운동이 1968년에 절정에 달하면서 모더니즘은 실패한 양식으로 인식되었다.

근대 건축에 대한 내용은 여기서 마무리하고 이제부터 현대 건축에 대해 살펴보기로 하자.

3

현대적 이념의 건축과 미래 1

절충주의와 포스트모더니즘

주요 이념을 중심으로 대표적인 현대 건축물에는 어떤 것이 있고, 그러한 작업을 한 현대 건축가들로는 어떤 사람들이 있는지 살펴보자.

1960년대 근대 건축의 쟁점

모더니즘(Modernism)은 소수 엘리트만의 운동이었던 탓에 대다수의 사람들에게 미학적으로 친밀감을 주지는 못했다. 인간의 보편적인 행동에 관련된 문제를 등한히 하고, 개별적 사회집단의 특성을 제대로 파악하지 못한 것이 큰 원인이었다. 근대주의 운동이 진행되던 사회적 상황은 건축에 인간적 요소 및 다양성을 반영하기 힘들도록 만들었다. 게다가 기술적 문제들이 사회적 문제들보다 중요하게 다뤄지는 분위기도 큰 영향을 미쳤다.

1954년에 만들어진 유럽 출신 건축가들의 모임인 '팀텐(Team X)'은 모더니즘의 모순을 지적하면서 인간이 물리적 환경과 다시 일치되

1954년에 만들어진 유럽 출신 건축가들의 모임인 팀텐은 모더니즘의 모순을 지적하면서 인간이 물리적 환경과 다시 일치되어야 한다고 주장했다.

어야 한다고 주장했다. 팀텐의 일원이었던 피터 블레이크는 모더니즘이 기능, 오픈 플랜, 순수성, 기술, 고층건물, 주거문제 등에서 실패했음을 다음과 같이 피력했다.[14]

피터 블레이크가 주장한 모더니즘의 실패 이유

기능주의 환상	형태가 반드시 기능을 따르지는 않는다.
오픈 플랜의 환상	오픈된 공간은 개인 혹은 소그룹의 프라이버시 손실 및 소음, 비인간적 실내환경 등의 문제를 발생시킨다.
순수성의 환상	장식은 죄악이라는 근대 건축의 단순성은 또 다른 치장을 만들어냈으며, 재료 개발과 단순성과 정밀성을 추구하기 위한 비용을 증가시킨다.
기술의 환상	대량생산, 대량공급, 개별 특성을 무시한 규격화, 기술적 미숙 등의 문제가 발생했다.
고층건물의 환상	인간의 상호관계, 인간과 자연환경의 격리문제 등이 심화되고, 단순하고 획일적인 도시 경관상의 문제가 발생한다.
주택문제	비인간적 주거단지 구성, 획일적 아파트 단지와 주차장 위주의 옥외 공간 등이 주거문제 해결과는 거리가 먼 방법으로 진행되었다.

14 피터 블레이크, 『근대건축은 왜 실패하였는가』, 윤일주 옮김, 기문당, 1986.

모든 양식을 이용한 새로운 시도, 절충주의

절충주의(Eclecticism)는 고대 그리스, 로마 시대의 신고전주의 건축과 고딕 양식 위주의 낭만주의 건축의 양식에 얽매이지 않고, 건축사에 등장한 모든 양식을 이용해 새로운 양식을 시도하려는 움직임이다. 모더니즘으로 분열된 건축의 역사를 결합하고, 기능주의와 국제 양식에 대응하기 위한 것이었다. 절충주의는 역사적으로 긍정적이며 현대적인 것을 저항 없이 받아들이며, 포스트모더니즘의 자유성에 반대하면서 새로운 해석을 제시했다.

대표적 절충주의자인 필립 존슨은 역사, 도면, 유용성, 경제성, 고객 봉사, 구조와 창조 등 현대 건축의 7가지 원리를 제시했다. 존슨은 글라

글라스하우스(1949). 투명한 유리상자를 연상시키는 이 건축물은 주변의 자연세계에 활짝 열려 있어 내부에 들어서도 집 밖에 있는 듯한 착각을 불러일으킨다.

게스트하우스(1959). 글라스하우스를 찾는 손님들을 위해 지은 것으로 벽돌로 지어 브릭하우스라 부르기도 한다.

링컨센터의 뉴욕 주립극장(1964). 콘크리트와 유리로 된 장엄한 현대식 건물이다.

스하우스(1949), 게스트하우스(1959), 링컨센터의 뉴욕주립극장(1964), 예일대 클라인생물학연구소(1966)와 AT&T 빌딩(1984) 등 대표적인 건축물에 절충주의를 반영했다.

1980년대 포스트모더니즘

고전주의의 부흥은 건축에서 역사주의로 크게 변화하면서 포스트모더니즘이라는 사조를 만들었다. 이는 미셸 푸코, 페르디난드 소쉬르, 롤랑 바르트와 자크 데리다 등 여러 분야의 사상가들에 의해 시작되었다. 불확실성, 상대성, 아이러니, 숨겨진 의미를 내포하는 변화의 세계 등을 표현하면서 이후 소설, 영화, 희곡 같은 영역에도 큰 영향을 미쳤다.

건축 분야에서는 1975년 찰스 젠크스가 그의 논문 〈포스트모던 건축의 부상〉에서 포스트모던의 개념을 처음 사용한 것이 시발점이 되었다. 이후 『건축의 복합성과 대립성』의 저자인 로버트 벤투리의 초기 공동주택 길드하우스에서 볼 수 있는 것처럼, 근대 건축이 표방하는 모든 것들에 대한 적대적인 대응이 하나의 양식이 되었다. 레온 크리에와 콜린 로우가 그 개념과 특성[15]을 확립함으로써 포스트모더니즘은 1980년대 건축의 주류를 이루었다. 하지만 과제는 산적해 있었다.

다원주의 건축을 주장한 포스트모던 건축은 지역성과 정통성을 고전으로 회귀시키지 않으면서 합리성, 총체성을 바탕으로 국제주의와 권위주의를 지향하는 모던 건축의 흐름을 어떻게 유도할 것인가 하는 문제에 봉착했다. 또 여러 건축양식을 혼합시킨 '임의적인 것(anything

15 포스트모던 건축의 특성은 국제주의 대신에 지역주의의 발생, 자율성 대신 상대성을 강조, 새 것과 옛 것의 조화 등이 있다.

슈투트가르트 국립미술관[1877(구관), 1984(신관)]. 제임스 스털링이 기존 건축물과의 조화를 염두에 두고 건축한 독일의 미술관이다.

goes)'이 포스트모던이 아니고 또 그와 관련된 절충주의를 비난한다면 진정한 포스트모던 건축의 내용을 건축과 공간에 어떻게 표현해야 할 것인가. 모던 건축은 대량생산이나 기계미를 추구함으로써 기존의 도시맥락을 무시한 건축이 되어 인간성이 상실된 건축이라는 지적을 받았다.

당시 포스트모던 건축이 이러한 맹점들을 과연 극복할 수 있을 것인가 하는 의문이 심각하게 대두되었다. 대표적인 포스트모던 시기의 건축물로 제임스 스털링의 슈투트가르트 국립미술관(1877(구관), 1984(신관))이 있다. 기존의 공간구조에 건물을 완전히 통합시키고 활기찬 공간리듬을 만들어내기 위해 갖가지 형태, 형상, 개방 공간 등을 조화시킴으로써 역사 도시가 안고 있는 도시 보존, 맥락주의에 대한 문제에 답했다. 역사적 건축 요소를 정확히 적용하기보다 변화된 것을 응용했는데 건축 비평가 로우는 건물에 출입구로 이용되는 정면 외벽이 없는 것을 두고 '잃어버린 얼굴'이라 비판했다. 또한 스털링은 도시건축적 개념을 도입한 박물관을 설계했고 이 박물관을 통해 다양한 형태와 제스처의 종합과, 모순되는 양식과 표현형식을 한데 합하는 데 성공했다.

고전주의적 포스트모던의 활발한 전개

1980년 이래 건축에서 가장 중요한 발전은 고전주의적 포스트모던의 공용화된 언어의 결합이었다. 새로운 혼합양식이 등장한 이유는 고전적인 원형을 되살리기 위해 방법상 새로운 시도를 했기 때문이다. 이러한 결합은 근대적 도시주의에 대한 부정의 결과로 이뤄졌고, 또한 포스트모더니즘이 전통을 의식하게 되었기 때문에 나타났다.

로버트 벤투리의 작업들 중 프린스턴대학은 후기 고딕 양식과 엘리자베스시대의 재생적인 건축양식의 몇 가지 기호를 응용하면서 암시적인 표현을 사용하고 있다. 이들 기호는 표현적으로 동질성이 아닌 이형성을 나타내고 있는데 이를 위하여 이질적인 건축적 요소를 사용했다.

마이클 그레이브스의 건축 작업은 포스트모던적 고전주의의 규범적 양식을 실제적 형태로 발전시키며 고전적 형태의 기초, 즉 주두를 사용하는 등 포스트모던의 혼성적 언어를 바탕으로 시립 도서관과 나팔 모양의 처마장식, 인간 모양의 정면 등을 만들었다. 옥상정원을 떠받치고 있는 철과 무거운 금속 트러스를 통해 고전적 요소를 인용하며 건물의 구성에 고전적 3단 구성을 사용한 그의 건축물로는 휴마나 빌딩(1982)이 대표적이다.

스페인 리카르도 보필 또한 고전적 포스트모더니즘의 대표 건축가다. 그는 과할 정도로 고전적인 언어가 표현된 건축작업을 했다. 그가 지은 월든 7(1974)은 스페인 바르셀로나에 위치한 미래형 주택으로 거대한 큐브와 같은 모습을 하고 있다. 아파트는 멀리서 봤을 때의 고전적인 감상이 가까이에서 디테일을 보면 사라질 만큼 조립식 부품을 짜맞춘 듯 지루함을 느끼게 한다. 이외에도 중정 광장의 소음문제, 향을 무시한 주거공간의 문제 등 여러 가지 문제가 있는 건축물이다.

마이클 그레이브스가 지은 휴마나 빌딩(1982). 건물의 구성에 고전적 3단 구성을 사용했다.

한편 이탈리아의 대표적인 실내 건축가인 가에 아울렌티가 기차역이었던 건물을 현재의 오르세 미술관(1980)으로 훌륭하게 재건축했다. 여기에는 공명과 함축, 상징주의의 두 모습이 잘 나타나 있고, 19세기

월든 7(1974). 거대한 큐브와 같은 모습을 한 스페인의 미래형 주택이다.

오르세미술관(1980). 과거 오르세 역이었던 건물을 가에 아울렌티가 개조하여 19세기 작품들을 주로 전시하는 미술관으로 재탄생시켰다.

로우즈 워프(1987). 보스턴 항구에 포스트모던적인 모습으로 들어선 모습이 눈에 띈다.

교회당 형태의 모습으로 개조되어 운동과 집회를 위해 사용된 신전의 분위기를 풍기기도 한다. 현재까지도 우리 시대의 가장 인상적인 상징 건축물 중 하나로 1980년대에 지은 최고의 건축물로 인정받고 있다.

그리고 보스턴 항구에 지어진 로우즈 워프(1987)는 1960년대 항만 재개발을 목적으로 지어진, 사무 및 콘도미니엄 등의 주거 기능을 가진 아치 형태의 복합 건물로 고속도로로 단절된 도심 근처의 항구에 포스트모던적인 모습으로 들어서 있다.

4

현대적 이념의 건축과 미래 2

해체주의와 하이테크 건축

철학과 건축의 연계 : 데리다와 해체주의 건축

해체주의 건축은 해체주의 철학(데리다의 이론)을 사상적 기초로 러시아 구성주의의 영향을 받아 1988년경부터 시작되었다. 전통적인 건축 개념에 도전해 단편성, 불균형성, 경사성, 사각 등을 특징으로 하는 건축 사조로 특정 기하학을 바탕으로 서로 다른 기하학이 충돌하도록 중첩해놓은 듯한 디자인을 추구했다.

해체주의의 특징은 전통적으로 인정받은 것들을 뒤집고, 기존 개념에 의문을 제기, 명백히 구별되어 있는 카테고리를 의도적으로 뒤엎을 뿐 아니라 정해진 우열 순위와 그 개념 체계의 해체까지 시도한 것이다. 또한 숨어 있는 모순을 지적하고, 서구적, 이론적인 형이상학을 중성화하고자 했다.

해체주의 이론과 건축은 철학에서 건축에 대한 논의를 바탕으로 건축의 미적 형태를 강조하는 것으로 건축 형태의 현존과 철학적 논쟁을 건축적 은유로 표현했다. 그러나 해체주의의 성향은 이론을 이해하기 어렵고 건설된 건축물이 아직 미미하다는 한계가 있었다. 형태적으로 도시적인 배경을 무시하고 하나의 건물을 목표로 간주하고 전통적인 도시조직과 대조적이며 단일 건물을 도시보다 더 중요시하는 경향이 강한 것이 이유였다. 해체주의와 모더니즘은 모두 추상적인 형태에 대한 선호, 전통에 대한 거절, 기술적인 것에 대한 환상, 아카데미즘에 대한 환멸 등의 유사성이 있는 반면, 근대운동의 기본적이고 이념적인 전제, 즉 기능주의, 구조적 합리주의, 사회적 신념 등은 따르지 않았다.

해체주의 건축 작품의 특성은 비대칭성, 비리듬성, 불확실성을 추구하며 기하학적인 것이나 기능주의적인 전제를 무시하고, 따라서 중심성과 통일성이 없으며 계층질서가 없다는 것이다. 해체주의 경향을 보이는 작업은 프랭크 게리, 피터 아이젠만, 베르나르 츄미와 자하 하디드 등 여러 건축가들에 의해 진행되었다. 프랭크 게리는 현재까지도 시각적으로 형태상의 특징이 두드러지는 건축을 추구하고 있다.

게리의 건축은 전통적 건축 형태로부터의 과감한 이탈을 주도했다. 그는 “건축이란 본질적으로 3차원의 오브제인 까닭에 조각이어야 한다”면서 건축을 재정의했다. 기존의 건축 소재인 철골과 콘크리트 대신 아연도금 철판, 철조망, 드러난 채로의 미송합판 등의 공업적 소재의 건축재료와 연속적 굴곡면 등을 사용하여 건축물을 형상화했으며, 디자인 개념은 기존의 논리와 규칙, 질서, 사고형식에 얽매이지 않는 자유로운 형태를 선호했다. 우연과 영감에 의한 자유로운 곡선을 자연과 주변환경 그리고 자신의 경험을 통해 공간에 도입한 것이다. 게리의 건축은 대중적인 취향에 맞으며, 주변의 문맥이나 건축부지가 갖고 있는 문화적 분위기를 대변한다. 대표적인 작품 중 20세기에 작업한 그

프랭크 게리의 주요 건축

	**게리 자택(1978)**: 기존의 모더니즘과 국제건축에 대한 하나의 반항이자 실험이며, 동시에 새로운 건축의 부상을 상징하는 의미, 정해진 질서나 틀에서 일탈하고자 형태의 돌출이나 삽입 등 시각적으로 과격한 형태 구성을 시도한다. 그리고 이를 통해 예기치 않게 발생하는 다양한 실내 공간은 기존의 공간개념을 깨면서 새로운 체험을 하게 한다.
	**캘리포니아 항공우주박물관(1984)**: 미래적 건물 형태, 금속 재료의 사용, 제트비행기로 항공우주박물관임을 시각적으로 드러내는 등 기존의 건물과 박물관의 개념을 깨뜨렸다.
	**물고기 레스토랑(1989)**: 일본 고베에 위치한 이 비정형적 형태의 공간은 규격화되고 형식화된 삶과 공간에 지친 도시인들에게 예기치 않은 공간을 제공한다. 물고기는 레스토랑과는 아무런 관계가 없으며 자신의 어린 시절의 기억을 나타내는 중요한 신화적인 텍스트로서 작용한다.
	**시아트/데이 빌딩(1991)**: 이 망원경 건물은 광고회사의 건물로 곡선의 부드러움과 일상적 친근감이 느껴지며, 대부분의 딱딱한 상자형의 입방체로부터의 해체를 지향하여 건축에 대한 기존의 개념을 무너뜨린다. 망원경의 2층에는 작은 사색실이 있다.

의 주요 건축물들은 위와 같다.

뉴욕 출신의 피터 아이젠만은 해체주의의 건축적 흐름을 주도하는 대표적 건축가다. 1960년대 말에서 1970년대 초 주택 건축 형식에 영향을 미친 르코르뷔지에와 쥬세페 테라니의 순수주의의 영향으로 그리드를 기본으로 한 육면체의 정형화된 형태를 도입했다. 1980년대와 1990년대에 그리드의 틀은 변형된 해체적 경향의 자유로운 형태를 사용했고 구조주의와 포스트 구조주의적 언어관 모두에 영향을 받아 이를 자신의 건축원리로 응용했다.

미국의 구조주의 언어학자 노암 촘스키와 포스트 구조주의 철학자인 자크 데리다로부터 각각 변형생성문법이론과 해체이론을 받아들여

피터 아이젠만의 콜럼버스 컨벤션 센터(1993)(위키미디어 ⓒ Richie Diesterheft, www.flickr.com/photos/10058483@N00/5086981665)

그것을 건축에 접목시켜 '변형'과 '분해'로 특징지을 수 있는 해체주의의 건축 이론을 펼쳤다. 오하이오주립대학 웩스너 시각예술센터(1989)[16]와 고이즈미 조명회사 사옥(1990)[17]과 콜럼버스 컨벤션센터(1993)[18]가 해체주의 형식으로 계획된 대표 건축물이다.

베르나르 츄미가 1998년에 설계한 파리 라빌레뜨 공원의 작업도 대표적인 해체주의 경향의 건축이다. 당시로서는 획기적인 아이디어로 21세기를 지향하는 미래의 실험공원을 창조했다. 환경에 해체주의 개념

16 오래된 건물인 병기고의 단편적인 복원은 역사 회복의 불가능을 의미하며, 현재의 시간에서 역사를 회상하고 기억의 계속적인 변화를 요구, 건물을 가로지르는 정방형 백색 프레임은 기존 건물과 신축된 갤러리 및 예술공간을 연결하거나 완충해주는 구성을 취한다.

17 일본 도쿄에 위치하며 영화관과 점포가 있는 조명회사 복합빌딩. 건물의 상층부에 그의 'L자형 이론'을 바탕으로 바닥까지 기울어져 있는 큐브와 들어올린 한쪽 면이 도시의 난잡함과 어지러움을 표현하며 해체주의 건물의 특징이 나타낸다.

18 서로 색이 다른 비슷한 형태를 통해 전시 공간과 공공구역을 구분하고 있으며, 장방형 매스로 변화와 반복을 피하면서 전체적으로 자연스러운 리듬을 형성, 좁고 수평적인 외벽선의 반복과 축이 바뀐 격자 형태의 매스가 돌출되어 반복된다.

을 도입해 미래 도시환경에 실험정신을 구현했으며, 인공운하를 따라 점을 찍듯 공원 전체에 반복적으로 서 있는 폴리라는 붉은색 건축구조물은 건축에서 해체주의적 양식이 태동하는 계기가 되었다.

이라크 출신의 건축가 자하 하디드 건축의 특징으로는 새로움의 파급인 동시에 이를 뒷받침하는 뛰어난 회화성을 들 수 있다. 하디드의 건축작업은 아이디어를 집대성하는 드로잉, 미세한 부분인 가구까지 그리는 렌더링, 그리고 이를 에워싸는 표피로서의 건물 만들기로 요약된다. 작품은 관찰자로 하여금 신선한 충격, 시각적 긴장감을 느끼게 하는 형태적, 공간적으로 강한 유인력을 갖는다. 평면과 입체적 구성 측면에서는 기존의 상식적인 방법에서 탈피하는 추상적 경향이 뚜렷하다. 비트라 소방서(1994), 로젠탈 현대미술관(2004), BMW 센트럴 빌

자하 하디드의 동대문 디자인 플라자(2014). 건축 콘셉트는 역사적·문화적·도시적·사회적·경제적 요소들을 통합하여 하나의 풍경으로 창조하는 것이었다. 디자인의 특징은 직선이나 벽이 없는 공간적 유연성과 최소한의 실내 기둥으로 우주공간처럼 느껴지는 대규모 공간감을 구현한 것이다.

서울대 미술관(2006). 건물 내부는 중앙 계단을 통해 교육·전시 공간 등으로 나누고, 공간의 활용성을 높이기 위해 기둥 없이 철골 트러스 구조로 지었다.

딩(2005)과 파에노 과학센터(2005) 등이 대표작이다. 우리나라의 동대문 디자인 플라자(2014)도 그의 작품이다.

또 한 명의 해체주의 건축가 렘 콜하스는 네덜란드 로테르담 출신의 건축가로서 뉴욕 대도시 문화가 건축에 미치는 충격을 분석하고 그 이론을 전개한 「정신착란증의 뉴욕」이란 연구논문을 발표해 국제적 명성을 얻게 되었다. 그의 건축은 '자유'와 '새로움'으로 상징화된다. 1996년 동료들과 함께 출간한 건축서적 『S, M, L, XL』은 도시의 복잡하며 중앙의 통제 밖에 놓여 있는 산발적인 개발의 문제점을 통해 현대 건축의 화려함과 그 이면의 우울함을 분석하며, 정치와 경제와 세계화가 건축에 미치는 영향을 독특한 방법으로 기록했다. 그의 대표적인 건축으로는 일본 후쿠오카 시의 공동 주거 프로젝트 넥서스 월드의 집합주택 9, 10호동(1991), 시애틀 중앙도서관(2004)과 서울대 미술관(2006) 등이 있다.

현대적 하이테크 건축

신기술과 새로운 공법, 그리고 구조적인 발달에 따라 하이테크 건축이 등장한다.

20세기 초 이탈리아 미래파와 러시아 구성주의가 예시했던 기능주의적 기계미학의 건축이념에 영향을 받았으며, 또한 미스와 아키그램, 버크민스터 풀러, 프라이 오토, 콘라드 왁스만 등의 공업기술 중심의 유토피아 건축을 참고해 전개되었다.

하이테크 건축의 구성원리는 공업생산에 의해 규격화, 표준화된 새로운 재료와 부재를 신기술, 신공법을 통해 적극적으로 건축에 사용해 기계미를 표현하는 것이다. 공업기술을 적극 이용해 기술적 이미지를 과장하고 고도의 기계적 서비스가 제공되는 양질의 평면과 공간을 제공한다.

노만 포스터는 대표적인 하이테크 건축가로 신 공업기술을 바탕으로 대담한 구조, 경쾌한 공간, 선진기술을 구사하면서 인간과의 조화를 망각하지 않는 편리한 공간창조를 위해 노력한다. 인간생활의 질을 개선하고자 고도의 기술을 건축에 적극 사용, 자연과 인공의 대조적 아름다움, 경쾌하고 개방적인 전시공간 등 독특한 공간 연출을 구사한다. 그 위에 기능성을 높이기 위해 발명과 고안을 거듭함으로써 단순하고 합리적이고 역동적인 가능성을 추구할 수 있는 형태를 사용한다.

각종 산업기술에 쓰이는 정확한 공법과 컴퓨터화된 생산기술이 조화를 이루어 구조적 대담성과 효율적인 기능을 합리적으로 창출한 인텔리전트 빌딩의 대표격으로 평가되는 홍콩 상하이은행(1986)과 자연광을 유도하도록 고안된 우산형의 구조 모듈의 연속을 기본 시스템으로 계획한 르노사 부품배송센터(1983), 그리고 에너지와 환경생태학적

홍콩 상하이은행(1986). 홍콩의 에너지와 자신감을 표현한 노만 포스터의 작품

인 개념을 도입한 초현대식 건물로 8층마다 4층 높이의 정원을 계획하여 생태학적인 건물로 설계한 콤메르츠 뱅크(1992)은 하이테크 건축설계의 효시다. 그 위에 라이히 슈타크 독일 의사당(1999)은 그의 건축적 기교와 환경에 대한 감수성 그리고 빛과 선을 창조적으로 사용하는 능력을 보여주는 작품이다.

40년 이상 왕성한 활동을 해온 영국 건축가 리처드 로저스의 경우 공업 생산된 부품과 조립식 공법을 이용하여 세련되고 독창적인 기계미학을 건물에 실현하고 있다. 그는 모더니즘의 역동성, 건축 재료의 성실한 사용, 새로운 기술의 실험, 조각적인 구조 등을 계승할 것을 주장하며 기계적 이미지의 건물들에 움직임을 가미해 생물화하고, 건물에서 구조, 설비, 동선체계 등의 기계처럼 움직이는 부분을 외관에 드러내 보임으로써 생물적 이미지를 보여주는 독창적 형태를 창조하고 있다.

그의 가장 대표적이고 혁신적인 건물은 렌조 피아노와 함께 지은 파리의 문화예술공간 퐁피두 센터(1977)이다. 이 건물은 건물의 내부를 개방적으로 만들기 위해 기계, 설비 등을 모두 건물 외부에 두고, 여러 접근 수단도 내력구조 요소에 설치하여 방문객의 흐름을 유도한다. 진입로를 향해 내리막으로 경사가 있도록 계획한 광장은 모든 이용자들에게 훌륭한 공간을 제공한다. 또한 로이드 보험회사(1986) 건물은 내부의 복잡성에도 불구하고 전체적인 개념은 극도로 단순하고 논리적이며 그리드에 입각한 체계적인 디자인임에도 부정형의 부지나 주변의 도시적 분위기에도 충분히 어우러지는 하이테크 건축의 대표작이다.

퐁피두 센터(1977). 건축 역사상 최초로 노출 구조를 도입했다.

스마트 기술을 바탕으로 한 현대와 미래의 건축

공간과 형태의 표현은 기술과 재료의 발전에 힘입어 현실적으로 풍성해진다. 해체주의적 건축가 프랭크 게리의 댄싱하우스(1995)의 경우 할리우드의 전설적인 두 댄서의 춤추는 모습을 은유적으로 표현했고, 구겐하임 빌바오미술관(1997)은 공업도시 빌바오의 옛 공업지역에 위치하며, 쇠퇴한 공업도시를 문화도시로 탈바꿈시키는 지역 재개발의 첫 단계를 상징하는 건축물로 수많은 건축인들에게 형태적인 가능성을 보여주었다. 외장재료로 스페인 그라나다산 석회석과 티타늄을 사용했는데, 특히 티타늄은 환상적이고도 신비스러운 모습으로 네르비온 강물과 대칭된다.

또한 디즈니 콘서트홀(2003)은 자연채광을 잘 살린 로비, 오케스트라 무대를 둘러싼 포도송이 모양의 객석 배치, 물결 모양의 천장 등 기존 관념을 깨는 아름다운 실내공간을 연출했다.

하이테크 건축가 노만 포스터 역시 기술과 더불어 형태적인 자유와

프랭크 게리의 댄싱하우스(1995). 뮤지컬 영화계 최고의 커플로 꼽히는 '프레드와 진저'에게서 영감을 받아 지은 건물로 체코의 프라하에 있다.

프랭크 게리의 구겐하임 빌바오미술관(1997). 침체되어 가는 공업도시를 문화도시로 탈바꿈시키기 위해 건설된 미술관으로 스페인에 있다.

독특함이 있는 오피스 등을 완성했다. 일명 유리계란(The glass egg)으로 불리며, 보는 각도에 따라 느낌이 다른 둥근 유리건물인 런던 시청(2002)의 경우 외관과 함께 태양광선 억제를 위해 건물을 남쪽으로 기울이는 등 에너지 이용효율을 높였다. 그리고 내부의 나선형 통로는 강한 인상을 주며, 시민들이 이 계단을 오르며 의사당에서 일어나는 의

▲ 노먼 포스터의 런던 시청(2002). 에너지 절약형 친환경 건물로 남쪽으로 기울어지게 만들어 직사광선을 피하고 자연적으로 그늘이 지도록 한 것이 특징이다.

◀ 노먼 포스터가 건축한 런던 소재의 스위스리 재보험사 건물(2004). 영국 런던에서 최초로 환경친화적으로 지은 마천루로 자연광이 최대한 건물 내부로 들어오도록 설계되었다.

사결정 과정을 볼 수 있도록 해준다. 런던 스위스리 재보험회사 본부(2004) 건물의 구조는 중앙 코어와 다이아 형태의 그리드로 구성되어 있으며, 공기역학적 형태를 통해 압력차를 이용하여 건물 내부에 자연 환기를 도입했다.

자연과 인간, 지역적 조화, 풍경과 함께 공간의 분위기를 추구하는 페터 춤토르와 같은 건축가도 밀레니엄 시대의 중요한 건축가다. 그의 작업은 주로 고향인 스위스를 중심으로 이루어졌다. 로마 유적발굴보호관(스위스 쿠어, 1986), 성베네딕트 채플(1988)과 마산스 노인요양시설(1993), 발스 온천(1996)과 독일 하노버 엑스포의 스위스관(2000), 아내와 춤토르 자신을 위한 목조 주택인 운터후스, 오버후스(2009) 등은 공간의 깊이를 구현하며 지역과 자연 속에 함께 존재하는 건축을 보여준다.

21세기는 4차 산업혁명의 시대다. 도시와 건축의 스마트를 꾀하는 계획들, 구조와 시공 기술과 시스템의 개발과 적용, 재료의 개발과 발전, 그리고 공간의 디지털화와 더불어 가상현실화된 계획 등은 이미 우

페터 춤토르의 성베네딕트 채플 (1988). 춤토르는 '땅의 소리를 들을 수 있는 교회'를 디자인하기 위해 음향의 공명을 만들고 인공의 건축물과 자연이 대화할 수 있도록 이 채플을 설계했다고 한다.

리에게 익숙하다. 스마트 횡단보도, 안내시스템, 디지털 벽면과 온라인 회의와 교육공간 등은 기존의 공간과 인간의 관계성을 변화시키고 있다. 도시와 인공지능의 미래를 염두에 둔 고민들은 다양한 분야의 첨예한 화두가 아닐 수 없고 이미 곳곳에서 인공지능이 사람들 생활 속에 함께 하고 있다.

도시화의 심각한 문제들은 분산과 개별화 가능한 생활패턴에 의해 해소될 수도 있다. 선진국뿐 아니라 신흥국에서는 이미 스마트시티나 인간과 기계가 연결된 네트워크로 둘러싸인 환경의 구축이 진화하고 있다. 이들은 기존의 인간을 둘러싼 환경의 변화에 바탕을 둔 데이터로 도시를 구성한다.

고대부터 현대 건축을 통해 수천 년간 이어진 규범과 규칙, 이념과 사상들과는 다른 차원의 건축적 공간에 대한 고민과 계획과 적용법들이 등장하고 있다. 그런데 현재 전개되고 있는 4차 산업혁명과 스마트시티가 전혀 계획하지 않았던 코로나19로 인해 새롭게 변화해 역사에 또 다른 한 장을 기록하지 않을까.

에필로그 : 포스트 코로나19, 건축의 방향

코로나19로 인해 공간의 이용 특성과 계획의 변화가 불가피하다. 누구도 예측하지 못한 코로나19 사태가 길어지고 있다. 사회적 격리가 장기화하면서 과거의 일상과 단절되는 통제와 방역이 계속되고 있다. 근린의 상업시설, 업무 공간과 교육 공간의 이용 행태에 변화가 일어나고 있으며, 이제는 외부의 크고 작은 공원이나 도로에서조차 자연스럽고 선택적인 공간과 장소는 없을 정도다. 코로나19는 전 세계적으로 사람들의 생명을 위협하고 있고 백신과 치료제가 보급되더라도 완전히 종식이 되기까지 과거의 우리 일상과 그리고 그 일상이 펼쳐지는 장소에 대한 안전성을 장담할 수 없다.

도시 환경 전문가인 세라 젠슨 카 노스이스턴대 교수는 "사회적 거리두기가 공공 시설물의 설계·배치를 재정립하게 할 수 있다"고 말했다. 코로나19가 도시와 건축계획 전체를 바꾸지는 않더라도 이제는 감염에 방어적이고 안전한 공간을 마련하기 위한 방법을 심도 있게 연구해야 할 것이다(이미 많은 전문가들을 연구와 실험을 하고 있으리라).

프랑스 파리의 경우 지하철 바닥에 이미 사회적 거리를 의미하는 패턴을 깔고 있다. 비접촉 생활은 모든 위험에 가장 안전할 수는 있으나 보통의 인간적 사회생활과 대면과 접촉을 기본으로 하는 일상과는 거리가 멀다. 과연 현재를 극복할 수 있는 지혜롭고 현명한 건축적 공간을 계획하기 위해서는 어떻게 해야 할까?[19]

사람들이 자주 이용하는 식당, 카페, 술집 등의 공간상의 문제는 지금 매우 심각하다. 건축물의 공간은 그것이 갖는 기능과 용도에 적합해야 하는데 포스트 코로나 시대에는 우선은 바이러스에 방어적인 시스템과 가변성이 있는 공간의 설계를 고려해야 할 것이다. 특히 현재처럼 재택근무와 온라인 교육이 요구되는 상황에서는 현재까지의 생활을 담는 공간의 설계가 필히 그리고 시급히 전환되어야 한다.

이미 1년 넘게 이어지고 있는 비대면 온라인 교육과 근무 장소가 된 주거공간, 접촉을 최소화하기 위한 인터넷 쇼핑과 택배 급증에 따른 창

---

19 서울시는 발 빠르게 포스트 코로나에 대응하는 건축아이디어 공모전을 진행하고 2020년 9월 초 결과를 발표하였는데 당선작의 내용들은 직장과 사회적 장소로부터 거리를 둬야 하는 코로나19로 도시의 다양한 연결 기능이 중단되고 상실되는 것을 우려, 공원이라는 사회적 공공 장소를 안전하게 향유할 수 있는 공간으로 제안하고 있다.(후략)(《국토일보》, 2020. 9. 2.)

고나 물류센터, 자전거 도로, 온라인 이용을 위한 디지털 장비들이 설치되는 공간들, 서버 공간, 공공시설 및 의료시설 공간 등 모든 것이 비대면 생활에 맞춰질 것이다.

비대면의 공간들이 주류가 되는 건축과 공간은 어떠한 형태가 되건 따스함과는 거리가 있는 미래영화 속의 도시와 건축처럼 건조하고 회색빛이 만연한 풍경일 수도 있다. 그리고 그런 모습이 당장 내일 펼쳐질 수도 있다.

우리는 향후 미래의 건축을 계획함에 있어 기술을 현명하게 활용해야 한다. 코로나19를 포함하여 환경의 변화에 따른 악화한 도시와 지역 상황을 타개하기 위해 더더욱 자연과 환경을 존중하며 인간적이고 온기가 있는 건축을 할 수 있는 방법을 찾기 위해 노력해야 할 것이다.

하이데거는 『건축 거주 사유』에서 다음과 같이 말한다. "사물과 어울려 사는 것은 인간 존재의 기본 원리이다. 그리고… 인간과 장소의 관계, 장소와 공간의 관계는 그 안의 거주에 기반한다."

수학 언어는 정확하게 계산하고 식으로 논리적인 관계를 명쾌하게 나타내기 위한 것이며, 인간세계에서만이 아니라 우주적으로 통용될 수 있어야 한다.

7장

세상을 이해하는 첫걸음 수학

장형진 | 물리학과 수학을 통해 인간이 성장할 수 있다고 생각하는 철학적 물리학자. 서울대에서 입자물리학 전공으로 박사과정을 수료한 후 가톨릭대 등에 출강했다. 과학의 대중화를 위해 중고등학생, 시민들과 만나 과학의 기원과 인간의 이해라는 주제로 강의를 하고 있다.

1

지구의 수학은 어떻게 발전해왔는가

계산하기 위한 첫걸음

내가 영화 〈스타워즈〉의 세계에 있다면, 그래서 다양한 우주인들이 행성 간을 오가며 교류한다면… 그런 세계를 머릿속에 그려보자. 수학 이야기를 하면서 갑자기 왜 우주인 이야기를 하는지 의아할 수 있지만 수학은 지구를 넘어 우주 전체의 원리와 맞닿아 있는 언어이다. 이제부터 지구의 수학이 어떻게 발전해왔으며, 그에 따라 인간의 사고가 어떻게 확장해왔는지 살펴보도록 하자.

최초의 문명에 나타난 숫자체계

지금의 이라크 남부, 유프라테스강과 티그리스강 사이의 메소포타미아 남쪽 지역에서 인류 최초로 문명이 일어나 도시를 형성하고 약 5500년 전(BC 3500년)에는 문자도 생겼다.

최초의 문명과 최초 문자의 흔적에서 숫자 체계를 찾아볼 수 있었는데 바로 60진법이다. 60은 1, 2, 3, 4, 5, 6, 10, 12, 15와 같은 여러 수를

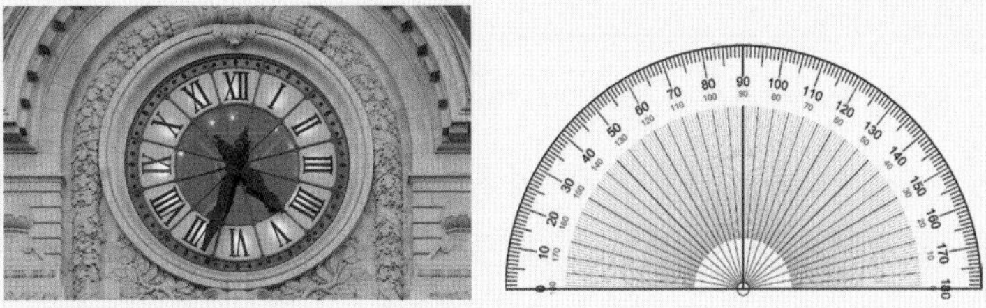

60진법은 시계와 각도 등 지금도 우리 일상에 남아 있다.

약수로 가져 무언가를 나눠 분배할 때 편리했기 때문일 것이다. **60진법**은 우리에게도 친숙하다. 60분이 1시간이 되고, 60초가 1분이 되며, 일상에서 쓰는 각도에서도 1도는 60분, 그리고 각도의 1분도 시간과 비슷하게 60초로 나타낸다. 최초로 인간 문명에 나타난 숫자의 체계는 인류 문명과 문화의 원형으로 뒤이은 여러 문명과 종교, 일상에 영향을 미쳤고 아직도 남아 있다.

바빌로니아 마일은 거리의 단위이기도 했고(약 11.2km), 시간의 단위이기도 했던 것으로 보인다. 성인남자가 1바빌로니아 마일을 걷는 데 2시간 정도 걸렸기 때문에, 이 시간을 단위로 24시간인 하루를 12로 나누어 시간의 단위에 **12진법을** 사용하게 된다. 12 역시 1, 2, 3, 4, 6과 같이 약수가 많기 때문에 편리했을 것이다. 이는 연필 12자루를 1다스라고 하고, 12인치가 1피트에 해당되는 등 다양하게 사용되었고 아직도 남아 있다. 12진법과 60진법의 편리성은 다른 문명으로 전파되고 오랫동안 지속할 수 있었다.

현재 인간의 수체계는 알다시피 **10진법**이다. 아마도 가장 손쉽게 숫자를 세는 도구로 사용할 수 있는 인간의 손가락이 10개이기 때문이었을 것이다. 10진법 외에도 앞에서 살펴본 24진법, 60진법 등이 있는데 7이나 9와 같이 홀수를 사용하는 경우는 없다. 일상적으로 개수를 나눌 때 가장 많이 나누는 경우는 둘이므로 짝수 진법이 쓰인 것 아닌가 싶다.

숫자를 기록하는 방식을 **기수법**(記數法, numeral system)이라고 하는데, 문명에 따라 차이가 있었다. 같은 10진법을 사용하더라도, 고대 로마의 기수법에는 숫자의 크기를 나타내는 기호가 따로 있었다. 1을 I, 5를 V, 10을 X, 50을 L, 100을 C, 500을 D, 1,000을 M으로 표기한다. 가령 자유의 여신상 왼손에 들려진 독립선언서의 1776년은 MDCCLXXVI로 표기되어 있다.

1776	M	DCC	LXX	VI
	1000	700	70	6
1776	$1\times10^3+7\times10^2+7\times10^1+6\times10^0$			

현재 지구에서 보편적으로 사용하는 기수법에는 숫자의 단위를 나타내는 기호가 따로 없으며, 숫자가 놓인 위치가 숫자의 크기를 나타낸다. 이를 **위치 기수법**(Positional notation)이라고 하는데, 숫자를 더 적은 기호들로 더 간편하게 나타내며 위치로 수를 기록한다.

0, 1, 2, 3, 4, 5, 6, 7, 8, 9의 10개 기호의 이름은 '아라비아 숫자'이지

자유의 여신상에 1776년은 MDCCLXXVI로 표기되어 있다.

만, 실은 인도에서 태어나 아랍을 거쳐서 유럽으로 전파된 것이다. 아무리 큰 숫자도 간단하게 표현할 수 있고 계산할 때도 편리하기 때문에 인간의 수체계에서 표준이 되었다.

물론 10진법에서 1,776은 $1\times10^3+7\times10^2+7\times10^1+6\times10^0$을 간략하게 표현한 것이고, 각 자리의 수는 10의 거듭제곱의 크기에 해당한다. 여기서 물론 10^n은 10을 n번 곱한 것을 간단히 표기한 것이므로 $10^3 = 10\times10\times10 = 1{,}000$이고, 10^0은 1로 정의한 것이다. 지수로 크거나 작은 숫자를 표기하는 것은 수학에서만이 아니라 일상에서도 종종 있기 때문에, 일상에서 사용하는 용어 중 지수에서 따온 이름들이 있다.

아주 크거나 작은 숫자 나타내기

국제적으로 많이 사용되는 표준 용어는 1,000($1{,}000=10^3$)배씩 커지거나 작아지는 것을 규정하고 있다. 1,000(10^3)을 킬로(kilo), 100만($10^3\times10^3$)을 메가(Mega), 10억($10^3\times10^3\times10^3$)을 기가(Giga), 조($10^3\times10^3\times10^3\times10^3$)를 테라(Tera)로 한다.

한국에서는 숫자의 단위가 만(10^4) 배씩 달라져서 억($10^4\times10^4$), 조($10^4\times10^4\times10^4$), 경($10^4\times10^4\times10^4\times10^4$)이라고 하지만, 큰 숫자를 쓸 때는 세계 표준 방식에 따라 1,000배씩 끊어서 쓰고 있다.

그런데 이렇게만 하면 숫자가 나타내는 것이 어느 정도 크기인지 감이 오지 않을 수도 있으므로 한 번 물리적인 것과 비교해보도록 하자.

서울 도심을 지나는 한강의 평균적인 폭(너비)이 1미터의 1,000배인 1km가 되며, 1g의 1,000배인 1kg은 가로, 세로, 높이가 10cm인 정육면체에 담긴 물의 질량이다. 우리가 살아가는 세상인 지구의 반지름이

10^{15}	페타(pete)	P	천조	1 000 000 000 000 000
10^{12}	테라(tera)	T	일조	1 000 000 000 000
10^{9}	기가(giga)	G	십억	1 000 000 000
10^{6}	메가(mega)	M	백만	1 000 000
10^{3}	킬로(kilo)	K	천	1 000
10^{2}	헥토(hecto)	h	백	100
10^{1}	데카(deca)	da	십	10
10^{0}				

일상에서 읽고 쓰기 위한 국제 표준 용어로 일상에서 사용하는 단위로 표현하기에 너무 큰 숫자는 10의 지수로 표현한다.

약 6,400km($6.4\times10^3\times10^3$m)이고, 스마트폰으로 촬영하는 고화질 사진의 크기는 대략 MB(메가바이트=10^3kB =$10^3\times10^3$B)다. mp3 파일 형태로 된 몇 분 길이 노래의 용량이 몇 메가바이트 정도이고, 일반 고화질로 찍은 사진도 비슷한 크기로 몇 메가바이트라는 것을 알아두면 스마트폰에서 저장 용량을 관리하는 데 도움이 될 것이다. 지구인은 현재 약 7.8기가(78억. 2020년 6월 기준) 명이고, 요즘 지구의 가정용 컴퓨터는 저장 용량이 1테라바이트(TB=10^{12}=$10^3\times10^3\times10^3\times10^3$) 정도이기 때문에, 1메가바이트(MB=$10^6$=$10^3\times10^3$) 크기의 고화질 사진을 100만($10^6$=$10^3\times10^3$) 장 저장할 수 있다.

작은 쪽의 숫자도 마찬가지로 1,000배씩 작아지지만 일상에서는 100배 작아지는 경우도 많은데 물론 이를 가리키는 용어가 있다.

100분의 1을 센트(cent), 1,000분의 1인 10^{-3}을 밀리(milli), 10^{-6}을 마이크로(micro, 기호: μ, 밀리에서 m이 이미 사용되었으므로, 마이크로는 영어의 m에 해당하는 그리스어 μ를 사용해 표시한다), 10^{-9}을 나노(nano, n은 아직 사용되지 않았으므로 나노는 n으로 표기하여 1나노미터는 1nm와 같이 표

10^{-1}	데시(deci)	d	십분의 일	0.1
10^{-2}	센티(centi)	c	백분의 일	0.01
10^{-3}	밀리(milli)	m	천분의 일	0.001
10^{-6}	마이크로(micro)	μ	백만분의 일	0.000 001
10^{-9}	나노(nano)	n	십억분의 일	0.000 000 001
10^{-12}	피코(pico)	p	일조분의 일	0.000 000 000 001
10^{-15}	펨토(femto)	f	천조분의 일	0.000 000 000 000 001

일상에서 읽고 쓰기 위한 국제 표준 용어로 일상에서 사용하는 단위로 표현하기에 너무 작은 숫자 역시 10의 지수로 표현한다.

기한다)라고 말한다.

1센트가 100개 있어야 1달러가 되고, 100퍼센트(%, per cent)는 1로서 전체를 의미하곤 한다. 0.1퍼센트는 1퍼밀리(per milli)이고, 머리카락 두께는 0.1mm, 그러니까 100마이크로미터 정도 된다.

일상생활의 걱정거리인 초미세 먼지는 마이크로미터 정도의 크기이므로 머리카락의 두께보다 100배나 작아 기도를 쉽게 통과해 폐에 달라붙기 때문에 위험하다. 1나노미터(nm)는 대략 물질을 구성하는 단위인 원자나 분자의 크기 정도 되기 때문에, 새로운 물질을 개발하는 신소재 기술을 나노 기술, 나노 공학, 나노 테크놀로지라고 부르는 것이다.

한편 '나는 학생입니다'라는 말을 표기하는 방법은 언어권에 따라 다르다.

I am a student.(영어) Je suis un étudiant.(프랑스어)

Ich bin ein Schüler.(독일어) Tôi là một học sinh.(베트남어)

मैएक छात्र हूं(힌디어) Jeg er en student.(노르웨이어)

私は学生です.(일본어) 我是学生.(중국어)

하지만 수학에서는 표준화된 기호들로 의미를 표현하기 때문에, 우리가 사용하는 수학적 기호들은 지구의 공용 언어라고 볼 수 있다. 수학은 보편적인 것을 객관적으로 나타내기에, '슬프다', '맛있다', '사랑스럽다'와 같이 개인이나 집단에서 나타나는 특수한 것들을 표현하지는 않는다. 수학은 우주인이 있다면 비록 표기는 다르되, 우주에서도 공통으로 적용할 수 있는 보편적인 언어라고 할 수 있다. 이러한 점에서 수학은 일반 언어와 다르게 우주적 언어라 할 수 있으며 표현하는 영역도 객관적인 대상들이다.

덧셈에서 곱셈, 제곱으로 나아가기

지구에서 사용되는 몇 가지 표준기호들을 살펴보면, 숫자는 크기를 나타내기도 하지만 덧셈과 뺄셈과 같은 연산에도 사용된다.

덧셈을 나타내는 기호는 알다시피 +이고, 2를 8번 더하는 것은 2+2+2+2+2+2+2+2로 나타낼 수 있다. 여기서 같은 숫자를 여러 번 더하는 것을 간단히 나타내는 것은 **곱셈**이라고 새로운 연산을 만들고 ×라는 기호를 사용해 2+2+2+2+2+2+2+2=2×8로 나타낸다. 즉 곱셈은 같은 수를 몇 번 더하는 것인지를 간략하게 표현한다.

곱셈은 일상에서도 자주 사용되는 연산이기 때문에 작은 수들의 곱셈을 매번 계산하는 것보다는 아예 외우는 것이 빠르고 편리하다. 보통 초등학교 2학년에서 구구단을 배우고 암기하게 하는 것은 더 복잡한 계산을 빠르고 간편하게 하도록 하기 위함이다.

곱셈이 자주 사용되기 때문에, 가령 같은 수를 여러 번 곱하는 경우도 종종 나오며, 특히 공학이나 과학에서는 자주 이런 경우를 볼 수 있다. 3을 6번 곱하는 것을 기호로 나타내면 3×3×3×3×3×3인데 덧셈과 마찬가지로 같은 것을 여러 번 곱하는 것은 새로운 연산으로 보는 것이 편리하다. 같은 수를 여러 번 곱하는 것을 **거듭제곱**(exponentiation)이라고 하는데, 기호로는 $3\times3\times3\times3\times3\times3=3^6$과 같이 '어떤 수$^{\text{곱한 회수}}$'로 표기한다. 반복해서 곱하는 '어떤 수'를 '밑(base)'이라 하고 '곱한 회수'를 **지수**(power)라고 한다. 3^6에서 3은 밑이고 6은 지수이며, 3^6을 '3의 6제곱(혹은 '3의 6승')'이라고 읽는다. 1보다 큰 수의 거듭제곱은 지수에 따라서 급격하게 커지며, '기하급수적으로 증가한다'라고 표현하기도 한다.

그러면 여러 번 거듭제곱한 것을 또다시 새로운 연산으로 만들어야 할까? 생각해보면 그럴 필요가 없다는 것을 알 수 있다. 가령 3^6을 3번 거듭제곱한 것은 $3^6\times 3^6\times 3^6$이므로 $(3^6)^3=3^{6\times3} = 3^{18}$이 되는 것을 알 수 있다. 거듭제곱을 거듭제곱해도 밑과 지수로 표현되는 거듭제곱이 되기 때문에, 더이상 새로운 연산을 도입할 필요 없이 거듭제곱으로 표현할 수 있다. 덧셈과 곱셈은 익숙한 연산이지만, 거듭제곱은 덜 익숙한 연산이므로 몇 가지 성질을 알아보는 것이 좋다. 1보다 큰 자연수 a를 m번 곱한 혹은 거듭제곱한 수 a^m과 n번 거듭제곱한 수 a^n에 대해서 다음과 같은 식이 성립하는 것을 알 수 있다.

① $a^1 = a$

② $a^m \times a^n = a^{m+n} = a^n \times a^m$

③ $(a^m)^n = a^{mn} = (a^n)^m$

①은 어느 수를 한 번만 곱한 것이니 자신과 같다는 뜻이고, ②는 $3^6 \times 3^2 = (3\times3\times3\times3\times3\times3)\times(3\times3) = 3^{6+2} = 3^8$과 같이 어느 수(밑)를 곱하는 회수(지수)가 더해진다는 것이다. ③은 위에서 설명한 것처럼 거듭제곱을 하면 지수의 곱으로 표현된다.

①, ②, ③과 같이 구체적인 숫자 대신에 문자로 표현하는 것을 **대수학**(代數學, algebra)[1]이라고 하는데, 임의의 자연수 a에 대해서 성립한다. 어느 법칙을 구체적인 숫자가 아니라 문자로 표현하면, 훨씬 더 많은 내용을 포함할 수 있을 뿐만 아니라 법칙의 속성과 구조를 알 수 있다. 이에 대해서는 나중에 다시 이야기할 것이다. ①, ②, ③은 외울 필요 없는 간단한 지수법칙이지만, 구구단과 같이 자주 사용하는 지식은 매번 생각할 필요 없이 암기해두는 것이 편리하다.

대수학의 아버지로 불리는 아라비아의 수학자 알콰리즈미

앞에서 1,000분의 1인 10^{-3}은 밀리(milli), 백만분의 1인 10^{-6}은 마이크로(micro)와 같이 지수에 음수가 나타난 경우가 있었다. 10^3과 같이 지수에 자연수가 오는 것은 '10을 3번 곱한 것이다'라고 분명히 말할 수 있지만, 이러한 식으로 말하자면 지수가 음수인 10^{-3}은 뭐라고 말해야 하는지 모호하다. 이제부터 그에 대해 살펴보면서 연산과 수에 대한 설명을 확장해보겠다.

1 대수학(알지브라)이라는 말은 알콰리즈미가 방정식 풀이와 관련한 규칙을 표현하기 위해 사용한 알자브르(al-jabr)에서 유래되었다.

2

곱셈이 나눗셈을 낳다

연산의 확장

수학은 일반 언어와 다르게 정확하고 분명하게 정의한 후에 사용해야 한다. 수학 언어는 정확히 계산하고 식으로 논리적인 관계를 명쾌하게 나타내기 위한 것이며, 인간세계에서만이 아니라 우주적으로 통용될 수 있어야 한다.

음수를 어떻게 설명해야 할까? 자연수와 음수를 수학적으로 정의하는 방법은 여러 가지가 있지만, 여기서는 구태여 그렇게 할 필요가 없을 것 같다. 여기서 음수는 물론 자연수 앞에 기호 '-'가 있는 수를 말하는데, 자연수를 '양의 정수'라고도 하기 때문에 이를 '음의 정수'라고 한다. **정수**는 양의 정수인 자연수와 음의 정수 그리고 0으로 구성되는 수체계를 말한다.

덧셈이 뺄셈을 낳다

고대 그리스에서는 "없는 것을 어떻게 나타낼 수 있는가?"라며 0을 기호로 표기하는 것에 대해 거부감을 가지고 있었다. 하지만 위치 기수법으로 숫자를 표현할 때 등 여러 경우를 위해 결국 0을 기호로 도입할 수밖에 없다.

알다시피 0은 어느 숫자와 더해도 변하지 않는다. 그래서 0을 '덧셈의 항등원'이라고 한다. 어느 연산에 대해서든, 해당되는 연산을 해도 아무런 변화가 없는 것이 항등원(identity)이라고 정의할 수 있다(이를테면 곱셈의 항등원은 1이다).

0을 이야기하는데 구태여 항등원이라는 새로운 용어를 도입해야 하나 싶을 수도 있지만, 매우 유용한 것이기 때문에 알아둘 필요가 있다. 필요한 것이 있으면 정확하게 정의하여 사용하는 것이 중요하고, 더욱이 자주 사용된다면 새로운 개념을 가져오더라도 당연히 도입해야 한다.

덧셈에 대한 항등원으로 0을 생각한다면, 자연수에서 음의 정수로 확장하고 덧셈을 뺄셈까지 확장하기 위해 **역원**(inverse)이라는 개념도 필요하다.

예를 들어 어느 수를 더했더니 덧셈의 항등원인 0이 나왔다고 하자. 가령 3에 x를 더했더니 0이 나오고, 4에 y를 더했더니 0이 나왔다고 하자. 그러면 x는 3에 대한 덧셈의 역원이고, y는 4에 대한 덧셈의 역원이라고 한다. 식으로 쓰면, $3+x=0$과 $4+y=0$으로 더 간단하고 명확해 보인다(이렇게 기호를 사용하면 더 간단하고 명확하게 보이는 것이 보편적인 언어인 수학의 특징이다).

여기서 x와 y를 어떻게 기존에 있는 체계에서 구체화할 수 있는지를 고민해야 한다. $3+x=0$이라는 식에서 x는 3만큼 줄여주는 수이고, $4+y=0$이라는 식에서 y는 4만큼 줄여주는 수이다. 이러한 x와 y를 각각

기호로 -3과 -4로 쓰며, 일반적으로 다음과 같이 말할 수 있다. 임의의 자연수 a에 대하여 어떤 수 a'를 더했더니 덧셈의 항등원 0이 나왔다면, a'를 a에 대한 덧셈의 역원이라고 하며 $-a$로 나타낸다. 물론 $-a$의 의미는 a만큼 줄인다는 것이며, 이것을 간략하게 표현하고자 하는 수학의 방식에 따라서 '-'라는 기호를 도입해 표현한 것이다.

우주적 언어로서의 수학을 이야기한다고 하더니, 오히려 어렸을 때 이미 배워서 익숙할 뿐 아니라 단순한 덧셈과 뺄셈의 이야기를 한다고 생각할지도 모르겠다. 그러나 단지 덧셈과 뺄셈의 계산이나 이미 알고 있는 음의 정수에 대한 지식을 말하려는 것이 아니다. 중요한 것은 절차에 따라서 정확하게 하나하나 이해하는 것이다.

정리하면 자연수 a의 덧셈에 대한 역원을 $-a$로 나타내고, - 부호가 붙은 수를 음의 정수로 정의하는 것이다. 이렇게 자연수에 대한 역원을 자연수와 새로운 부호 -를 이용하여 표현했으므로, 뺄셈이라는 새로운 연산을 정의할 수 있다. 가령 7에서 5를 빼는 연산 7-5를, 7에 5의 역원인 -5를 더하는 연산으로 정의하는 것이다. 즉 $7-5 \equiv 7+(-5)$로 간단히 쓴다. 물론 여기서 ≡는 '정의한다'는 뜻의 기호이다.

수학에서는 필요에 따라 기존의 용어로부터 새로운 용어를 정의하는 일이 자주 있기 때문에, 역시 '정의한다'는 것도 기호로 간단하게 나타낼 필요가 있다. 대수학적 방식으로 문자를 이용해, a에서 b를 빼는 뺄셈 연산은 "a에 $-b$를 더하는 것으로 정의한다"고 말할 수 있다. 기호로 표기하면 역시 간단해지는데, $a - b = a + (-b)$이다. 이렇게 항등원으로부터 역원을 도입하고 음의 정수를 정의할 수 있었고, 덧셈의 역원을 통해 새로운 연산인 뺄셈을 정의했다.

정수(integer)는 양의 정수인 자연수와 덧셈의 항등원인 0, 그리고 자연수의 역원인 음의 정수로 구성된다. 자연수는 새로운 뺄셈이라는 연산에 대해 닫혀 있지는 않다. 가령 3에서 5를 뺀 결과는 자연수가 아닌 음의 정수다.

그러나 정수는 덧셈만이 아니라 뺄셈에 대해서도 닫혀 있다. 즉 임의의 정수들을 더하거나 빼도 결과는 정수가 되며, 이렇게 연산의 결과가 원래의 수들과 같은 종류가 될 때 수학에서는 '닫혀 있다(closed)'고 표현한다.

곱셈이 나눗셈을 낳다

자연수에서 0과 음의 정수를 포함하는 정수를 알게 됐으므로, 이제 우리의 우주적 소통 능력이 조금 더 커졌다고 할 수 있다. 이제부터는 다른 연산과 다른 수체계로 확장해보도록 하겠다.

곱셈은 이미 같은 수를 여러 번 더하는 연산이라고 정의했다. 덧셈에 대한 항등원에서 역원과 뺄셈에 이르렀던 것처럼, 곱셈에 대한 항등원에서 곱셈의 역원과 나눗셈을 도입하고 정의할 수 있다.

알다시피 자연수 a에 대하여 $a\times2$는 a를 2번 더한 것을 나타내며, a를 1번 더한 것인 $a\times1$은 a 자신이 된다. 즉 a의 곱셈에 대한 항등원은 자연수 1이다. 1은 어느 수를 곱하더라도 곱셈의 정의상 자신이 된다.

1이 곱셈의 항등원이므로 어떤 정수 a에 대한 곱셈의 역원은 항등원 1을 만드는 수를 의미한다. a에 대한 덧셈의 역원을 $-a$로 표현했기 때문에 a에 대한 곱셈의 역원은 다르게 표현할 필요가 있다. a에 대한 곱셈의 역원은 a^{-1}로 표현한다. 이 말을 수학적으로 표현하면, $a\times a^{-1}=1$이다.

이것을 다시 한 번 말로 이야기하면, a와 곱셈을 하여 곱셈의 항등원인 1을 만드는 곱셈의 역원을 a^{-1}라고 쓴다는 것이다. a^{-1}은 $\frac{1}{a}$로 표현하기도 하며, 두 표현은 정확히 같은 의미이기 때문에 경우에 따라 선택할 수 있다.

그런데 곱셈의 역원을 정의하면서 이전에 없던 수가 나타난 것을 살펴볼 필요가 있다. 가령 2의 역원인 $\frac{1}{2}$, -3의 역원인 $-\frac{1}{3}$과 같이 정수가 아닌 수가 나타났다. 마치 덧셈에 대한 역원으로서 새로운 수가 나타나서 음의 정수로 불렀던 것처럼, 곱셈에 대한 역원으로서 새롭게 나타난 수를 **유리수**(rational number) 혹은 **분수**(分數, fraction)라고 부르자.

역원을 $\frac{1}{a}$로 표기할 때 자주 사용되므로 분수에서 선 아래를 분모(分母), 1이 나타난 선 위의 부분을 분자(分子)라고 부르기로 한다. 분모와 분자 역시 유리수 혹은 분수가 나타나면서 자연스럽게 새로 정의한 용어일 뿐이다.

분수의 크기는 분자와 분모에 따라서 달라지지만, 분모가 같은 경우에는 덧셈과 뺄셈을 쉽게 할 수 있다. 가령 분모가 다른 $\frac{1}{2}$과 $\frac{1}{3}$은 분모를 통일시킨 후에 덧셈을 해야 하지만, 분모가 같은 $\frac{1}{3}$과 $\frac{2}{3}$의 덧셈은 이미 분모가 같기 때문에 바로 할 수 있다.

이제 뺄셈과 마찬가지로 곱셈의 역원을 이용해 나눗셈이라는 새로운 연산을 정의해보자.

a를 b로 나누는 연산을 나눗셈이라고 하고, **나눗셈**이라는 새로운 연산을 새로운 기호 ÷로 나타낸다고 하자. a를 b로 나누는 연산은 수식 $a \div b$로 쓸 수 있고, 나누는 연산은 역원을 곱하는 연산으로 정의한다. 즉 $a \div b = a \times b^{-1}$이다. 곱셈의 역원 표현은 두 가지가 있었으므로, $a \times b^{-1}$ 대신에 $a \times \frac{1}{b}$로 써도 된다. $a \times \frac{1}{b}$을 간단히 분수 $\frac{a}{b}$로 표현하며, 나눗셈의 정리에서 분수까지 식으로 쓰면 $a \div b = a \times \frac{1}{b} = \frac{a}{b}$이다.

나눗셈의 항등원도 1이며, 정수 a는 $a \div b$과 같고 분모가 1인 분수 $\frac{a}{1}$

무한의 개념을 연구한 최초의 근대 수학자 게오르그 칸토어

을 생각할 수도 있다. 따라서 정수는 분수의 특별한(분모가 1인) 경우이며, 유리수는 정수를 포함하는 수체계다. 일반적으로 분모가 1이 아닌 유리수를 분수, 분모가 1인 유리수를 정수라고 한다. 정수의 나눗셈이라는 연산으로 나타나는 유리수는 이제 덧셈과 뺄셈, 곱셈 그리고 나눗셈이라는 네 가지 기본 연산(사칙연산)에 대해 닫혀 있다. 여기서 나눗셈에 대해 닫혀 있다는 것에서 0으로 나누는 나눗셈은 제외된다는 것을 기억하자. 유리수는 구체적으로 숫자를 대응시키는 것이며, 0으로 나누는 경우에 대응되는 구체적인 숫자는 없고 기호 ∞로 표시하고 **무한대**(infinity)라고 읽는다.

자연스러운 수를 넘어서

무한대는 물론 한정할 수 없이 무한히 큰 것을 나타내는 상상의 숫자이며, 현실의 실체가 아니다. 무한대는 계산할 수 있는 구체적인 숫자가 아니기 때문에 일반적으로 숫자의 체계에서는 무한대를 제외하고, 연산에서는 0으로 나누는 것을 제외한다. 이렇게 해야 일관적인 숫자 체계를 확립하고 연산을 명확하게 할 수 있기 때문이다.

항등원과 역원에 대해서 덧붙이자면, 항등원은 해당 연산에서 유일하게 하나이며 역원은 수에 따라서 다르다. 즉 덧셈의 항등원은 0이고 덧셈의 역원은 부호가 다른 수이며, 곱셈의 항등원은 1이고 역원은 분모와 분자가 뒤바뀐 역수로서 수에 따라 달라진다. 물론 0으로 나누는 것은 제외하기 때문에 0에 대한 곱셈의 역원은 없다.

유리수는 일상에서 어렵지 않게 만날 수 있다. 빵을 6개 갖고 있을 경우 2명에게는 3개씩, 3명에게는 2개씩 공평하게 나눌 수 있다. 물론 이것은 나눗셈을 이용해 수학적으로 $6 \div 2 = \frac{6}{2} = 3$과 $6 \div 3 = \frac{6}{3} = 2$로 계산할 수 있다. 4명에게 나누려면 빵 1개를 단위로 나눌 수는 없다. 4명에게 빵 6개를 공평하게 나눠주고자 하는 경우에는 $6 \div 4 = \frac{6}{4} = \frac{3}{2} = 1 + \frac{1}{2}$에 따라서, 먼저 1개씩 나눠주고 남는 2개를 반으로 나누어 4개를 만들어서 주게 된다.

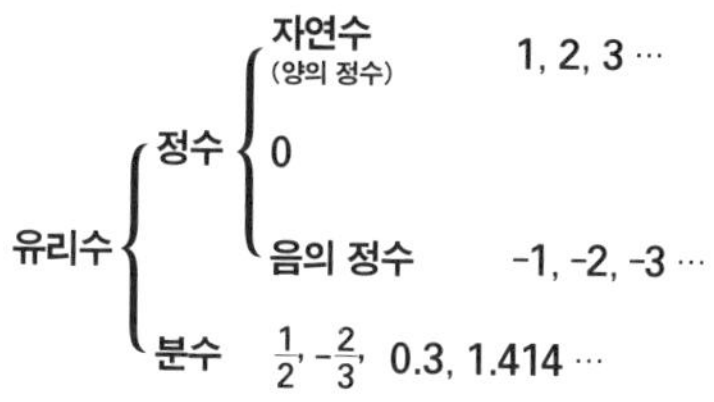

자연수에서 출발해 정수, 유리수로 확장할 수 있다. 유리수는 분수로 표현할 수 있는 수이며 소수점으로 나타낼 때는 유한한 자리에서 끝나거나 규칙적인 숫자 배열이 무한히 반복되는 수다.

십진법에서 10을 분모로 하는 숫자는 특별히 표기를 하나 더 갖고 있다. 물론 이는 자주 사용하므로 역시 간단하게 표현할 필요가 있어서 새롭게 도입하고 정의한 것일 뿐이이며, 먼저 있던 지식으로부터 유도된 결과(지식)가 아니다.

10을 분모로 하는 수의 예로는 $\frac{1}{10}$, $\frac{2}{10}$, $-\frac{3}{10}$, $\frac{1}{100}$, $\frac{3}{1000}$ 등이 있으며, 특별히 10진법 체계에서 10을 분모로 하는 분수는 간단하게 다음과 같이 쓰기로 약속한 것이다.

$$\frac{1}{10} = 0.1,\ \frac{2}{10} = 0.2,\ -\frac{3}{10} = -0.3,\ \frac{1}{100} = 0.01,\ \frac{3}{1000} = 0.003$$

이렇게 점을 찍고 점 다음에 나타나는 수로 분수를 표현하는 방식까지 10진법에 포함된다. 10을 분모로 표시한 수를 **소수**(decimal)라고 하고, 1보다 큰 영역과 작은 영역을 구분하는 점을 소수점이라고 한다. 소수도 마찬가지로 위치 기수법에 따라서 소수점 아래 어느 위치에 숫자가 있느냐에 따라 크기가 달라진다. 즉 $0.1 = \frac{1}{10}$, $0.01 = \frac{1}{100}$, 0.002

$= \frac{2}{1000} = 2\times\frac{1}{1000} = 2\times0.001$이라는 뜻이고, 앞에서 말한 것처럼 백분의 1을 센트(cent), 1,000분의 1일 밀리(milli)로 수학적 표기만이 아니라 말하고 쓰는 데 표준화된 용어까지 있다.

자연수 덧셈 → 덧셈의 항등원 0 → 덧셈의 역원, **음의 정수** → 역원의 덧셈 = **뺄셈**

정수 곱셈 → 곱셈의 항등원 1 → 곱셈의 역원, **유리수** → 역원의 곱셈 = **나눗셈**

각 연산의 항등원에서 역원을 정의하고, 역원의 연산으로 새로운 연산을 정의할 수 있다.

0으로 나누는 것을 제외한 사칙연산에 대해 닫혀 있는 유리수에 대한 계산 공식과 곱셈에서 정의했던 지수 연산을 확장하는 것을 구체적으로 이야기하지는 않겠다. 특히 지수의 연산에서 a의 곱셈 역원 a^{-1}의 기호를 사용하여 지수를 자연수에서 정수로 확장할 수 있고, 나눗셈의 정의를 이용하여 지수를 유리수로 확장할 수도 있다. 그리고 아직 설명하지 않았지만, 복소수라는 보다 큰 수의 체계까지 생각한다면 밑과 지수 모두 복소수까지 확장하고 지수법칙을 구성할 수도 있다.

소수를 처음 발명한 네덜란드의 회계사이자 토목기사 시몬 스테빈

일반 언어가 그렇듯이, 수학도 더 많은 용어와 개념을 사용할 수 있다면 더 멋진 소통을 할 수 있다. 그것은 우리의 몫이다. 단지 지식을 갖는 것보다는 그 용어가 의미하는 것을 느끼고 다른 개념들과 어떤 관계가 있는지 논리적으로 연결할 필요가 있다.

수학의 언어는 시간이 걸리더라도 하나하나

또박또박 명확하게 이해하는 것이 중요하다. 소화되지 못하는 지식, 잘못 연결된 개념들은 혼란을 초래하고 올바르지 않은 결론을 끌어낼 수도 있다.

기억해야 할 것은 논리적이고 정확하게 의미를 감각하고 사고하는 것, 그렇게 나온 결과를 겸허히 받아들이고 새로운 것에 대해 열린 마음을 가져야 한다는 사실이다.

피타고라스는 익숙한 유리수와 다른 종류의 수가 나오자 당황해서 그런 사실을 숨기려 했다. 피타고라스학파가 자랑스럽게 여겼던 피타고라스 정리에서 튀어나온 이상한 수를 부끄러워했지만, 그 수는 사실 피타고라스 정리보다 더 위대한 발견이었다. 이제부터 그에 대해 살펴보기로 하자.

3

위기는 더 큰 세상으로 이끈다

수의 해방

형태를 이해하고 비교하다

잠시 시간을 거슬러 올라가 BC 600년 무렵 지중해 연안의 밀레토스라는 도시로 가보자.

탈레스(BC 642~546)는 최초의 수학적 정리라고 할 수 있는 '탈레스의 정리'를 증명했다. 그는 최초의 수학자이자 철학의 아버지라고 불린다. BC 585년 5월 28일의 일식을 예견했고 "만물의 근원은 물이다"라고 주장하며 만물의 근원을 규명하고자 했으며, 최초로 전기와 자기를 연구했다. 자연과 진리에 대한 문제를 신과 같은 초월자에게 떠넘기지 않고 인간의 논리로 풀어 체계를 세우려 했다. 또한 객관적으로 관찰하여 검증하려고 한 까닭에 그로 인해 이성의 여명이 밝았다고 할 만하다. 이러한 이성적 활력은 고대 그리스를 발달시키는 바탕이 되었으며, 이후 세계의 지성과 문명, 과학을 발달시키는 씨앗이 되었다.

최초의 정리인 탈레스의 정리, 즉 '반원의 원주각은 항상 직각이다'

라는 정리를 각자 다시 한 번 증명해보기 바란다.

탈레스는 수학의 기하학적 방법을 빌어 이집트에서 가장 큰 피라미드로 알려진 쿠푸왕의 피라미드 높이를 측정했다. 기하학은 고대 그리스와 이집트 등에서 현실적으로도 중요한 학문 영역으로 자리 잡았다. 건축물을 제대로 짓는 데 기하학적 지식은 필수였고, 일상생활 및 공예품과 도구 제작 등에도 유용했으며, 이집트에서는 땅의 넓이를 가지고 세금을 매기기도 했다.

라파엘로가 그린 〈아테네 학당〉(1511) 속 피타고라스. 그는 "수는 만물의 근본이다"라고 주장할 정도로 세상 만물을 수를 가지고 설명하고자 했다.

탈레스의 제자였다는 설이 있는 피타고라스(BC 570~495)는 "수는 만물의 근본이다"라고 주장할 정도로 세상 만물을 수를 가지고 설명하고자 했다. 피타고라스 정리는 기하학의 정리이면서 수에 대한 특별한 사실을 말해준다. 탈레스의 정리에 사용된 직각삼각형에서 세 변의 크기는 특별한 관계를 갖는다는 것으로서, 직각에 대응하는 변의 길이를 c라 하고 다른 두 변의 길이를 a, b라 할 때 $a^2 + b^2 = c^2$이 성립한다. 혹은 "임의의 직각삼각형에서 빗변의 길이의 제곱은 다른 두 변의 길이의 제곱의 합과 같다"고 할 수 있다.

직각삼각형의 세 변에 대한 관계는 오래전부터 메소포타미아, 이집트, 인도, 중국 등 여러 문명에서 알려져 있었으나, 일반적인 직각삼각형에 대해서 $a^2 + b^2 = c^2$을 증명한 것은 피타고라스학파가 최초다. 이집트나 중국 등에서 3, 4, 5가 $3^2 + 4^2 = 5^2$이 되는 것은 잘 알려져 있었고, 건축 기술자들은 직각을 재기 위해 매듭의 길이가 3, 4, 5로 된 끈을 갖고 다녔다.

피타고라스의 정리를 만족하는 세 수를 '피타고라스 삼조(triple)'라고 하는데, 5, 12, 13도 $5^2 + 12^2 = 13^2$를 만족하므로, 피타고라스 삼조를 이루고 이 숫자를 길이로 하는 삼각형은 정확하게 직각삼각형이 된다. 단순하게 3의 배수, 4의 배수, 5의 배수도 피타고라스 삼조를 이루므로 피타고라스 삼조는 무한히 많지만, 그 외의 다양한 피타고라스 삼조를 만드는 것도 어렵지 않고 무한히 만들어낼 수 있다.

피타고라스학파가 가장 자랑스러워한 것은 다른 지역에서도 이미 알고 있는 특정한 수들 사이의 관계를 밝힌 것이 아니라, 모든 직각삼각형에 대해 성립한다는 사실을 증명해 정리로 만들었다는 사실이다.

피타고라스 정리보다 다양한 방법으로 수학의 여타 분야에서 증명이 이뤄진 적은 없다. 미국의 20대 대통령 가필드도 피타고라스 정리에 대한 멋진 증명법을 창안했으며, 수백 개의 증명 방법이 있을 정도로 이는 어느 곳에서나 볼 수 있는 보편적인 정리다.

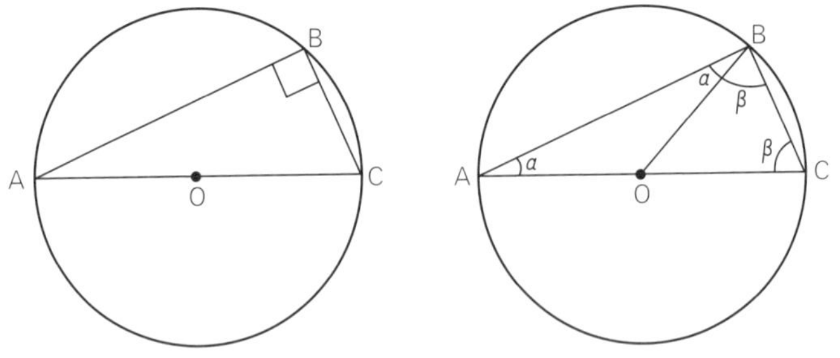

반지름으로 구성되는 삼각형은 이등변삼각형이므로, 지름의 원주각은 점 B가 어디에 있든지 직각이 된다.

위기는 더 큰 세상으로 이끈다

그러나 피타고라스학파의 최대 업적이라고 할 수 있는 피타고라스 정리는 피타고라스학파를 예기치 못한 파국으로 치닫도록 만들었다.

제곱이 들어간 정리는 필연적으로 무리수를 잉태하고 있었고, 무리수의 출현은 세상을 자연수로 설명할 수 있다는 믿음을 무너뜨렸다. 또한 단위 길이에 대한 비율로 모든 크기를 나타낼 수 있다는 가정하에 증명했던 피타고라스학파의 방법은 근거를 상실하게 되었다. 스스로 가장 자랑스럽게 여긴 성취가 자신들이 이뤄놓은 많은 성취들을 무너뜨리고, 자신들의 근본까지 부정하는 일이 되었으니 얼마나 상황이 심각했을지 짐작할 수 있을 것이다.

피타고라스가 등장한 후로 2200년 정도가 지난 17세기 중반에 페르마가 남긴 '페르마의 마지막 정리'는 수학자들을 끊임없이 자극했지만 350년이 지나서야 처음으로 증명되었다. 페르마의 마지막 정리는, "3보다 큰 정수 n에 대해서, $x^n + y^n = z^n$을 만족하는 0이 아닌 정수해 x, y, z는 없다"는 것으로 피타고라스 정리의 확장판이라 할 수 있다.

1994년에 와일즈가 최초로 인정받은 증명에는 수백 년 동안의 수학적 성취들이 활용되었고, 논문은 수백 쪽에 달하며 세계적으로 많은 수학자들이 그를 검증했다. 이렇게 현대에 이르기까지 피타고라스 정리와 관련된 지적 자극과 활동들이 계속되어왔으나, 당시에는 유리수가 아닌 수의 발견으로 인해 기하학의 정리들에 대한 근거가 사라졌고, 자연수를 세상의 근원으로 생각했던 믿음까지 논리적으로 어쩔 수 없이 부정당하는 괴로움을 겪어야 했다.

그렇게 무리수는 피타고라스학파에게 재앙이었겠지만, 후대의 사람들에게는 수에 대한 지평을 넓히고 실수를 채울 수 있는 기회가 되었다.

플라톤의 제자인 에우독소스(BC 390~337)가 비율이론을 사용해 피타고라스학파의 기하학 증명들을 구원했고, 무리수는 수학의 여러 곳에서 자연스럽게, 그리고 자주 등장하며 실수의 주인공으로 떠올랐다.

모든 크기를 표현할 수 있는 실수

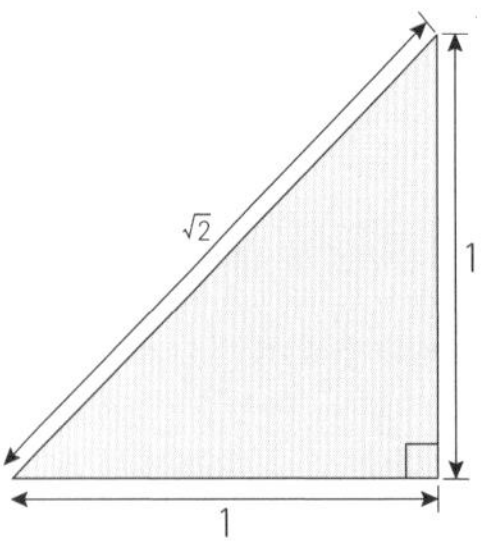

무리수

'무리수(irrational number)'는 정수의 비율로 혹은 분수로 나타낼 수 없는 수를 말한다. 변의 길이가 1인 정사각형의 대각선 길이는 피타고라스 정리에 따라서 2의 제곱근이 되는데, 2의 제곱근이 유리수가 아니라는 증명은 유명하다. 제곱이 나타나는 피타고라스 정리에 따라서 유리수가 될 수 없는 수들은 계속 나타나고, 결국 크기를 갖는 수들은 분수로 나타낼 수 있는 유리수와, 분수로 나타낼 수 없는 무리수로 구분된다.

피타고라스학파에게 재앙이었던 무리수 덕분에 크기를 표현하는 수의 체계가 '실수(real number)'로 확장될 수 있었다. 무리수를 포함하고 있는 **실수** 또한 사칙연산에 대해서 닫혀 있기 때문에, 일상적인 계산인 사칙연산에서 하나의 세계를 이루며 실수보다 더 확장된 세계로 나갈 필요가 느껴지지 않는다.

실수는 일차원적인 수직선에서의 위치로 표현할 수 있고, 수직선의 위치와 실수는 서로 일대일로 대응된다. 실수의 연속성과 크기를 비교할 수 있는 특성은 실수체계의 중요한 특성이며, 극한과 연속, 그리고 변화를 표현하는 수학적 도구인 미분을 정의하고 계산할 수 있도록 한다. 실수는 이미 우리에게 익숙하기 때문에, 추상적인 의미를 깊게 다루는 것보다는 무리수를 발견하게 됨으로써 가장 기본이 되는 수체계인 실수가 제 모습을 갖추게 되었다는 것을 강조하는 것으로 이야기를 정리하겠다.

방정식은 미지의 수를 찾고자 하는 식이다. 고대로부터 어떤 조건을 만족하는 값을 찾기 위해 방정식을 푸는 문제에 관심이 있었다.

방정식의 가장 간단한 형태는 미지수가 하나이고, 미지수의 차수가 자연수인 것이다. 가령 $2x + 1 = 0$, $2x^2 - x = 0$, $x^3 + 1 = 0$, …과 같은 다항방정식이 방정식의 기본적인 형태다.

그러나 미지수가 여러 개 있을 수도 있고, 삼각함수나 지수함수, 로그함수에 미지수가 나타나는 경우도 있으며, 미분이나 적분의 형태로 나타나는 방정식도 있다.

이러한 방정식들 중에서 어떤 종류의 것들은 수학에서만이 아니라 일상이나 자연에서도 자주 나타나며, 중요한 위치를 차지하는데 이에 대해서는 깊이 설명하지 않겠다.

단지 방정식의 종류는 다양하며 각 방정식을 푸는 문제와 함께 방정식을 직접 풀기 어려운 경우 근사적인 값을 구하는 방법도 발달해왔으며, 자동화된 기계(가령 컴퓨터)의 도움을 받고 있다는 사실은 알아두는 것이 좋겠다.

방정식의 정확한 해를 구하는 것을 '대수적인 풀이'라고 하는데, 기상현상이나 바닷물의 흐름 등 유체의 운동을 기술하는 '나비에-스토크스 방정식'처럼 해가 존재하는지 여부도 확정하지 못하고 근사적으로 값을 구해야 하는 경우도 많다. 그런데 가장 큰 변수가 하나이고 차수가 2차밖에 안 되는 기본적인 이차방정식에서조차 해가 실수를 넘어서는 경우가 나오므로, 수체계는 다시 실수를 넘어서 생각해야 하는 상황에 놓이게 된다. 가령 $x^2 + 1 = 0$ 방정식의 해는 $x^2 = -1$로 제곱을 해서 음수가 나오는 수는 실수가 아니다.

가장 넓은 수의 모습, 복소수

제곱을 해서 음수가 되는 수를 가상의 수인 '허수(imaginary number)'라 하고, 특별히 $x^2 = -1$을 만족하는 허수를 i로 표기한다. 허수를 포함해 확장한 수를 복잡한 수라는 의미로 '복소수(complex number)'라고 하며, 실수와 허수를 모두 포함한다. 수학 식으로 표기하면 복소수는 i와 두 실수 a, b를 사용해 $a + bi$로 쓸 수 있고, $1 + 2i$, $-3 + \frac{2}{5}i$와 같은 수이며 실수를 먼저 쓰는 것이 관례다. $b = 0$인 경우에 실수 a가 되며 $a = 0$인 경우에 순허수 bi가 된다. 순허수는 제곱하여 음수가 나오는 것으로서 실수 부분이 없는 수를 의미한다.

복소수는 실수체계보다 확장된 수체계를 이루면서 중요하고 유용한 특성을 갖고 있으며, 대수학의 기본정리에 의하면 n차 다항 방정식의 근은 복소수의 범위에서 n개의 해를 갖는다. 방정식의 입장에서 복소수의 존재는 아주 자연스럽고, 차수와 꼭 들어맞는 개수의 해를 갖기 때문에 복소수가 실수와 다르다고 해서 이상한 수로 취급하는 태도가 오히려 이상한 것이다.

복소수는 수학적인 영역을 넘어서 과학과 공학에서 빈번하게 나타나며, 특히 물질의 미시적인 상태를 지배하는 자연원리인 양자이론은 복소수 공간에서만 정의되고 이해할 수 있기도 하다. 복소수를 나타내는 표준적인 방법은 2차원 좌표계를 이용하는 것이다. 크기에 대응하는 모든 실수는 수직선과 일대일 대응되지만, 제곱해서 음수가 나오는 수까지 표현하기 위해서는 좌표축이 하나 더 필요하다. 이렇게 하면 2차원 유클리드 평면 위의 점과 복소수를 일대일 대응시킬 수 있다. 실수를 수직선 위의 한 점과 일대일로 대응시켜서 표현한 것과 비슷하다.

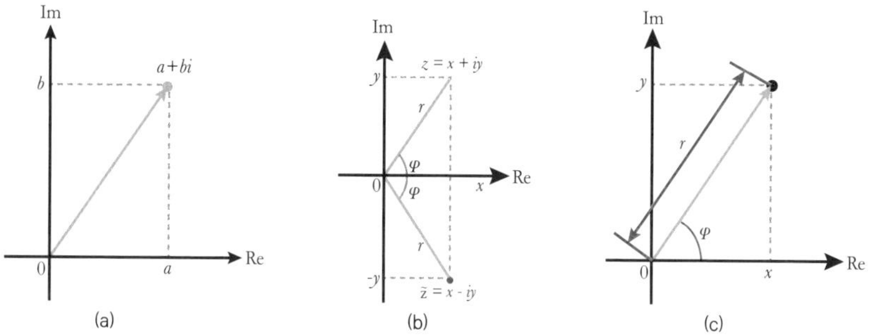

복소수를 2차원 좌표평면의 한 점(a, b)에 대응시켜서 나타낼 수 있으며, 켤레 복소수는 허수부의 부호만 다르기 때문에 실수축에 대하여 대칭이다. 복소수는 2차원 평면의 한 점에 대응되기 때문에, 원점으로부터의 거리 $r = \sqrt{x^2 + y^2}$ 과 실수축으로부터 회전한 각도 Φ의 두 변수로 나타낼 수도 있다.

복소수는 2차원 유클리드 평면 위의 한 점과 일대일 대응하기 때문에, 복소수를 좌표계의 순서쌍으로 볼 수도 있다. 그림으로 나타내면 (a)와 같으며, 원점에서 좌표평면까지의 점까지 가는 화살표라고 볼 수도 있다. 즉 복소수는 2차원 벡터와 동일한 구조를 지니고 있기 때문에, 벡터를 시각화하고 벡터의 연산을 이해하는 데 도움이 된다. 실수부는 같지만 허수부가 다른 복소수를 서로 켤레 복소수 관계에 있다고 하며, 가령 $2 + 3i$와 $2 - 3i$는 서로 켤레 복소수가 된다. 한 쌍의 켤레 복소수의 합과 곱이 실수로 나타난다. 켤레 복소수는 기하학적으로 볼 때, 허수부의 부호만 다르므로 한 쌍의 켤레 복소수는 실수축에 대해 서로 대칭인 점이다. 2차원 좌표평면으로 복소수를 나타낼 수 있기 때문에, 복소수를 z로 표기하고 $z = x + yi$와 같이 두 실수 x, y를 사용하는 경우가 많다. 이렇게 하면 복소수와 2차원 좌표평면이 동등하다는 특성이 강조된다.

2차원 평면 위의 점을 (x, y)와 같이 순서쌍으로 표시할 수도 있지만,

원점으로부터의 거리 $r = \sqrt{x^2 + y^2}$과 x축으로부터 회전한 각도 φ를 이용해 나타낼 수도 있다. 이렇게 r과 φ로 나타내는 복소수 표현식을 '극형식(polar form)'이라고 하며, 원점으로부터 해당 점까지의 거리인 r을 절댓값 그리고 회전한 각도 ϕ를 편각이라고 부른다. 극형식으로 나타내는 것은, 절댓값의 크기가 같고 편각만 다른 복소수들, 그러니까 반지름 r이 되는 원을 따라서 회전한 것과 같은 복소수들을 나타낼 때 편리하다.

소수는 실수를 부분집합으로 포함하면서, 가장 넓은 의미의 수체계를 갖고 사칙연산에 대해 닫혀 있다. 복소수는 대수적인 의미에서 중요하지만, 확장된 수인 복소수를 기반으로 하는 함수와 미분으로 수학의 개념을 확장하면서 수학을 질적으로 발전시킨다. 추상적인 영역만이 아니라 과학에서도 복소수는 미시세계 혹은 주기적 운동에서 자연스럽게 나타나며, 진동은 생각보다 광범위하게 자연의 특성을 나타낸다. 복소수라는 수체계는 여러 관점에서 잘 음미할 필요가 있으며 우주적으로 소통하는 데 기본이 된다.

4

진실을 밝히는 방법을 찾아서

비유클리드 기하학

내 주장이 맞는지 어떻게 증빙할 수 있을까?

수학에서 가장 중요한 것은 무엇일까? 느닷없이 이런 질문을 던지고 싶어졌다. 왜냐하면 BC 600년 무렵의 탈레스 시대에서 BC 300년 정도의 유클리드 시대에 수학에서 가장 중요한 일이 일어났기 때문이다.

수학에 가장 커다란 영향력을 행사한 책을 꼽으라면, 수학자뿐만 아니라 수학적 교양이 어느 정도 있는 대다수가 유클리드의 『원론』을 꼽을 것이다. 『원론』은 성경 외에 오랫동안 가장 많은 판본이 나왔는데, 유클리드 기하학과 수에 대한 중요한 지식들이 체계적으로 잘 정리되고 증명되어 있다. 읽기 쉬운 책은 아니지만, 여러 정리들을 매우 세련되게 증명하여 논리적 사고를 훈련하는 데 중요한 역할을 했으며, "한 점에서 다른 한 점으로 선분을 그릴 수 있다"처럼 지극히 당연해 보이는 5개의 전제만을 사용하여 수백 개의 유용한 기하학 정리들을 증명했다.

단순하고 당연한 명제 몇 가지에서 출발해 복잡하고 당연해 보

파피루스에 기록된 유클리드의 『원론』 조각과 첫 번째 영어판 표지. 이 책은 수학에 가장 큰 영향을 미친 책으로 꼽힌다.

이지 않는 지식들을 정당화하거나 부정하는 방법을 '연역적 방법(deduction)'이라고 한다. 고대 그리스의 연역적 방법론은 지식을 찾아가고 지식의 진위를 논증하는 데 핵심적인 역할을 한다. 당연하게 생각되어 오히려 증명하기 힘들고 독립적인 몇 개의 전제를 '공리(axiom)'라고 하며, 공리로부터 유도되는 결과를 '정리(theorem)'라고 한다. 연역적 체계는 공리를 바탕으로 전개되는 논리적 체계이며, 정리라고 하는 지식들을 만들어낸다. 1687년에 발간되어 과학혁명을 완성한 뉴턴의 『프린키피아』도 운동법칙 3개와 만유인력의 법칙을 공리로 하는 역학체계이며, 가장 엄밀한 학문 분야인 현대수학도 ZFC 공리계 위에 지어진 연역적 논증체계다.

고대 그리스의 현인들은 과학과 기술이 발달하지 않아 실험이나 기존의 이론을 활용해 자신의 주장을 정당화하는 데 어려움을 겪었을 것이다. 도시국가를 의미하는 폴리스마다 있던 아고라 광장에서는 자기의 주장을 펼치며 더 많은 지지를 얻기 위하여 노력했고, 연역적 방법은 구체적인 체계를 갖추며 발전했다. 학교에서 배우는 수학에서는 계산이 중요하지만, 수학에서 가장 중요한 것은 무엇이 옳은지 혹은 그른지를 엄밀하게 판단하는 것이다. 지식과 관점을 증명 혹은 반증을 통해 좀 더 명쾌하게 정리하며 다음 단계로 진일보하는 과정은 수학만이 아니라 모든 영역에서 중요하다. 이론적인 체계로서 연역적 방법론은 학문의 기초를 이룬다.

주어진 것으로부터 새로운 것을 알아내다

연역적 방법론이 중요하다는 사실을 작은 사례 하나를 바탕으로 경험해보자. 다음의 예는 하워드 이브스가 쓴 『수학의 위대한 순간들』(경문사, 1997)의 강의7을 참고하고 약간 변형한 것이다. 사각형 안에 있는 명제를 바탕으로 여러 지식(정리)들을 이끌어내려고 한다. 먼저 용어에 대한 정의가 나오고, 가정 3개는 연역적 방법론의 공리에 해당된다.

"집합 S는 어느 학교 학생들의 집합이며, 한 학생은 1, 2, 3학년 중 하나에 해당한다. 동아리는 이 학교 학생의 가입으로 만들어진다. 공통의 구성원을 갖지 않는 두 동아리를 서로 '결레동아리'라고 한다."

(가정1) S의 각 학생은 적어도 하나의 동아리에 속한다.

(가정2) S에 속한 학생들의 모든 쌍은 꼭 하나의 동아리에 동시에 속한다.

(가정3) 각 동아리마다 꼭 하나의 결레동아리가 있다.

위의 가정(공리)들로부터 다음의 결론(정리)들을, 논증을 통해 유도해보자.

(정리1) S의 각 구성원은 적어도 두 개의 동아리에 속한다.

(증명)

"a를 S의 한 구성원이라고 하자.

(가정1)에 의하여 a가 속한 어떤 동아리 A가 존재한다.

(가정3)에 의하여 A의 켤레동아리 A'가 존재한다.

모든 동아리는 최소한 한 학생 이상이 가입되어야 존재하므로, 켤레동아리 A'에는 a가 아닌 구성원 a'가 최소한 한 명 이상 있다.

(가정2)에 의하여, a와 a'가 함께 속한 어떤 동아리 B가 존재한다.

A는 켤레동아리 A'의 구성원 a'를 포함하고 있지 않으므로, A와 B는 서로 다른 동아리다.

즉 임의의 구성원 a는 서로 다른 동아리 A와 B에 속하므로, 적어도 두 개의 동아리에 속한다."

(정리1)의 주장이 직관적이지는 않았지만, 가정들로부터 논증을 거쳐 정당화할 수 있었다.

(정리2) 각 동아리는 적어도 두 명의 구성원을 포함한다.

(증명)

"어느 동아리 A가 구성원 a로만 구성되었다고 가정한다.

(정리1)에 의하여, a는 A와 다른 어느 동아리 B에도 동시에 속해야 한다.

B는 A와 다른 동아리이기 때문에, a와 다른 구성원 a'도 갖고 있어야 한다.

(가정3)에 의하여, B의 켤레동아리 B'가 있다.

B'는 구성원 a를 포함하지 않으므로, A의 켤레동아리도 된다.

즉 하나의 동아리가 두 개 이상의 서로 다른 켤레동아리를 가질 수 있다.

이것은 (가정3)에 위배되므로, 임의의 동아리의 구성원은 적어도 두 명의 학생을 포함한다."

(정리2)를 증명할 때, (정리1)의 결과를 이용했음을 눈여겨보자. 공리적 방법에서는 공리와 함께 이미 증명한 정리를 이용하여 논증을 간편하게 한다.

(정리3) S는 적어도 네 명의 구성원을 포함한다.

(증명)

"**(가정3)**에 의하여, S는 적어도 두 개의 서로 다른 a와 a'를 갖는다.
(가정2)에 의하여, a와 a'를 포함하는 어떤 동아리 A가 존재한다.
(가정3)에 의하여, A의 켤레동아리 B가 존재한다.
(정리2)에 의하여, B는 적어도 두 개의 구성원 b와 b'를 포함해야 한다.
A와 B는 서로 켤레동아리이기 때문에, 공통인 구성원을 갖지 않는다.
즉 a, a', b, b'는 서로 다르기 때문에, S는 적어도 네 명의 구성원을 포함한다."

(정리4) 적어도 여섯 개의 동아리가 존재한다.

(증명)

"**(정리3)**에 의하여 S에 네 명 이상의 구성원이 있으므로, 서로 다른 쌍을 6개 이상 만들 수 있다.
(가정2)에 의하여 각 쌍은 꼭 하나의 동아리에 속하므로, S에 적어도 6개의 동아리가 존재한다."

위에서 본 것처럼 단순한 명제와 정의로부터 당연해 보이지 않는 지식들을 이끌어낼 수 있으며 이론을 체계화하는 데 연역적 방법론은 이론 자체의 정당성을 증명하고 체계화하는 중요한 방법이다. 일상생활에서도 조금만 더 생각해본다면, 새로운 정보를 갖지 않아도 지금 생각하고 있는 것이 옳은지 그른지 알 수 있는 경우도 있다. 다른 사람의 주장도 그렇고, 자신이 선택해야 하는 상황에서도 논리적인 유추를 통해 좀 더 현명한 판단을 할 수 있을 것이다.

기하학을 모르는 자 이 문을 들어올 수 없다

공리적 방법을 통해 지식들을 이끌어낼 수 있다는 것은, 공리를 다르게 세움으로써 다른 지식체계를 만들 수 있다는 것을 의미한다. 비유클리드 기하학은 유클리드 기하학 다음에 자연스럽게 나타나며, 비유클리드 기하학을 통해서만이 우주를 기술할 수 있고 자연을 더 깊이 이해할 수 있다.

비유클리드 기하학이 어떻게 나왔는지 정리해보자. 유클리드 기하학의 공리 중에서 가장 유명한 것은 '평행선 공리'인데, 다른 공리와 다르게 조금 복잡하다. 참고로 유클리드 기하학의 5개 공리를 소개한다.

① 어떤 한 점에서 어떤 다른 한 점으로 선분을 그릴 수 있다.

② 임의의 선분을 선을 따라 다른 선분으로 연장할 수 있다.

③ 어떤 한 점을 중심으로 하고, 이에 대한 거리(반지름)로 하나의 원을 그릴 수 있다.

④ 모든 직각은 서로 같다.

⑤ 두 직선이 한 직선과 만날 때, 같은 쪽에 있는 내각의 합이 2직각

(180°)보다 작으면 이 두 직선을 연장할 때 2직각보다 작은 내각을 이루는 쪽에서 반드시 만난다.

다른 네 개의 공리에 비해 다섯 번째 평행선 공리가 복잡해 보인다. 사람들은 평행선 공리가 다른 4개의 공리로부터 유도될 수 있는 것인지 궁금해했지만, 결국 다른 공리로부터 유도될 수 있는 정리가 아니라 다른 공리들과 독립적인 것임을 알게 되었다. 그런데 기하학의 반전은 다소 어색해 보였던 평행선의 공리로부터 시작되었다.

수학자들은 19세기에 평행선의 공리가 성립하지 않는, 즉 다섯 번째 공리를 제외하고서도 얼마든지 기하학 체계를 구축할 수 있다는 것을 깨달았다. 기하학은 평평한 공간을 넘어서 자유롭게 확장되었으며, 추상적인 현대수학을 넘어서 아인슈타인의 상대성이론과 같은 자연원리의 기초로 사용될 정도로 현실에서도 중요한 것이다.

여러분이 우주여행을 한다면 반드시 시간과 공간을 이해해야 할 것이며, 이때 유클리드 기하학을 넘어선 비유클리드 기하학을 만나게 될 것이다.

참고 도서/영화
하워드 이브스 『수학의 위대한 순간들』, 허민, 오혜영 공역, 경문사, 1997.
이광연, 『수학, 세계사를 만나다』, 투비북스, 2017.
김홍종, 『문명, 수학의 필하모니』, 효형출판, 2009.
티모시 가워스 등 엮음, 『프린스턴 수학 안내서』, 금종해 등 옮김, 승산, 2014.
올리버 색스, 『모든 것은 그 자리에』, 양병찬 옮김, 알마, 2019.
거스 밴 샌트, 영화 〈굿 윌 헌팅〉, 1997.

헤아릴 수 없이 다양한 물질들의 근원은 무엇일까?

복잡하지만 조화롭게 보이는 세상을 지배하는 원리는 어떤 것일까?

8장

인간의 영역을 확장하는 과학

장형진 | 물리학과 수학을 통해 인간이 성장할 수 있다고 생각하는 철학적 물리학자. 서울대에서 입자물리학 전공으로 박사과정을 수료한 후 가톨릭대 등에 출강했다. 과학의 대중화를 위해 중고등학생, 시민들과 만나 과학의 기원과 인간의 이해라는 주제로 강의를 하고 있다.

1

세상은 무엇으로 이뤄져 있을까?

만물의 근원 물질

"도대체 세상은 무엇일까? 나는 누구일까? 세상은 어떻게 지금의 모습이 되었을까? 복잡하지만 조화롭게 보이는 세상을 지배하는 원리는 어떤 것일까? 헤아릴 수 없이 다양한 물질들의 근원은 무엇이며, 어떻게 이렇게 다채로운 물체들을 구성할 수 있을까? 생명은 무엇이고 죽는다는 것은 어떠한 의미일까?"

이러한 질문들은 현대를 사는 우리에게도 여전히 엄청난 궁금증을 불러일으킨다. 과학은 이러한 질문에 답하기 위해 탄생해, 객관적이고 합리적인 모습으로 성장했다. 이제 인간은 이 질문들에 대해 꽤 많이 답할 수 있다. 인간은 우주에서 자신들이 사는 세상을 한눈에 볼 수 있고, 지상의 세계 너머에 발자국을 남겼으며, 언제 세상이 생겨났는지도 설명할 수 있다.

과학은 이렇게 세상을 이해하는 방법으로서 그동안 큰 성취들을 이뤘다. 현대의 과학은 원자보다 작은 영역에서 무슨 일이 일어나고 있는지, 무한한 우주가 어떻게 진화했는지를 설명하는 이론들을 갖게 되었다. 과학과 기술이 인간의 문명을 이끌어가고 있다는 증거는 우리 일상생활에서 다양하게 찾아볼 수 있다. 인류가 시작된 이래 법, 사회제도, 예술과 문학, 경제, 도덕 등 여러 영역에서 많은 변화가 있었지만, 모든 것을 전기에너지로 작동시키는 전기문명이 확대되고 디지털 문화가 급속도로 보편화한 것을 보면, 그 속도가 과학의 변화 속도만큼 빠른 것 같지는 않다.

물론 변화가 곧 성장을 의미하는 것은 아니고, 변화를 계량하고 비교하는 관점과 기준이 다를 수 있으며 어느 분야가 더 우월한 것도 아니다. 각각의 분야와 영역들은 자기만의 방식으로 발전하고 있으며, 어느 것도 독립적으로 가는 것이 아니라 서로 영향을 주고받으며 함께 발전하기 때문이다.

그럼 이제부터 인간의 문명을 발전시켜온 과학이 어떻게 태어나고 성장해왔는지 살펴보도록 하자.

새로운 문명을 일구는 과학

세상은 정지한 사진이 아니며 늘 변화하고 움직인다. 세상의 변화는 어떠한 원리와 질서를 따르는 것일까? 자연의 변화에 아무런 질서가 없다면, 현재의 몸 형태조차 유지하지 못할 것이다. 밤과 낮이 규칙적으로 반복되지도 않을 것이며, 세상은 혼돈 그 자체일 것이다. 그러나 우리가 사는 자연과 세상은 어떤 질서에 따라서 움직이는 것처럼 조화롭게 보인다.

과학은 자연을 들여다보고 세상이 어떻게 동작하는지 밝히고, 인간에게 세상의 사용법을 알려준다. 인간은 자연을 아는 만큼 삶을 변화시킬 수 있었다. 자연현상을 겪고 단순하게 반응하는 것을 넘어서서, 결과를 예측하고 이용하게 되면서 지구상의 다른 생명체들과 차별화되었고 현대문명에 이르렀다.

현대 물리학은 만물의 근원이 되는 입자들의 목록을 찾아냈고, 가장 근원적인 힘들이 어떻게 자연을 작동하는지 상당 수준 이해하게 되었다. 왜 기본입자가 그런 모습으로 존재해야 하는지, 어째서 근원적인 힘이 그러한 특성을 지니고 있는지, 빛이 언제 모습을 드러내 우주를 밝히게 되었는지를 구체적으로 말할 수 있게 되었다.

자연은 거대한 힘을 가지고 있는 알 수 없는 존재였다. 하지만 우리는 과학적 태도와 활동으로 자연을 인간의 영역에 포함시키고자 했으며, 그 결과 우리의 조상과는 다른 문명에 살 수 있게 되었다. 현재와 같은 모습의 우리가 있도록 한 과학에 다가가기 위해 먼저 인간이 어떻게 자연을 경작하고 이해하려 애썼는지를 살펴보도록 하자.

자연과 인간을 잇는 초월자

30만 년 전에 나타난 호모 사피엔스는 오랫동안 다른 동물들과 마찬가지로 자연에서 먹을 것을 얻었다. 자연은 인간이 살아남기 위해 복종하고 따라야 하는 세계였다. 약 1만 년 전에 빙하기가 끝나면서 지구는 점점 따듯해지고 생명의 활동이 왕성해졌다. 채집이 아니라 농작물을 재배하고, 수렵이 아니라 목축을 할 수 있게 되었고, 인간은 자연과의 관계에서 비로소 다른 동물과 달라졌다. 자연을 받아들이는 수동적인 입장에서 자연을 활용하려는 능동적인 입장으로 바뀐 것이다. 하늘에서 일어나는 규칙적인 변화를 바탕으로 달력을 만들어 일상생활의 기준으로 삼게 되었고, 재배하는 식물과 기르는 동물의 특성을 파악하면서 더 많이 수확하고 사육할 수 있었다.

가뭄, 홍수, 지진 등 자연재해나 전염병 등 거대한 자연의 힘 앞에 선 인간은 너무나 미약했으니 어떻게든 대처해야 했을 것이다. 땅(지상계)에서 벌어지는 다양한 자연현상들을 이해할 수는 없었지만, 황홀할 정도로 찬란한 별들과 세상을 비추는 태양이 있는 규칙적인 하늘(천상계)을 보며 광대한 세상을 지배하는 인간 너머의 존재를 상상하게 되었을 것이다. 인간은 자연을 지배하는 초월자를 잘 섬기면 자연과 좋은 관계를 유지할 수 있을 것이라는 희망을 가졌다.

이렇게 해서 인간과 자연의 관계는 인간과 초월자의 관계로 바뀌었으며, 초월자를 숭배하는 종교가 인간사회의 주춧돌이 되었다. 세상은 인간의 영역이 아니라 신의 영역이었고, 신의 뜻을 잘 따른다는 것은 인간사회의 생존과 번영을 의미했다.

농업과 목축은 인간이 생존을 위해 먹을 것을 찾아 헤매는 데서 벗어나 정착해 살아갈 수 있게 해주었다. 그뿐만 아니라 단위면적당 수용

인간은 자연을 경작하면서 다른 동물과 달라졌고, 문자는 시간과 지역의 한계를 넘어 지식을 축적하고 발전시키는 것이 가능하도록 했다.

할 수 있는 인구가 수십 배 늘어나도록 해 수백 명 수준의 주거지가 수천 명 이상이 사는 도시로 발달할 수 있었다. 인간이 살아가는 주된 무대는 자연에서 사회로 바뀌었고, 삶의 가치와 소중한 것들을 점점 더 사회 속에서 찾게 되었다.

사람들 사이의 거래와 소통이 더욱 중요해졌고, 자연스럽게 문자가 출현해 주관적인 기억과 직접 소통의 한계를 뛰어넘을 수 있도록 해줬다. 사회적 소통만이 아니라 문자로 자연현상을 기록할 수 있었고, 시간과 공간의 제약에서 벗어나 기록과 지식들이 쌓이고 공유되었다. 같은 정보를 여러 사람이 공유하면서 집단지성이 형성되고 발달했으며, 그를 바탕으로 인간은 자연의 규칙들을 깨닫게 되었다. 그런데 어느 시기, 인간 세상을 근본적으로 변화시키는 씨앗이 세상에 뿌려진다. 초월자를 거치지 않고 자연을 이해하고 설명하고자 하는 시도를 하게 된 것이다.

만물의 근원 물질

2600년 전, 지중해 연안의 밀레토스에서 자연의 본질을 인간의 이성으로 탐구하는 밀레토스학파라는 이름의 최초의 철학 학파가 생겨났다. 알기 힘든 자연의 변화와 원리를 그저 초월자가 하는 일일 뿐이라고 치부하기보다 인간의 영역에서 이해하고자 하는 태도는 인류 발전의 원동력이 되었다.

밀레토스학파의 시조인 탈레스(BC 625~547)는 전해져 오는 지식과 관측을 바탕으로 BC 585년 5월 28일의 일식을 예견했다. 또한 자기현상과 전기현상을 탐구했으며, 존재의 근원을 규명하고자 했다. 탈레스는 만물의 근원을 물이라고 보았다. 물은 생명체에 가장 풍부한 물질이

고, 물체는 물기가 있는 정도에 따라서 젖을 수도 있고 건조할 수도 있기 때문이다. 그런데 습한 물이 건조한 물질의 재료가 될 수 있을까?

탈레스의 제자인 아낙시만드로스(BC 610~546)는 이런 의문을 제기하며 만물의 근원이 되는 존재는 동시에 세상의 모든 것을 이뤄야 하므로 규정할 수 없는 '무한자(apeiron)'여야 한다고 주장했다.

반면 그의 친구인 아낙시메네스(BC 585~525)는 모호하고 추상적인 것이 구체적인 물질을 만들어낼 수 없다고 생각했다. 그는 어느 곳에나 있고 좀 더 실체적인 공기가 바로 만물의 근원이라고 주장했다. 공기가 얼마나 '희박'한지에 따라서 불이 될 수도 있고, 얼마나 '농후'한지에 따라서 물과 같은 물질로 변한다고 생각했다.

이렇게 양적인 차이가 질적인 차이를 만들어낸다는 관점은 현대의 물질관과 대동소이하다. 원자핵을 구성하는 양성자의 개수에 따라서 원소가 달라진다는 사실을 보아도 이를 알 수 있다. 이들은 열정적인 사고를 바탕으로 이전 세대보다 더 구체적으로 물질의 변화를 설명하고자 했다. 신선한 점은 각자 나름의 논리를 바탕으로 자신의 주장을 펼쳤다는 사실이다.

불을 근원 물질로 본 헤라클레이토스

고대 그리스 현인들의 이야기를 조금 더 들어보면 크세노파네스(BC 570~475)는 "모든 것은 흙에서 나와 흙으로 돌아간다"고 주장하며, 흙을 만물의 근원으로 여겼다.

헤라클레이토스(BC 535~475)는 만물의 생성과 변화를 중시하면서 불을 근원 물질로 보았다. 만물은 변화하는 것이라고 생각했고, "같은 강물에 두 번 들어갈 수 없다"라는 주장은 후대에 영향을 끼쳤다.

지금까지 나온 네 가지 물질(물, 공기, 흙, 불)이 모두 만물의 근원이라고 여기는 4원소설을 최초로 주장한 사람은 엠페도클레스(BC 494~434)다. 그는 네 가지 원소들의 결합과 분리를 중요시했으며, 사랑으로 결합하고 미움으로 분리된다는 주장으로 만물의 변화를 설명하고자 했다. 확실하지는 않지만 실험을 위해 화산의 분화구에 올랐다가 죽음을 맞이했다는 이야기가 전해질 정도로 엠페도클레스는 직접 관찰한 것을 바탕으로 자연을 이해하고자 했다.

라파엘로, 〈아테네 학당〉(1511) 중 일부. 엠페도클레스는 4원소설을 최초로 주장했다(참고로 그림의 이 인물이 보이티우스, 또는 아낙시만드로스라는 주장도 있다).

플라톤(BC 428~348)은 4원소는 이상적인 기하학적 모양을 가지고 있는데 불은 정사면체, 흙은 정육면체, 공기는 정팔면체, 물은 정이십면체로 되어 있다고 했다.

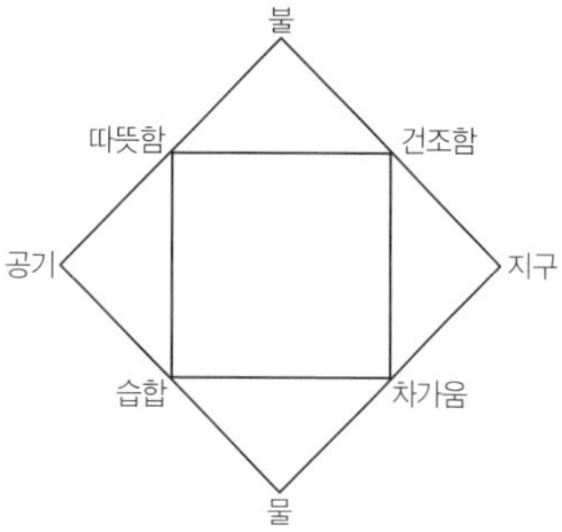

4원소설

이러한 태도는 '세계는 신이 창조한 것이니 인간이 뭐라 말할 수 없다'는 이전의 수동적인 태도와는 확실히 다르다. 인간의 영역에서 주장의 근거를 갖추려고 하고, 한 가지 주장이 더 확실한 주장을 이끌며 발전한 것이다.

한편 레우키포스(BC 440년 무렵)와 제자 데모크리토스(BC 460~370)는 만물의 근원을 다르게 생각했다. 물체는 더 작은 것들로 구성되어 있으며, 작은 조각들은 더 작은 것들로 나누어진다. 그렇게 계속 나누다 보면 언젠가는 더 이상 나눠지지 않는 기본물질에 이르게 될 것이다. 이들은 만물을 이루는 기본물질에 더 이상 나눠질 수 없는 것이란 의미의 '아토모스(atomos: a=아니다, tomos=나누다)'라는 이름을 붙였는데, 이는 분자의 개념을 떠올리게 한다. 또한 이들은 세계가 아토모스와 텅 빈 공간(진공)으로 구성된다고 생각했다. 아리스토텔레스의 주장보다 현대적인 관점이지만, 이들의 주장은 2000여 년 후 로버트 보일(1627~91)과 존 돌턴(1766~1844)이 다시 꺼낼 때까지 4원소설에 가려 빛을 보지 못한다.

플라톤의 제자이자 알렉산드로스 대왕의 스승인 아리스토텔레스(BC 384~322)는 정치학, 윤리학, 논리학, 인식론, 형이상학, 수사학, 정치, 경제, 물리학, 천문학, 지질학, 생물학, 심리학 등 당대 대부분의 학문에서 괄목할 만한 업적을 남겼으며 서양의 사상과 문화에 지대한 영향을 미쳤다. 그는 520여 종의 동물을 관찰하고 50종 이상의 동물을 해부하기도 했는데, 자연의 운동에 대한 그의 이론은 논리적으로는 얼핏 깔끔하게 보이지만 현실적으로 어색한 부분들이 있다. 그는 지상의 물체는 4원소의 배합비율에 따라 우주의 중심으로 떨어지거나 멀어지려고 하며, 천상의 물체는 우주의 중심과 거리가 변하지 않는 원운동을 한다고 주장했다. 또한 운동 원인이 물체에 직접 영향을 주기 위해서는 공기와 같은 매질이 필요하며, 천상은 에테르(aether, 대기의 신 아이테르의 이름에서 따왔다)로 차 있다고 주장했다. 물속에서 운동이 느려지는 것처럼 매질이 희박할수록 물체의 속력은 빨라지고, 진공에서는 무한대의 속력을 낼 것이기에 진공이 존재할 수 없다고 생각하기도 했다. '자연은 진공을 싫어한다'는 관점으로 진공을 부정하고, 세상의 모든 것들이 '물, 공기, 흙, 불'의 동일한 네 가지 재료로 만들어졌다는 4원소설을 주장한 것이다.

아리스토텔레스의 위엄은 후대에 내려갈수록 높아져 사람들은 4원소설을 믿어 의심치 않았다.

연금술은 인간의 물질적 욕망과 불로장생을 추구하려는 생물적 본능을 충족시키기 위하여 오랫동안 연구되었다. 과학혁명을 완성한 뉴턴(1642~1726)조차 연금술에 심취하여 많은 실험을 했다. 그러나 현대적인 관점에서 물질의 속성과 변화는 원자의 바깥 영역에 있는 전자들에 의하여 이루어지며, 원자의 변화는 원자의 깊은 곳에 있는 원자핵이 바뀌는 것이기 때문에, 연금술과 같은 화학적 실험으로는 원자핵을 바꿀 수 없다.

의술로 질병을 치료하다

의학의 아버지 히포크라테스. 그는 주술사나 미신, 종교에 의탁하지 않고, 의술로 질병을 치료했다.

고대 아테네 사람들은 질병을 신이 인간에게 내리는 벌이라고 생각했다. 신에게 질병을 거둬달라고 기도했지만, 아테네 인구의 삼분의 일이 줄어들 정도로 창궐한 전염병은 수그러들 줄을 몰랐다. 그러던 중 히포크라테스(BC 460~370)는 대장장이는 전염병에 걸리지 않는다는 사실을 알아차렸다. 그래서 집에 불을 피워 공기를 건조하게 하고 식수를 끓여 먹도록 하고 시체를 불에 태우는 방법으로 많은 목숨을 구했다. "인생은 길고 예술은 짧다"는 명언을 남기기도 한 히포크라테스는 주술사나 미신, 종교에 의탁하지 않고, 의술로 질병을 치료한 훌륭한 과학자다. 의사들의 임상관찰과 임상실험을 중시하고, 객관적 관찰과 합리적 추론을 바탕으로 환자를 치료하던 그는 현재 '의학의 아버지'로 불리며, 우리에게는 '히포크라테스 선서'로 잘 알려져 있다.

갈레노스(129~210)는 히포크라테스 이후 최고의 의학자로 꼽히며 고대 의학의 완성자로 알려져 있다. 많은 동물을 실제로 해부하여 해부학, 생리학, 병리학에 걸친 방대한 의학체계를 만들었다. 또한 그가 저술한 400권이 넘는 책은 1300년 이상 서양의학의 교과서 역할을 해왔다. 종교나 관습과 같은 상상적 믿음이 아니라 실제로 자연을 관찰하고 관찰을 바탕으로 이론을 세우고자 하는 노력은 인간의 삶을 발전시켰다.

내가 딛고 선 땅에 대한 새로운 시각

옛날부터 사람들은 지구가 우주의 중심에 있다고 생각했으며, 지구의 여러 생물들 중에서 유일하게 문명을 이룬 인간을 우주에서 가장 특별한 존재로 여겼다. 인간이 사는 곳이 우주의 중심이고 인간이 특별하다는 생각은 자연스럽게 세상을 창조하고 다스리는 신과 인간의 관계, 그리고 세상에 대한 특별한 세계관을 갖게 했을 것이다.

지구가 동그랗지만 굉장히 크기 때문에 곡률이 아주 작아서 평평하다고 느꼈는데 지구가 평평하다면 어디선가 끝나야 할 것이다. 그런 까닭에 뱃사람들은 세상의 끝에 이르면 배가 끝없이 떨어질까 봐 두려워했고, 이야기꾼들은 땅끝 너머의 신비한 세계에 대한 이야기를 만들어내기도 했다.

아리스토텔레스(BC 384~322)는 이집트 여행에서 돌아와 "키프로스에서는 보이지 않는 별이 (남쪽인) 이집트에서는 보였다"고 했으며, 지구의 그림자가 달에 드리우는 월식을 보면서 지구가 둥글 것이라고 추측했다. 아리스토텔레스처럼 더 넓은 지역에서 보이는 것을 비교하거나 멀리 떨어진 달을 통해서 유추하지 않으면, 혹은 바닷가 사람들처럼 먼 곳에서부터 다가오는 배가 돛부터 차례로 보이는 현상을 자세히 관

월식의 모습. 아리스토텔레스는 월식을 보면서 지구가 둥글 것이라고 추측했다.

찰하지 않는다면 이런 생각을 하지 못했을 것이다. 구체적인 근거들을 바탕으로 지구가 둥글다고 추론한 첫 호모 사피엔스는 아리스토텔레스라고 할 수 있다.

그런데 페르디난드 마젤란이 1519년에 출항하여 지구를 한 바퀴 돌며 지구가 둥글다는 것을 실제로 증명해 보이면서 세상의 끝에 대해 걱정할 필요가 없게 되었다.

2200년 전에 살았던 수학자 에라토스테네스(BC 276~194) 역시 지구가 둥글다고 생각했다. 아마도 100여 년 전의 아리스토텔레스의 주장과 기하학적으로도 큰 물체의 곡률이 작다는 사실을 당연히 알았을 것이다. 그는 2200년 전에 매우 간단한 기하학으로 지구의 크기를 비슷하게 측정한 최초의 호모 사피엔스다. 지구는 둥글고, 태양이 지구와 멀리 떨어져 있어 태양빛은 평행하다는 가정을 세우고, 두 지점 사이의 거리, 그리고 같은 시각에 두 지점에 세운 막대의 그림자 길이 등을 바탕으로 한 간단한 기하학을 이용했다. 측량이 지금보다 정확하지 않았는데도, 현대의 과학이 측정한 지구의 크기(반지름은 대략 6,400킬로미터이고 적도 둘레는 약 4만 킬로미터 정도)와 몇 퍼센트밖에 차이나지 않을 정도다. 측량이나 실험으로 자연에서 얻은 값과 소박한 가정, 그리고 논리적으로 검증된 수학이 결합하여 위대한 성취를 이룩한 것이다.

이렇게 측정과 가설, 그리고 수학으로 이론을 만들고 검증하며 발전시키는 방법은 전형적인 과학의 방법으로 현대 과학자들이 사용하는 것과 다를 바 없다. 스마트폰으로 지구 어디서나 친구를 만들고 실시간으로 소통할 수 있는 현대 사회에서 여러분은 훨씬 빠르고 쉽게 지구의 크기를 측정할 수 있을 것이다.

고대 그리스의 지적 재산은 알렉산드로스 대왕의 동방정복 이후 북

아프리카의 알렉산드리아로 옮겨졌으며, 헬레니즘시대에 여러 지역으로 전파되었다. 하지만 로마제국은 이론적이고 추상적인 과학을 중시하지 않았다. 그리고 5세기에 로마제국이 멸망하면서 유럽은 초월자가 지배하는 중세 1000년의 암흑시대에 접어들었다. 하지만 아랍은 고대 그리스의 과학을 보존하고 소화하는 한편으로 독립적인 성취도 이룩했다. 고대 그리스의 찬란한 정신적 유산과 아랍의 성취는 십자군전쟁(1095~1291)을 거치면서 유럽에 전파되었고, 인간 중심의 정신을 되살리는 르네상스가 일어나면서 한층 더 발전하게 된다.

2

내가 딛고 선 곳은 어디인가

천동설과 지동설

아마도 조상들은 우리보다 훨씬 더 멋지고 경이로운 밤하늘을 보았을 것이다. 빛의 공해(광해)가 없었으니까. 아주 오래전에 목동들은 눈에 띄는 별들을 이어 별자리를 만들었고, 밤하늘은 별자리가 전해주는 이야기들로 채워졌다. 나라나 지역마다 다른 이름과 이야기가 담긴 별자리는 수천 년 전에 바빌로니아 지역의 유목민들에 의해 탄생했다. 별자리는 BC 3000년 즈음 바빌로니아의 유물인 표석에도 나타나는데, 이집트를 거쳐 그리스로 전해지면서 신화가 입혀졌다. 별자리를 구성하는 천체로는 별만이 아니라 은하와 성단, 성운도 있다. 서양의 점성술에서 예를 들어 물병자리는 1월 20일에서 2월 18일 사이에 태어난 사람의 별자리로 별과 은하, 구상성단과 행성상 성운을 포함하며, 이들은 가까워 보이지만 실제로는 서로 매우 멀리 떨어져 있다. 점성술은 별자리가 국가나 집단의 운명 혹은 개인의 속성과 운명을 나타낸다고 믿었다.

기원전 164년에 나타난 핼리 혜성을 기록한 바빌로니아 표석.

중심은 태양인가, 지구인가

하늘에서 일어나는 변화와 별자리가 국가의 미래를 예견한다고 생각하던 시대에 밤하늘을 관측하는 것은 매우 중요한 일이었다. 밤하늘에서 빛나는 것들을 면밀하게 관찰하고 기록하면서 천문관측 자료와 기술이 쌓이고 발달해나갔다. 화학이 연금술에서 비롯되었듯이, 점성술은 천문학으로 발달했다. 밤하늘을 자세히 오랫동안 관찰하자 대부분의 별들과 다르게 위치와 밝기가 빨리 변하는 행성들이 눈에 띄었다. 또한 행성들의 움직임을 계속 관측하고 기록한 결과, 완전한 천상의 세계에 있는 행성의 운동이 원운동과 맞지 않는다는 사실이 드러났다. 심지어 어떤 행성들은 다른 천체들과 같은 방향으로 움직이다가, 어느 시기에는 거꾸로 움직이는 역행운동을 하기도 했다.

구체 모델을 들고 있는 프톨레마이오스(1476)

프톨레마이오스(100~170년으로 추정)는 완전한 천상세계라는 믿음에 이러한 천체 관측 자료를 맞추기 위해 '주전원'이라는 것을 도입했다. 주전원이란 원운동 궤도 안에서 또 원운동을 하는 것을 말한다. 프톨레마이오스는 '위대한 책'이라는 의미의 『알마게스트(*Almagest*)』를 썼는데 열세 권으로 구성된 이 책은 1400년 동안 지구중심설, 즉 천동설을 바탕으로 쓴 책들 중 가장 영향력 있는 천문학 서적이었다. 1권에서 아리스토텔레스의 우주론을 소개하는데, 실제 관측 자료와 맞지 않으면 주전원을 더 만들어 맞췄기에 행성 운동을 나타내는 기하학적 구조는 점점 복잡해졌다.

코페르니쿠스(1473~1543)는 행성들의 복잡한 운동궤도를 더 간단하게 설명할 수 있는 방법을 찾았다. 지동설을 들어 하늘에서 일어나는 현상들을 훨씬 단순한 원리로 관측값에 맞출 수 있었던 것이다. 1510년에 쓴 40쪽의 필사본 『짧은 해설서』에는 다음과 같이 사실상 지동설의 핵심적인 내용이 담겨 있다(단, 공식적으로 지동설을 밝힌 책은 33년 후 출간되었다).

천동설

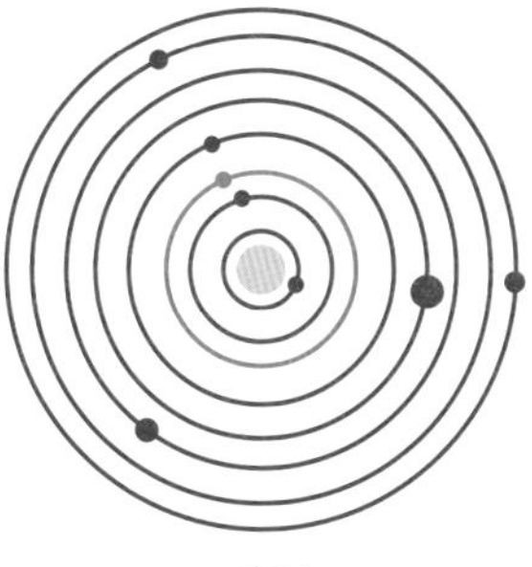
지동설

① 모든 천구들에 공통되는 하나의 중심은 존재하지 않는다.

② 지구는 우주의 중심이 아니다. 지구는 무게가 향하는 중심, 달의 천

구의 중심일 뿐이다.

③ 모든 천구들은 태양을 둘러싸고 있다. 그러므로 우주의 중심은 태양의 근처에 있다.

④ 태양에서 지구까지의 거리는 대천구(항성들의 천구[1])의 높이와 비교하면 매우 작아 감지할 수 없을 정도다.

⑤ 대천구의 겉보기 운동은 실제 운동이 아니라 지구의 운동에 의해 생긴 결과다. 지구는 고정된 극을 회전축으로 삼아 자전하며, 하늘 가장 높은 곳에 있는 항성들의 대천구는 움직이지 않고 가만히 있다.

⑥ 태양의 겉보기 운동은 실제 태양의 운동이 아니다. 지구와 지구의 궤도 껍질의 운동으로부터 나온 것이다. 즉 지구는 다른 행성들과 마찬가지로 태양을 중심으로 회전하고 있다. 그러므로 지구는 적어도 두 가지 운동을 하고 있다.

⑦ 행성의 역행 운동은 실제 운동이 아니다. 그것은 지구의 운동 때문에 그렇게 보이는 것이다. 그러므로 지구의 운동만으로 하늘에서 볼 수 있는 많은 불규칙한 현상들을 설명할 수 있다.

실제로 2019년에는 인공지능에게 화성과 태양 관측 자료를 주고 모형을 유추하라고 했더니, 자연스럽게 태양을 중심으로 화성이 움직이는 코페르니쿠스 모형이 나왔다. 자료를 신뢰하면 상상의 믿음을 넘어 진실에 가까이 갈 수 있는 것이다.

그러나 1000년이 넘는 세월을 지배한 아리스토텔레스의 우주관과

---

1 하늘에 떠 있는 모든 별들은 지구에서 똑같은 거리만큼 떨어져 있는 것처럼 보이고 온 우주는 마치 지구를 중심으로 한 커다란 공같이 느껴진다. 이처럼 큰 공 같은 우주를 천구라고 한다. 천구를 작은 조각들로 나누어 각 부분에 이름을 붙이면, 별들의 위치와 움직임 등을 설명하기 쉽다.

지구 중심의 종교관을 뒤집는 것은 어려운 일이었다. 코페르니쿠스가 사망한 해인 1543년에 여섯 권으로 된 『천구의 회전에 관하여』라는 책이 드디어 출판되었으나, "계산상의 편의를 위한 추상적인 가설에 지나지 않는다"는 내용의 서문을 추가해야 했고, 초판 400부가 다 팔리지도 않았다. 개신교 신학자들은 코페르니쿠스의 견해에 가장 먼저 반발했고, 로마 가톨릭은 1616년 이 책을 금서로 지정했다가 1758년에 풀었다. 뉴턴이 1687년에 『프린키피아』에서 역학 체계와 만유인력으로 완벽하게 태양 중심의 태양계 모형인 코페르니쿠스 체계를 설명한 지 70년 이상 지난 후였다.

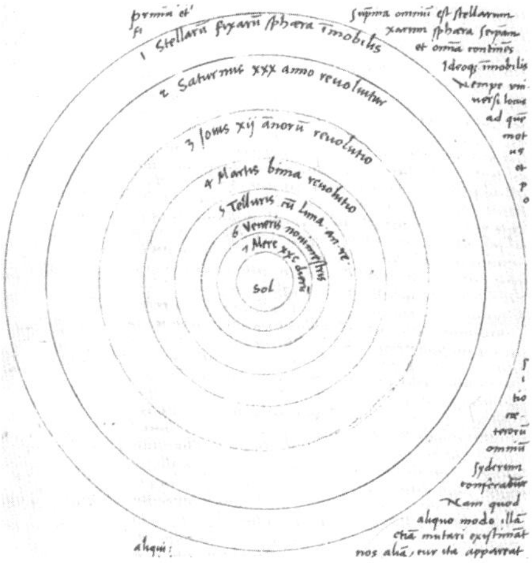

『천구의 회전에 관하여』(1543)에 실린 지동설을 설명한 그림

완벽하지 않은 천상의 세계

튀코 브라헤(1546~1601)는 아주 정확하고 훌륭하게 우주를 관측했음에도 불구하고, 우주의 중심에 있는 지구 주위를 태양과 달이 돌고, 다른 행성들은 태양 주위를 돈다고 주장했다. 당대 최고 수준의 수학적 분석력을 갖춘 케플러(1571~1630)는 브라헤가 죽자 그의 관측 자료를 그대로 물려받았으며, 1602년에 두 번째 법칙으로 알려진 '면적 속도 일정의 법칙', 3년 후인 1605년에 첫 번째 법칙인 '타원 궤도의 법칙'을 발견했다. 역시 하늘의 완전한 원운동이라는 개념에서 벗어나지 못한 케플러는 행성의 궤도를 원으로 두고, 태양을 원의 중심에서 벗어난 곳

에 두고 연구했지만 관측 자료와 맞지 않았고, 결국 타원 궤도를 적용하자 관측 자료와 맞아떨어졌다. 이후 10년 이상 힘들게 계산한 후 '조화의 법칙'이라고 불리는 세 번째 법칙까지 찾아낸다. 행성 운동에 대한 케플러의 법칙은 다음과 같은데 이는 천체 관측 자료를 정확하게 설명하는 아주 단순한 자연법칙으로 자리 잡는다.

① 타원 궤도의 법칙(1605년): 행성은 태양을 한 초점으로 하는 타원 궤도를 그리면서 공전한다.

② 면적 속도 일정의 법칙(1602년): 행성과 태양을 연결하는 가상적인 선분이 같은 시간 동안 쓸고 지나가는 면적은 항상 같다.

③ 조화의 법칙(1619년): 행성의 공전주기의 제곱은 궤도의 긴 반지름의 세제곱에 비례한다.

튀코 브라헤의 방대하고도 정확한 관측 자료와 케플러의 뛰어난 수학적 역량, 그리고 오랜 노력 덕분에 이제 사람들은 천상계에 대한 완벽한 상상의 믿음에서 벗어날 수 있게 되었다. 행성이 타원을 따라 운동한다는 것이 밝혀지면서 천상의 세계는 약간 일그러지게 되었고, 천상계의 완전하지 않은 모습이 처음으로 관측과 계산을 통하여 밝혀진 것이다.

케플러와 같은 시대를 살았던 갈릴레오(1564~1642)는 관성을 발견했다. 사람들은 지구가 움직인다면 왜 허공의 물체가 뒤로 물러나지 않느냐고 하면서 지구는 움직일 수 없다고 생각했다. 그러나 움직이는 물체는 계속 같은 방향으로 움직이려 하기 때문에, 움직이는 지구에 타고 있는 모든 것들 역시 땅에 붙어 있든 허공에 있든 관성에 의해 똑같이 움직이므로 정지한 것과 구별되지 않는다.

갈릴레오는 또한 네덜란드에서 망원경이 발견되었다는 말을 듣고 직접 제작하여 하늘을 관찰하면서 천상의 세계가 완벽하지 않다는 것을 직접 확인했다. 달의 지형은 매끈하지 않고 지구처럼 산과 골짜기가 있음을 알았고, 목성 주위를 공전하는 네 개의 위성을 발견하기도 했다. 모든 천체가 지구를 중심으로 회전하는 것이 아니라는 명백한 증거를 발견한 것이다. 또한 태양의 흑점을 발견했으며, 금성의 위상 변화를 관찰해 천상의 세계가 완전하지 않다는 객관적 증거를 얻었고, 지동설에 대해 더욱 굳건한 믿음을 갖게 됐다. 이제 천상의 세계는 오랫동안 믿고 기대했던 것과 다르게 지상의 세계와 약간 비슷해졌고, 후에 뉴턴은 분리되었던 지상의 세계와 천상의 세계를 하나의 세계로 통일한다.

천상의 세계가 완전하지 않으며 모든 천체가 지구를 중심으로 회전하는 것이 아니라는 증거를 발견한 갈릴레오

공기는 혼합물이다

연금술은 비록 금과 불로장생의 영약을 만들어내지는 못했지만, 덕분에 많은 실험이 이뤄져 자료들이 쌓이고 기술과 지식이 발전하면서 화학(chemistry)을 낳게 된다. 화학은 물질의 속성과 변화를 탐구하는 학문으로 자리를 잡아갔고, 새로운 물질들을 합성하거나 더 기본적인 물

질로 분리해 새로운 원소들을 계속 발견하면서 연금술을 대신했다. 공기와 흙은 여러 물질이 섞인 혼합물(mixture)이고, 물을 전기분해하여 수소와 산소로 분리하고 다시 합성하여 물을 만들어냄으로써 물이 기본원소가 아니라 화합물(compound)이라는 것이 밝혀졌다. 심지어 불은 물질이 아니라 물질과 산소가 격렬하게 반응하는 화학적 현상이라는 것도 알게 되었다. 이에 4원소설과 연금술은 자취를 감췄다. 마녀나 요정의 신비한 물약이나 생명의 묘약, 현자의 돌에 대한 환상도 점차 사라졌다.

앞에서 말한 로버트 보일은 4원소설에 나오는 원소 중 하나인 공기가 혼합물이라는 것을 실험으로 증명하고, 리트머스 이끼에서 추출한 용액으로 산과 염기를 정량적으로 잴 수 있는 리트머스 시험지를 발명하는 등 근대 화학의 기초를 세웠다. 보일은 실험을 통한 검증과 실험에 바탕을 둔 지식을 중시하고, 근대 화학의 개척자로서 만물의 근원을 과학적으로 탐구하는 길을 열었으며, 경험론으로 유명한 철학자 존 로크의 사상에도 큰 영향을 미쳤다. '보일의 법칙'은 기체의 온도가 일정하면 기체의 압력과 부피는 반비례한다는 것이다. 즉 압력을 가하면 기체의 부피는 줄어든다. 식으로 나타내면 $P \propto 1/V$ 혹은 상수 k를 이용하여 $PV=k$로 나타낼 수 있다. 보일의 법칙이 별로 특별할 것 없는 이론으로 느껴질 것이다. 공기가 들어 있는 풍선이나 피스톤을 누르면 부피가 줄어드니 말이다. 하지만 중요한 것은 보일이 정성적인 추측을 넘어 압력과 부피가 반비례함을 정량적으로 계산할 수 있는 수식으로 표현했으며, 엄밀하고 객관적인 실험을 통해 검증했다는 것이다. 이렇듯 과학적인 방법은 자연의 비밀과 진실에 다가서도록 도와준다.

보일의 법칙은 BC 250년경 아르키메데스의 '아르키메데스의 원리

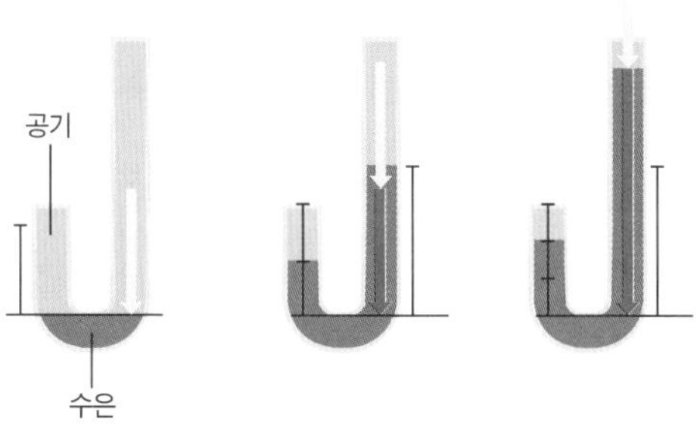

왼쪽 관의 공기 압력은 양쪽 관의 수은기둥 높이 차이에 비례하므로 이 그림을 통해 보일의 법칙을 쉽게 확인할 수 있다.

(물체를 유체에 넣었을 때, 물체가 떠오르는 부력의 크기는 물체가 밀어낸 유체의 중력과 같다)', 17세기 초 케플러의 '행성운동의 법칙'과 더불어 인간이 발견한 자연법칙 중에서 손가락 안에 꼽히는 법칙이다. 인간의 역사에서 중요한 진보를 이룩한 것이므로 조금 더 살펴보자.

위의 그림은 보일의 유명한 'J자 관 실험'이다. 공기의 부피는 유리관 왼쪽에서 측정할 수 있고, 공기의 압력은 오른쪽의 수은 높이를 통해 알 수 있다. 뚫려 있는 오른쪽 관으로 수은을 조금씩 넣어주면, 공기가 통할 때까지는 양쪽 관의 수은 높이가 같다가, 공기가 통하지 않게 된 상태에서 수은을 더 넣으면 왼쪽 관의 공기는 부피가 줄어들고 압력이 커진다. 오른쪽 관으로 넣는 수은의 양을 조절하면서 왼쪽에 있는 공기의 압력과 부피를 측정했더니 '곱한 값'이 늘 일정했다. 보일은 여러 기체를 가지고 실험을 반복한 결과 1662년에 보일의 법칙을 발견한다.

자연에는 진공이 존재한다

보일의 J자 관 실험이 밝힌 또 다른 중요한 사실이 있다. 아리스토텔레스스는 "물질은 진공 없이 꽉 채워져 있다"고 주장했는데, 그의 주장이 맞다면 압축될 여지가 없으므로 공기의 부피가 변할 수 없었을 것이다. 반면 보일은 물질들이 입자로 구성되어 있고, 입자들 사이는 아무것도 없는 진공이며, 부피가 변하는 것을 공기 입자들 사이의 거리가 줄어들기 때문이라고 설명했다. 그는 이 실험을 바탕으로 '물질의 입자설'을 주장했다. 진공에 대한 아리스토텔레스의 생각은 오랫동안 전해져 오며 우상화되어 있었다. 보일은 "자연은 진공을 싫어한다" 혹은 "자연에 진공이 없다"라는 전통적 믿음을 구체적이고 정확한 실험으로 반박했던 것이다.

이것은 1643년에 진공의 존재를 증명하기 위한 토리첼리의 실험의 영향을 받았다. 토리첼리는 공기방울을 제거하고 수은을 채운 유리관을 뒤집는 실험을 했는데, 수은이 내려오면서 유리관에 공간이 생겼다. 이로써 진공이 존재할 수 있으며, 수은의 높이는 대기압과 관련 있는 것으로 생각했다.

대기가 수조에 있는 수은을 누르는 압력과 뒤집은 유리관에 있는 수은이 중력에 의해 수조의 수은을 누르는 압력이 다르다면, 수은은 같아질 때까지 움직일 것이다. 대기압이 높다면 수은 기둥의 높이도 더 올라가고, 대기압이 약하다면 유리관의 수은이 내려가게 된다. 이렇게 해서 보이지 않는 공기들이 층층이 쌓여서 생긴 무형의 대기압을 눈에 보이는 수은의 높이로 측정할 수 있다. 이것이 바로 기압계(barometer)의 원리다.

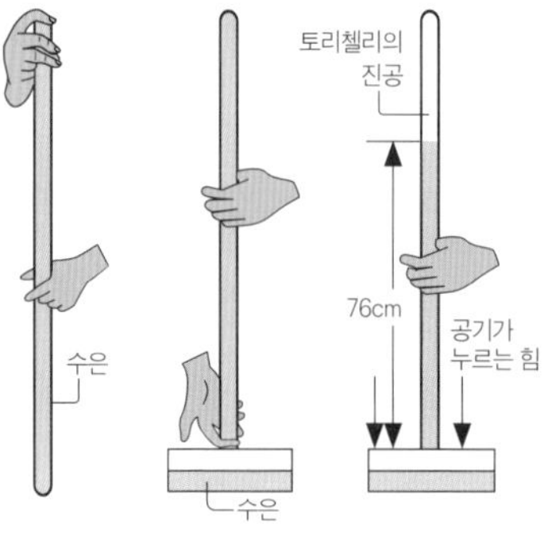

기압계의 원리를 보여주는 토리첼리의 실험

기압계를 뜻하는 영어 단어 바로미터(barometer)는 일상적인 관용어구로도 쓰인다. 가령 "횡단보도 신호를 지키는 것은 그 사람의 공중도덕심을 알 수 있는 바로미터다"처럼. 사족을 덧붙이자면, 유리관의 수은 기둥 위에 생긴 토리첼리의 진공은 엄격한 의미에서 진공은 아니고 수은 증기가 섞여 있었다. 잘 증발하지 않는 액체를 사용하여 실험한다면 좀 더 진공에 가까운 상태가 될 것이다.

3

세상을 움직이는 힘은 어떻게 작동하는가?

만유인력의 법칙

유럽에서는 16세기부터 전제군주제가 확립되면서 자연에도 법칙이 있다는 생각이 퍼졌다. 이전까지는 돌이나 물 같은 무생물이 어떤 법칙을 따른다는 생각을 우습게 여겼기 때문인지 자연법칙이라는 표현은 잘 쓰지 않았다. 17세기 초부터 '케플러의 법칙', '보일의 법칙'과 같은 표현이 등장한다. 전제군주제와 함께 국민 모두가 지켜야 할 법이라는 관념과 세상의 입법자인 신이 자연이 따라야 할 법을 주었을 것이라는 인식이 생긴 것이다. 자연의 법칙도 사회의 법과 마찬가지로 영어로는 'law'라고 한다. 역학체계의 기초가 되는 자연원리를 데카르트가 '자연법칙(low of nature)'이라고 한 것이나 뉴턴이 '운동의 법칙(law of motion)'이라고 쓴 것도 그 시대에서 비롯된 표현이라고 생각한다.

과학의 이정표를 세운『프린키피아』

어느 날 뉴턴은 천문학자 에드먼드 핼리(1656~1742)와 이야기를 나누던 중에, 20년 전에 행성의 궤도가 타원인 이유는 지구와 같은 행성은 태양으로부터 받는 힘이 거리의 제곱에 반비례하기 때문이라는 것을 수학적으로 계산해냈다고 말했다. 핼리는 깜짝 놀라며 그 내용을 책으로 출간하라고 적극적으로 권유했다. 과학의 이정표를 세우게 된 뉴턴의 『프린키피아』는 이렇게 세상에 나왔으며, 뉴턴은 이 위대한 책의 서문에서 핼리에게 특별히 감사의 말을 전한다. 여기서 핼리는 핼리 혜성을 발견한 바로 그 천문학자다.

뉴턴은 2000년 전의 선배 유클리드(BC 330~275)가 인간 이성의 기념비적 저작인 『원론』에서 기하학을 풀어냈듯이, 공리적 방법으로 역학체계를 세웠다. 즉 질량이나 힘, 운동량과 같은 개념들을 정의한 후 이 용어들을 사용한 세 개의 운동법칙을 공리로 택하고(뉴턴은 자연원리를 '공리' 혹은 '법칙'으로 표현했다), 이를 전제로 역학체계를 만든 것이다.

또한 어떤 물체든 서로 잡아당기는 힘이 있다는 만유인력을 발견했다. 이로써 인류가 탄생한 이래 그토록 신비롭게 여긴 하늘의 운동을 정확하게 기술할 수 있었다. 뉴턴은 지상의 세계와 천상의 세계가 같은 법칙으로 운동한다는 것을 밝혀냈다. 인간의 이성은 뉴턴의 역학체계

뉴턴은 『프린키피아』를 출간하면서 과학혁명을 완성한다.(위키미디어 © Karel)

를 이용해 초월자가 지배하는 불가지한 자연을 인간의 영역으로 개척하며 인간의 위치를 질적으로 변화시킬 수 있었다.

위대한 책 『프린키피아』의 내용을 살짝 살펴보자. 유클리드의 『기하학』처럼, 『프린키피아』도 정의로 시작한다.

> **정의 I.** 물질의 양은 물질을 밀도와 부피의 곱으로 측정하는 값이다.
>
> **정의 II.** 운동의 양은 운동의 속도와 물질의 양을 곱해 측정할 수 있는 값이다.
>
> **정의 III.** 물질의 고유한 힘은 물체가 정지해 있거나 등속 직선운동을 하는 상태를 유지하고 변화에 저항하는 능력이다.
>
> **정의 IV.** 외부의 힘은 물체에 작용해 정지 상태나 등속 직선운동의 상태를 변화시키는 것이다.

정의 I은 질량(mass)을 '물질의 양(quantity of matter)'이라 여겼지만, 밀도를 정의하지 않은 까닭에 질량을 제대로 정의했다고는 할 수 없다. 정의 II는 운동량(momentum)이라는 것으로 '운동의 양(quantity of motion)'을 속도와 질량의 곱으로 정의했다. 즉 운동이 클수록, 또 질량이 클수록 운동의 양이 커진다는 생각이 바탕에 깔린 물리량이다. 정의 III은 관성(inertia)에 대한 정의다(Inertia의 어원은 '게으르다, 쉬다'라는 뜻의 라틴어 iners이다). 관성은 운동의 변화에 저항하는 것이다. 정의 IV는 외부의 힘(force)에 대한 정의이며, 뉴턴의 핵심적인 이론이 출발하는 지점이다. 물체의 관성을 변화시키는 것을 '외부의 힘'이라 한 것이다. 이 뒤로도 정의가 몇 개 더 나오지만, 운동의 법칙을 이해하는 데 당장 필요한 것은 아니니 넘어가고, 그 뒤에 운동의 배경이 되는 시간과 공간에 대한 해설이 나온다.

> **해설 I.** 절대적이고 실재하며 수학적인 시간은 그 자체로, 그리고 그 자체의 성질로 외부의 어떤 것과도 상관없이 일정하게 흘러가고….
>
> **해설 I.** 절대공간은 그 자체의 성질로 외부의 어떤 것과도 상관없이 균일하고 움직이지 않는다.

뉴턴의 시간과 공간에 대한 해설에서 뉴턴 역학의 정체성을 느낄 수 있다. 그는 시간과 공간은 운동의 배경으로서 물체의 운동과 완벽하게 분리된 무대라고 말한다. 절대적인 시간과 공간은 가정할 필요도 없을 정도로 당연하게 생각했기에 가정의 영역에 들어가지도 못하고 해설로 처리되었다. 그러나 20세기 초에 아인슈타인의 상대성이론에 의해 물체의 운동이 배경과 어울리며, 배경인 시간과 공간이 상대적인 것으로 뒤집힌다. 정의와 해설을 지나면 뉴턴 역학의 기반이 되는 '뉴턴의 운동법칙'들이 나타난다.

우주의 보편적인 원리, 뉴턴의 운동법칙

뉴턴의 운동법칙은 우주의 보편적인 자연원리다. 언제나 변하지 않고 어디서나 똑같이 작동한다. 뉴턴의 세 가지 운동법칙은 뉴턴 역학체계의 공리로서, 이때 공리란 신의 말씀처럼 무조건 받아들여야 하는 진리와 같다.

> ① 운동 제1법칙: 모든 물체는 외부의 힘이 작용하지 않는 한, 정지 상태나 등속 직선 상태를 유지한다. → 관성의 법칙
>
> ② 운동 제2법칙: 운동의 변화는 외부에서 주어지는 힘에 비례하고,

그 힘이 주어지는 직선 방향으로 일어난다. → 운동의 법칙

③ 운동 제3법칙: 모든 작용에는 언제나 반대 방향으로 크기가 같은 반작용이 있다. 다시 말해 두 물체가 주고받는 작용은 언제나 크기가 같고 반대 방향이다. → 작용과 반작용의 법칙

아이작 뉴턴. 그는 우주의 모든 곳에 똑같이 적용되어 우주적인 가치를 갖는 세 가지 운동법칙을 정리했다.

제1법칙은 '관성의 법칙'이라고도 하는데, 외부의 힘을 정의한 '정의 IV'와 거의 같은 내용이다. 단지 외부의 힘과 운동의 관계를 조금 더 긴밀하게 표현했을 뿐이다. 이 법칙에서 주목해야 할 것은 '모든 물체'라는 말이다. 뉴턴은 운동법칙은 지구나 우주 어디에서나, 어느 물체에서나 성립하는 보편적인 법칙이라고 주장한다.

'운동의 법칙'이라고도 불리는 제2법칙은 뉴턴 역학의 핵심이며, 주인공이다. 사실 무대 위의 배우는 제2법칙 하나이고, 1법칙과 3법칙은 자연이 제2법칙이라는 배우를 비출 때 나타나는 그림자라고 볼 수 있다. 뉴턴 이후에 수학자들은 운동 제2법칙을 간략하게 $F = ma$라고 표현했다. F는 질량이 m인 물체 외부에서 작용하는 힘이고, a는 가속도로서 속도의 변화로 구체적으로 정의되는 물리량이다. 물체의 운동 변화(속도 변화)는 힘이 아니라 가속도 a로 나타난다. 같은 힘을 받더라도 질량이 가벼운 것이 속도 변화(가속도)가 더 크다. 뉴턴의 역학체계는 우리의 경험적 상식에 잘 들어맞는다.

'작용과 반작용의 법칙'이라고도 불리는 제3법칙은 외부의 힘만이 아니라, 내부의 힘까지도 포괄하고자 '모든 작용'이라는 말을 쓴 것 같다. 제3법칙으로 인해 여러 입자들로 이뤄진 물체의 운동을 기술할 수 있게 된다.

뉴턴은 이처럼 운동법칙을 가정과 해설에 이어 운동을 설명하는 기본 공리로 취급한 후 삼라만상의 운동을 설명하려고 했다. 『프린키피아』 1권에서 운동법칙 외에 만유인력을 주장해 케플러의 모든 법칙들을 수학적으로 증명했다. 만유인력은 두 물체 사이의 거리의 제곱에 반비례하는 힘이다. 2권에서는 유체 속에서의 물체의 운동을 다루며 데카르트의 소용돌이 이론을 부정하고, 3권에서는 태양과 행성들의 질량을 계산하고, 조수의 이론과 행성 궤도의 세차운동 등을 구체적으로 계산하고 설명했다. 물론 사과가 땅으로 떨어지는 것과, 지구가 태양을 중심으로 타원운동을 하는 것이 만유인력과 동일한 운동법칙에 의한 것임도 증명했다.

물체를 운동시키는 원인

뉴턴의 세 가지 운동법칙은 지상의 물체에만 적용되는 것이 아니라, 우주의 모든 곳에 똑같이 적용된다는 점에서 우주적인 가치를 갖는다. 즉 우주의 모든 것을 지배하는 보편적인 법칙인 것이다. 그러나 이 운동법칙에서 구체적인 힘의 형태가 나타난 것은 아니기 때문에, 아직은 지상의 물체가 아래로 떨어지거나 행성들이 왜 케플러의 세 가지 법칙을 만족시키며 움직이는지를 밝히지는 못한다. 운동법칙은 구체적으로 어떤 힘이 가해졌을 때 그 물체가 따라야 할 운동의 원리이지, 운동의 원인은 아니기 때문이다.

운동의 원인이 되는 힘을 찾아야 실제의 자연을 설명할 수 있다. 그렇다면 물체를 운동시키는 원인은 무엇일까? 아리스토텔레스는 물체가 아래로 향하는 것은 물체의 고유한 속성이라고 생각했지만, 르네상스 시기의 임페투스 이론(공기의 저항에 반하는 숨은 힘이 물체의 운동을 가능하게 해주는데 그 힘은 물체가 아닌 운동 자체에 있다는 이론)은 관찰에 기반해서 반박했고, 운동 원인과 운동 원리가 수식으로 연결되어 있지 않아서 계산할 수도 없었다. 뉴턴의 운동법칙은 운동의 원인이 되는 힘과 운동의 원리가 되는 운동량의 변화를 연결하며 역학체계를 제대로 잡고 자연을 정량적으로 계산할 수 있도록 해줬다. 또한 우주를 관통하는 보편적인 운동 원리를 천명한 뉴턴에게, 운동의 원인이 되는 힘이라고 해서 지상과 천상이 다르다는 기존의 관념이 족쇄가 될 수는 없었다.

뉴턴은 케플러 법칙을 이끌어내고, 달이 지구 주위를 공전하는 속도와 물체의 자유낙하를 하나로 묶을 수 있는 우주의 보편적인 힘을 수식으로 나타냈다. 어느 물체나 갖는 질량 때문에 두 물체 사이에는 서로 끌어당기는 힘인 만유인력이 작용한다고 생각했으며, 만유인력의 크기는 두 물체의 질량에 비례하고 떨어진 거리의 제곱에 반비례한다고 주장했다. 이로써 물체를 운동시키는 원인인 자연의 기본 힘으로 중력이 구체적인 모습으로 세상에 드러났다.

만유인력을 수식으로 나타내면, 질량이 M과 m인 두 물체 사이의 거리가 r일 때 $G\frac{Mm}{r^2}$이다. 여기서 중력상수인 G를 우리가 일상생활에서 사용하는 미터, 킬로그램 수준의 단위에서 측정한 값은 약 6.7×10^{-11} 정도로 무척 작은 상수다. 중력상수의 값이 이처럼 아주 작기 때문에, 우리는 질량이 아주 큰 경우에 대해서만 만유인력을 느낄 수 있다. 지구의 질량이 무척 크기 때문에 지구로부터의 중력은 느낄 수 있지만, 우리의 감각은 옆에 있는 사람 혹은 아무리 커다란 산이라도 우리를 끌어당기는 정도의 중력을 느끼지는 못한다. 만유인력에 따라서 물체의 운동 원인은 자기 자신이 아닌 다른 물체의 질량이며, 운동법칙에 따라 자신의 질량에 반비례하여 물체의 운동이 변하게 된다.

이제 운동의 원인인 힘도 구체적인 형태로 나타났고, 운동을 지배하는 원리인 운동법칙도 수식으로 표현되었으니 계산할 수 있게 되었다. 뉴턴은 자연의 현상들을 계산하기 위해 새로운 수학적 도구와 물리적 개념이 필요하다는 것을 깨달았다. 힘과 운동은 크기만 있는 것이 아니고 방향까지 고려해야 하며, 시간에 따라 연속적으로 변하는 운동을 기술하기 위해 미분을 개발했다.

우주인은 무중력 상태가 아니다

아리스토텔레스는 무거운 쇠공이 가벼운 쇠공보다 먼저 떨어진다고 생각했다. 반면 갈릴레오는 공기의 저항을 무시한다면, 물체는 동시에 땅에 떨어지며 낙하할 때의 속력이 시간에 비례한다고 주장했다. 지구 위의 물체들은 지구의 중력을 받아서 지구의 중심으로 운동하는 것인데 그것이 마치 땅에 떨어지는 것처럼 보인다. 지면으로 떨어지는 물체들은 속력이 점점 더 커진다.

사람들은 이미 갈릴레오가 옳다는 것을 알고 있었다. 지구에서도 여러 곳에서 진공을 만들어 다양한 물체들을 떨어뜨리는 실험을 했다. 진공인 달에서도 실제로 낙하 실험을 해봤다. 1971년에 아폴로 15호의 우주인은 달에서 해머와 깃털을 같은 높이에서 떨어뜨렸다. 물론 두 물체는 동시에 달 표면에 도착했다(이 동영상은 유튜브에서 볼 수 있다).

지구가 지상에 있는 물체를 끌어당기기 때문에 물체가 아래로(지구로) 떨어지지만, 지구는 왜 물체로 떨어지지(끌려오지) 않는 것처럼 보일까? 그것은 지구가 지상의 어떤 물체보다도 월등히 무겁기 때문이다. 또한 같은 힘을 받아도 가속도의 차이가 질량의 비만큼 다르기 때문에 지구는 물체와의 만유인력에 의해 운동이 거의 변하지 않는다.

지구 궤도를 돌고 있는 가장 큰 인공위성인 우주정거장을 생각해보자. 우주정거장은 질량이 400톤 정도이며 지상으로부터 약 400킬로미터 높이의 저궤도에서 하루에 지구를 15.5바퀴 돌 정도로 빠르게 공전하고 있다. 지구의 반지름은 평균 6,400킬로미터 정도이고, 지구의 질량은 우주정거장 질량의 1.5×10^{19}배 정도 된다. 그런데 지표면으로부터 400킬로미터 높이의 우주정거장은 지구 반지름의 16분의 1밖에 되지 않으며 멀리서 보면 지표면 근처에 있는 것과 별로 다르지 않다. 우주정거장에 있는 우주인은 지표면에서 느끼는 중력의 약 90퍼센트 정도를 느끼지만 우리가 우주정거장 안에 있는 우주인을 보면 무중력 상태인 것처럼 보인다. 우주정거장이 빠른 속도로 지구를 공전하고 있기 때문에 원심력과 중력이 균형을 이루어 그렇게 보이는 것이다. 사진 같은 것을 보면 둥그런 지구를 내려다보고 있거나 우주 유영을 즐기는 모습이 경이롭기는 하지만, 지구로부터 멀리 떨어져 있기 때문에 무중력 상태가 된 것이 아니라는 사실을 알아두자.

우리가 땅에서 볼 때, 지구 주위를 공전하는 위성 중에는 늘 같은 위치인 것처럼 보이는 정지궤도 위성이 있다. 정지궤도 위성의 공전주기는 지구의 자전주기와 같이 하루에 1회전을 한다. 하루에 1회전을 하면 우주정거장의 15.5회 회전과 비교할 때 꽤 느리게 공전하는 것이다. 이렇게 느리게 공전하면 원심력은 우주정거장에 비해 아주 작으며, 정

우주정거장의 모습. 우주정거장에 있는 우주인을 보면 무중력 상태인 것처럼 보이는데 이는 우주정거장이 빠른 속도로 지구를 공전하고 있기 때문에 원심력과 중력이 균형을 이뤄 그렇게 보이는 것이다.

지궤도에 작용하는 중력도 같은 정도로 작아야 일정한 궤도 높이를 유지하며 임무를 수행할 수 있다. 실제로 하루에 1회 공전하기 위해서는 약 3만 6,000킬로미터 정도의 고도에 있어야 한다는 것을 계산으로 구할 수 있다.

영화에서 우주정거장이 파손되어 밖으로 나오게 된 우주인을 우주 잔해가 위협하며 지나가는 것을 볼 수 있다. 이 우주 잔해는 2시간 내에 다시 돌아올 정도로 빠르게 지구를 공전하며 우주인을 위협한다. 그러나 사실 이는 잘못된 설정이다. 지표면에서 같은 높이에 있는 물체는 우주정거장이든 우주 잔해든 같은 속도로 공전하기 때문이다. 우주정거장보다 빠르게 움직이면, 원심력으로 인해 바깥 궤도로 움직이는 까닭에 원심력과 지구 중력이 같아지는 궤도에서 다시 안정적으로 공전하게 될 것이다.

우주 잔해가 우주정거장과 같은 인공위성에 위협이 되는 것은, 우주 잔해가 있는 곳에도 적긴 하지만 대기가 있기 때문에, 공전하는 동안 마찰을 받아 속력이 느려지고 원심력이 작아지며 지구 중력이 더 커져서 지구 쪽으로 이동하기 때문이다. 인공위성은 일정한 높이에서 공전하기 위해 태양 빛을 전기로 변환하여 마찰에 의한 속력 감소를 약간씩 보완해 일정한 궤도를 유지한다. 그러나 수명이 다한 인공위성은 그렇게 할 수 없으므로, 속력이 줄어들고 지구로 향하면서 다른 인공위성과 충돌할 위험이 있다.

저궤도의 우주정거장이 정지궤도의 위성에 비해 빠른 속력으로 지구를 공전하는 것처럼, 행성들이 태양을 공전하는 속력은 궤도가 클수록 느리다. 지구보다 바깥에 있는 화성, 목성은 태양으로부터 받는 중력이 지구보다 작기 때문에 공전에 의한 원심력이 작다. 지구 바깥의 외행성들이 공전하는 속력이 지구의 공전속력보다 작아서 생기는 현상으로는 외행성의 역행운동이 있다. 공전궤도의 반지름과 공전주기 사이의 관계는 케플러가 관측 자료를 바탕으로 세 번째 법칙에서 수식으로 만들었고, 뉴턴은 운동법칙과 만유인력만으로 케플러의 법칙 세 가지를 모두 유도했다.

4

물질은 왜 이렇게 다양할까?

근대 화학의 탄생

뉴턴의 운동법칙은 과학의 성배라고 할 만하다. 과학자와 수학자들은 뉴턴의 운동법칙을 확장하면서 자연의 여러 현상들을 정량적으로 설명하고 예측할 수 있게 되었다. 뉴턴은 별자리의 움직임, 행성의 운동, 지상에서 물체의 운동, 달의 운동과 바닷물의 운동 등을 하나의 자연원리(운동 제2법칙)와 하나의 힘(만유인력)으로 설명했다. 이로써 사람들은 지상과 천상은 같은 원리와 같은 힘으로 지배된다는 사실을 깨달았고, 천상의 세계와 지상의 세계는 하나로 통합되었다.

과학혁명이 1687년 뉴턴에 의해 완성되고 약 100년 뒤, 앙투안 로랑 라부아지에(1743~94)에 의해 화학혁명이 이뤄졌다. 라부아지에는 근대적으로 화합물 명명법의 기초를 마련하고, 화학반응에서 정량적인 방법을 처음으로 도입했으며, 연소에 대한 이론을 정립하는 등 화학을 크게 발전시켜 '근대 화학의 아버지'라 불린다. 또한 '질량은 닫힌 세계에서 변화와 상관없이 보존된다'는 질량보존의 법칙을 발견하기도 했다. 즉 화학반응에서도 생성물의 질량 총합과 반응물의 질량 총합은 같다는 것이다.

물질의 가장 작은 입자

앞에서 말한 라부아지에는 당시 주류였던 플로지스톤설(모든 가연성 물질에는 플로지스톤이라는 입자가 있어 연소과정에서 소모되고, 소모가 다 되면 연소과정이 끝난다는 학설)과 그때까지도 남아 있던 4원소설을 분석적 실험을 바탕으로 폐기했다. 물을 수소와 산소로 분해했다가 합성하고, 불을 산소와 결합하는 연소 현상으로 규명한 것이다. 또한 만물의 근원에 대한 보일의 입자 개념을 부활시키고, 원소 개념을 다음과 같이 분명히 했다. 즉 "원소(element)란 현재까지의 어떤 수단으로도 분해할 수 없는 물질"이라고 명쾌하게 정의하고, 그때까지 원소로 여겨지던 33종의 물질들을 정리했다(나중에 이중에서 몇 가지는 원소가 아닌 것으로 판명되었다). 그는 불운하게도 프랑스 대혁명 때 단두대에서 죽음을 맞이했지만, 화학사에 남긴 혁명적 성취는 화학이 발달하는 기반이 된다.

화학이 발달하며 더이상 분해되지 않을 것처럼 보이는 물질들이 분리되고, 원소의 종류가 늘어나는 한편, 기체들의 화학반응 결과들이 정량적으로 측정되면서 여러 법칙들이 발표되었다. 1799년에 프랑스의 화학자 프루스트는 '일정 성분비의 법칙'을 발표했는데, 이는 한 화합물을 구성하는 각 성분 원소들의 질량비는 일정하다는 것이다. 1803년에 영국의 화학자 존 돌턴은 '배수비례의 법칙'을 발표한다. 배수비례의 법칙은 '배수'와 '비례'라는 이름에서 짐작할 수 있듯이 여러 원소들이 여러 화합물을 이룰 때 적용되는 법칙이다. 2종류 이상의 원소가 화합해 2종 이상의 화합물을 만들 때, 한 원소의 일정량과 결합하는 다른 원소의 질량비는 항상 간단한 정수비(整數比)를 나타낸다는 것이다. 배수비례의 법칙을 발견한 것을 보면, 돌턴은 확실히 화합물과 혼합물을 구분했다는 것을 알 수 있다.

화합물에 대한 이들 법칙들은 사실 1774년에 라부아지에가 발표한 '질량보존의 법칙'을 바탕으로 하고 있다. 화학반응 전후의 질량이 같다(질량보존의 법칙)는 것이 전제가 되어야, 순수한 물질(화합물, 홑원소 물질)과 질량의 관계를 알아낼 수 있기 때문이다. 질량보존의 법칙 역시 현대의 관점에서 보면, 화학반응에서 원자는 단지 분자 사이를 이동하는 것이므로 전체적으로 질량이 변하지 않는 것을 알 수 있다. 그러나 아직 물질을 미시적으로 명확하게 이해하고 있는 상태가 아니었기 때문에, 질량보존의 법칙은 미시세계를 탐구하는 데 중요한 길잡이 역할을 했다.

돌턴은 화합물에 대한 두 법칙(일정 성분비의 법칙, 배수비례의 법칙)과 변화(화학반응)에 대한 질량보존의 법칙을 숙고해 1808년에 물질의 궁극으로서 원자(atom) 가설을 주장했다. 그는 동시대의 어느 누구보다도 원자에 대해 연구를 많이 하고 큰 관심을 가졌고, 다음과 같이 구체적으로 원자설을 정리해 발표한다.

- 같은 원소의 원자는 같은 크기와 질량, 성질을 가진다.
- 원자는 더 이상 쪼개질 수 없다.
- 원자는 다른 원자로 바뀔 수 없으며 사라지거나 생겨나는 것은 불가능하다.
- 화학반응은 원자와 원자의 결합방법만 바뀌는 것으로, 원자가 다른 원자로 바뀌지는 않는다. 따라서 질량이 보존된다.

돌턴이 원자설을 발표한 것은 1808년인데 같은 해에 조제프 루이 게이뤼삭(1778~1850)은 '기체 반응의 법칙'을 발표한다. 기체 반응의 법칙이란 기체 사이의 화학반응에서 같은 온도와 같은 압력에서 그 부피를 측정했을 때 반응하는 기체와 생성되는 기체 사이에는 간단한 정수비가 성립한다는 것이다. 예를 들어 수소 기체와 산소 기체가 반응하면 수증기가 만들어지는데, 이때의 정수비는 2 : 1 : 2이 된다. 기호로 표현해보면, 2H(수소 기체)+O(산소 기체) ➔ 2H2O(수증기)인데 좀 이상해 보인다. H와 O가 반응 후에 2배(H는 2에서 4, O는 1에서 2)로 늘어나는 이상한 식이 되었다. 분명히 실험 결과는 '수소 기체 : 산소 기체 : 수증기 = 2 : 1 : 2'라는 사실을 보여주지만, 설명하기 힘든 상황이 되었다. 무엇이 잘못된 것일까?

잘 살펴보면 일정 성분비의 법칙, 배수비례의 법칙은 모두 화합물에 대한 분명한 사실을 말하고 있으며, 실험과 잘 어울리기 때문에 화합물인 수증기(H2O) 부분이 잘못되었을 것 같지는 않다. 돌턴의 원자설이 옳지 않았던 것이다.

부피 비

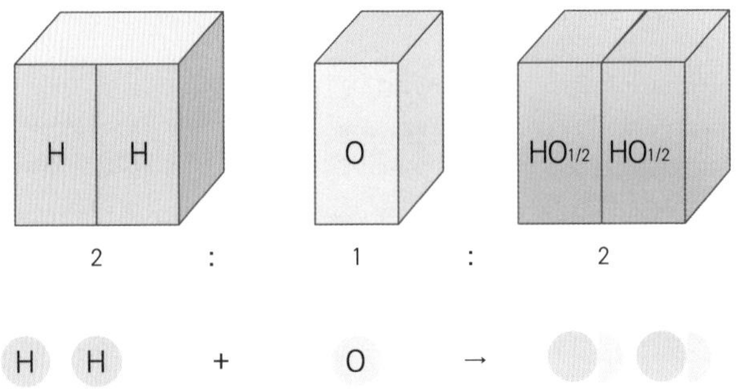

수소와 산소가 반응하여 수증기가 될 때, 원자설로는 부피 비 2(수소) : 1(산소) : 2(수증기)를 설명하기 힘들다.

원자가 아니라 분자

돌턴의 원자설이 옳지는 않지만, 화학이 더 발달하기 위해 거쳐야 할 성장 과정이었다. 돌턴도 게이뤼삭도 누구도 이러한 사실에 대해 해결책을 제시하지 못했다. 3년 후인 1811년에 아메데오 아보가드로(1776~1856)는 홑원소(한 종류의 원소로 만들어진 물질) 기체가 이원자 분자라고 주장하는 것보다 더 영리하고 통찰력 있는 주장을 하지만, 화학자들은 그가 죽고 4년이 지난 1860년에 이르러서야 그의 주장을 받아들인다. 50년 동안 돌턴의 원자설과 게이뤼삭의 기체 반응의 법칙 사이에 화합되지 않은 문제가 해결되지 않고 남아 있은 것을 선뜻 이해하기 힘들 수도 있다.

'아보가드로의 법칙'은 별도로 실험을 통해 확인했다기보다는 경험적인 주장에 가깝다. '아보가드로의 법칙'은 모든 기체는 같은 온도, 압력에서 같은 부피 속에 같은 개수의 입자(분자)를 갖는다는 것이다. 그런데 원자나 분자와 같은 미시적인 물질의 개수를 낱낱이 세어서 확인하고 검증할 수는 없지 않은가. 아보가드로의 가설은 산뜻하게 느껴질 수도 있다. 조금 더 깊이 살펴보자.

다시 수소와 산소가 수증기를 만드는 화학반응 '2 수소 기체 + 산소 기체 ➔ 2 수증기'를 보면 다음과 같은 사실을 알 수 있다.

① 두 반응물질(수소 기체, 산소 기체)이 한 종류의 생성물(화합물인 수증기)을 만든다면, 반응물들의 부피 비율은 화합물을 구성하는 원자들의 비율과 같다.

② 화학반응 전과 후에 반응에 참여한 각 원자의 개수는 변함이 없다.

③ 수소 입자의 개수 : 산소 입자의 개수 : 수증기 입자의 개수 = 2 : 1 : 2

위의 사실을 통해 다음과 같은 결론이 나온다.

①에 따라서 화합물인 수증기 입자의 구성은 H2O가 된다.

②와 ③을 조합하면, 수소 기체와 산소 기체는 각각 2개의 원자로 이루어진 입자로 구성되어 있다. 즉 수소 입자는 H2, 산소 입자는 O2가 된다는 결론을 낼 수 있다.

아보가드로는 수소 기체와 산소 기체가 이원자 분자라는 것을 직접적으로 단정 짓지 않고, 단지 "같은 부피의 기체는 같은 개수의 입자(기체의 구성단위)를 포함한다"고 주장했지만 같은 결과를 냈다. 그리고 물질을 구성하는 단위가 되는 입자를 원자와 구별해 분자(molecule)라고 한다. 물질은 원소로 이뤄졌지만, 물질을 구성하는 기본 단위는 원자가 아니라 분자라는 사실도 분명히 했다.

사실 아보가드로의 법칙은 홑원소 물질이 이원자 분자로 구성된다고 특징짓는 것보다 더 넓게 적용되는 훌륭한 통찰이다. 오존과 같이 3원자로 된 홑원소 분자가 관여하는 화학반응에도 적용되기 때문이다. 이제 모든 법칙과 부합하는 화학 반응식 2H2 + O2 ➔ 2H2O를 완성할 수 있다. 아보가드로의 법칙으로 기체 반응의 법칙과 원자설의 갈등을 해결할 수 있게 된 것이다.

기본단위가 원자가 아니라 분자라는 것을 멋진 방법으로 설명한 아보가드로

아보가드로는 물질을 이루는 기본 단위가 원자가 아니라 분자라는 것을 멋진 방법으로 설명했다. 아보가드로의 법칙은 실험적인 현

상만 설명하는 경험적인 법칙을 넘어, 이상기체에 대한 상태방정식으로부터 유도되는 이론적 근거도 있다.

입자의 종류에 상관없이 같은 부피의 기체가 같은 분자를 갖는다는 것은, 분자들 사이의 거리에 비해 분자의 크기가 매우 작다는 것을 말해준다. 또한 물질을 이루는 구성단위가 원자가 아니라 분자라는 것은, 세상에 다양한 물질들이 있다는 사실을 이해하게 한다. 탄소 원자 하나만으로도 다이아몬드와 흑연, 플러렌, 나노튜브와 같은 여러 물질을 만들 수 있으며, 탄소와 수소 2종의 원소로 된 탄화수소 분자들도 메탄, 프로판, 벤젠 등 헤아릴 수 없이 많다. 비록 자연에는 92개의 원소만이 안정적으로 존재하지만, 몇 가지 원소들만으로도 다양한 분자를 만들고, 분자를 단위로 하는 거시적인 물질은 헤아릴 수 없이 많다. 또한 아보가드로의 법칙으로 화학 반응식을 다음과 같이 분자식으로 제대로 표현할 수 있다.

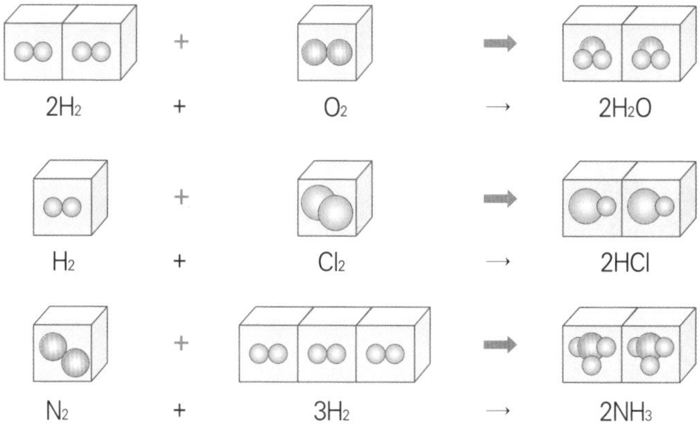

사람들은 예전에도 정전기에 대해 어렴풋이 알고 있었고, 1785년 샤를 오귀스탱 드 쿨롱(1736~1806)이 정전기 사이의 힘에 대한 공식을 발견했으나, 아직 사람들에게 전기는 단지 번개처럼 스쳐 지나가는 것이지 지속적인 동력이 아니었다. 지속적인 전류라는 것은 상상도 하지 못한 것이다.

그런데 1799년에 이탈리아 태생의 물리학자 알레산드로 볼타(1745~1827)가 전지를 발명하면서 많은 것들이 변했다. 4원소의 하나라고 믿었던 물을 산소와 수소로 전기분해할 수 있게 되었고, 새로운 금속 원소들을 발견했으며,

전류를 이용한 다양한 실험들을 통해 전기와 관련된 숨은 사실들을 찾아냈다. 전류를 지속적으로 발생시킬 수 있게 되면서 전기문명으로 들어가는 문만 열린 것만이 아니라, 물질의 구성과 화학적 변화를 이해할 수 있는 문도 열렸다. 화학반응은 원자 혹은 분자가 서로 전기적으로 결합하거나 분리되는 것이고, 물질은 전기적인 힘에 의해 결합된 것을 알게 되었다.

전지를 발명한 알레산드로 볼타. 그가 전지를 발명하면서 4원소의 하나라고 믿었던 물을 산소와 수소로 전기분해할 수 있었고, 새로운 금속 원소들을 발견했으며, 전기와 관련된 숨은 사실들을 찾아낼 수 있었다.

이제 전기와 관계된 힘은 만유인력과 함께 자연의 변화를 주관하는 또 하나의 기본 힘으로 자리를 굳혔다. 전기를 이용해 새로운 원소를 계속 발견하고, 물질의 구성을 변화시켜 새로운 화합물을 만들어 문명에 활용했다.

인류는 전기와 자기에 대해 오래전부

터 알고 있었다. 고대 그리스의 철학자 탈레스는 호박을 천에 문지르면 나타나는 전기현상, 그리고 쇠를 끌어당긴다는 광물의 자기현상을 연구하기도 했다.

뉴턴이 『프린키피아』에서 중력이론을 발표한 후 약 100년이 지난 1785년, 쿨롱은 전하 사이에 작용하는 전기력의 존재를 명확히 했고, 1823년 앙페르는 질량과 달리 '전하가 움직이는 주위로 자석이 움직인다'는 것을 발견했으며, 1831년 마이클 패러데이(1791~1867)는 자석을 이동시키면 전하의 움직임인 전류가 유도된다는 것을 밝혀냈다. 이로써 전기와 자기가 별개의 현상이 아니라는 것도 인식하게 되었다.

패러데이는 1849년에 공간에 펼쳐지는 장(場, Field)의 개념을 도입해 떨어져 있는 전하와 자기가 서로에게 어떻게 영향을 줄 수 있는지를 물리적으로 설명했고, 제임스 클러크 맥스웰(1831~79)은 뉴턴의 『프린키피아』 이후 200년 정도가 지난 1864년에 전기장과 자기장을 도입해 전자기의 모든 법칙들을 수학적으로 깔끔하게 정리한 맥스웰 방정식을 발표했다.

'맥스웰 방정식'은 전자기력이 중력처럼 자연의 보편적인 힘이면서도, 공간의 한 점으로 기술되는 입자의 운동이 아니라 공간에 퍼진 장으로 기술된다는 사실을 명시적으로 보여준다. 더욱이 맥스웰 방정식은 장으로 원거리 상호작용을 이해함으로써, 뉴턴의 중력이 어떻게 서로에게 영향을 미칠 수 있는지를 설명할 수 있도록 해줬다.

자연의 근본 힘들이 공간에 장을 형성함으로써 서로에게 영향을 미친다는 개념은 현대과학으로도 이어졌으며, 미시세계를 입자나 파동의 관점보다 넓게 양자적인 장으로 더 깊이 이해할 수 있도록 한다. 전기와 빛은 과학을 발달시키고 인간의 지성이 벽에 막혔을 때 새로운

세계로 이끄는 역할을 했다.

현대사회에서 전기 없이 생활한다는 것은 문명을 포기하는 것과 같다.

패러데이가 발견한 전자기 유도 현상을 토머스 앨바 에디슨(1847~1931)과 니콜라 테슬라(1856~1943)가 산업적으로 발전시켰다. 새로운 힘인 전기력은 자연을 구성하는 기본 힘이며, 문명을 발달시킨 동력이다. 아마도 외계의 문명 역시 자연을 구성하는 기본 힘을 문명의 동력으로 사용할 것이다. 이제 미시세계로 가면서 자연의 다른 두 가지 힘인 강한 힘과 약한 힘도 만나게 되고, 이를 통해 만물이 근원이 무엇인지를 넘어서 물질이 왜 존재하게 되는지, 그리고 우주가 어떻게 해서 현재와 같은 모습이 되었는지도 설명할 수 있게 된다.

5

인간의 영역은 어디까지인가?

현대 물리학

화학 기술이 발전하면서 더 많은 원소들이 발견되고, "과연 만물의 근원이 되는 궁극의 물질이 이렇게나 많아도 될까?"라는 질문과 함께 "원소들은 왜 주기적으로 비슷한 성질을 나타내는 것일까?"라는 질문에 답해야 했다. 드미트리 이바노비치 멘델레예프(1834~1907)는 1869년 그때까지 알려진 66종의 원소들을 (원자번호가 아닌) 원자량의 증가 순서로 특징에 따라 그룹화해 주기적인 표로 나타냈고, 그가 예측한 Ge, Ga, Sc 원소들이 나중에 발견되면서 주기율표가 자연의 진리에 대응하는 무엇인가를 갖고 있다고 믿게 되었다. 좋은 이론은 이처럼 현재까지 알려진 현상을 설명하고, 새로운 지식을 예측하며 스스로 검증할 수 있게 한다.

1860년대에 빛을 파장에 따라 분리해 연구하는 분광학(分光學)이 발달하며, 스펙트럼은 원소를 이해하는 창이 되었다. 원소마다 독특한 스펙트럼을 갖기 때문에, 스펙트럼은 원소를 판별할 수 있는 원소의 지문

Reihen	Gruppe I. — R^2O	Gruppe II. — RO	Gruppe III. — R^2O^3	Gruppe IV. RH^4 RO^2	Gruppe V. RH^3 R^2O^5	Gruppe VI. RH^2 RO^3	Gruppe VII. RH R^2O^7	Gruppe VIII. — RO^4
1	H = 1							
2	Li = 7	Be = 9,4	B = 11	C = 12	N = 14	O = 16	F = 19	
3	Na = 23	Mg = 24	Al = 27,3	Si = 28	P = 31	S = 32	Cl = 35,5	
4	K = 39	Ca = 40	— = 44	Ti = 48	V = 51	Cr = 52	Mn = 55	Fe = 56, Co = 59, Ni = 59, Cu = 63.
5	(Cu = 63)	Zn = 65	— = 68	— = 72	As = 75	Se = 78	Br = 80	
6	Rb = 85	Sr = 87	?Yt = 88	Zr = 90	Nb = 94	Mo = 96	— = 100	Ru = 104, Rh = 104, Pd = 106, Ag = 108.
7	(Ag = 108)	Cd = 112	In = 113	Sn = 118	Sb = 122	Te = 125	J = 127	
8	Cs = 133	Ba = 137	?Di = 138	?Ce = 140	—	—	—	— — — —
9	(—)	—	—	—	—	—	—	
10	—	—	?Er = 178	?La = 180	Ta = 182	W = 184	—	Os = 195, Ir = 197, Pt = 198, Au = 199.
11	(Au = 199)	Hg = 200	Tl = 204	Pb = 207	Bi = 208	—	—	
12	—	—	—	Th = 231	—	U = 240	—	— — — —

멘델레예프가 1871년에 만든 주기율표

이다. 또한 원자는 자기 내부의 이야기를 스펙트럼으로 들려준다.

현대 물리학의 시작

원자가 왜 분자를 구성해야 하는지 알지는 못했지만, 분자를 구성하는 원자는 여전히 물질을 만드는 가장 밑바닥의 재료이고, 더 이상 나누어질 수 없는 것이라고 생각했다.

전자와 동위원소를 발견한 조지프 존 톰슨. 그는 질량분석계를 발명하기도 했으며, 전자 발견의 공로로 1906년 노벨 물리학상을 받았다.

그런데 1897년 조지프 존 톰슨(1856~1940)은 음극선이 자기장과 전기장 속에서 얼마나 많이 휘는지 관찰함으로써 질량과 전하의 비(m/e)를 측정했고, 모든 금속에서 이 비율이 일정하다는 사실을 알아냈으며, 음극선이 원자보다 작은 입자(전자, electron)가 존재한다는 것을 보여줬다. 전자의 발견은 자연스럽게 물질의 궁극적인 실체가 무엇인지, 원자가 무엇으로 구성되었는지에 대한 질문으로 이어졌다. 그때까지 원자보다 작은 양전하는 알지 못했으므로, 톰슨은 전기적으로 중성인 원자가 음전하라고 하며, 양전하가 작은 전자를 포함하기 위해 원자를 채우고 있는 모형을 제안했다. 원자에 대한 톰슨의 건포도 푸딩 모형은 이미 정립된 맥스웰의 전자기 이론을 만족시키기 어려웠지만, 다른 원자 모형을 제안하기도 쉽지 않았다.

한편 19세기 말에 물리학자들은 뜨거운 물체가 빛을 내는 흑체복사(blackbody radiation) 현상을 열역학적으로 이해하고자 했으나, 그때까지 알려진 이론의 틀 안에서 기술하는 것은 불가능했다. 그리고 19세기가 저물어가는 1900년 12월 14일, 막스 칼 에른스트 루트비히 플랑크(1958~47)는 "물체에서 나오는 빛의 에너지가 진동수에 비례하며 양자화되어 있다"는 대담한 가정을 함으로써 흑체복사를 성공적으로 설명했다. 흑체의 복사에너지가 절대온도의 4제곱에 비례한다는 '슈테판-볼츠만의 법칙', 그리고 흑체에서 나오는 최고 세기의 빛의 파장이 절대온도에 반비례한다는 '빈의 법칙'을 하나의 식으로 통합해 설명할 수 있었던 것이다. 하지만 누구도 현대물리학이 시작되고 있음을 눈

비엔나에서 강연 중인 아인슈타인의 모습

치채지 못했다.

1905년에 알베르트 아인슈타인(1879~1955)은 빛이 흑체복사뿐 아니라 진공에서도 양자화된 에너지를 갖는다고 주장했다. 1877년에 이미 루트비히 볼츠만(1844~1906)이 에너지가 연속적이지 않을 수 있다고 주장했지만, 실제로 그러한 양자적 관점으로 물리적인 현상을 이해하는 데 사용된 것은 플랑크와 아인슈타인의 이론이었다. 아인슈타인은 상대성이론이 아니라 빛의 입자 성질을 설명한 광전효과를 소개한 공로로 노벨상을 받았다.

맥스웰은 1865년에 전자기파의 속도와 그때까지 실험적으로 알려진 빛의 속도가 거의 같다는 것을 발견하고 빛이 전자기파라고 추측했고, 1888년에 하인리히 루돌프 헤르츠(1857~94)가 실험으로 확인하면서 빛의 입자모형에 마지막 펀치를 가했다. 비슷한 시기에 앨버트 에이브러햄 마이컬슨(1852~ 1931)과 에드워드 윌리엄스 몰리(1838~1923)는 빛이 파동이라면 매질이 있어야 하므로 에테르로 불리는 매질을 찾기 위한 실험을 했다. 이들은 비록 에테르를 찾는 데는 실패했지만, 빛이 상대적 운동과는 무관하게 일정한 속도를 갖는다는 것을 발견했다. 마이컬슨-몰리 실험은 '실패한 가장 유명한 실험'으로 불리곤 한다.

전자기파의 존재를 입증한 루돌프 헤르츠. 우리가 흔히 쓰는 주파수의 단위 헤르츠는 그의 이름에서 따온 것이다.

빛의 속력이 운동 상태와 무관하게 일정하다는 것은 뉴턴 역학의 관점에서 있을 수 없는 일이었다. 하지만 아인슈타인의 특수 상대성이론(special relativity)

핵 물리학의 아버지로 불리는 어니스트 러더퍼드. 알파 입자 산란 실험으로 원자의 구조에 대한 새로운 가설을 내놓았다.

은 뉴턴 역학의 절대 시간, 절대 공간, 절대 정지와 같이 자연을 기술하는 데서 절대적 개념을 무너뜨렸고, 시간과 공간을 통합해 시공간(space-time)으로 확장했다.

어니스트 러더퍼드(1871~1937)는 1909년 실험에서 톰슨 모형을 확인하려고 고속의 알파 입자를 금박에 쏘았는데, 대부분은 크게 산란되지 않았지만 아주 일부의 알파 입자가 뒤로 튕겨 나오는 것을 관찰했다. 이것은 양전하를 갖는 알파입자보다 무거운 양전하가 좁은 영역에 몰려 있다는 것을 의미했다. 원자의 중심에 몰려 있는 원자핵을 발견한 것이다. 이렇게 원자 내부의 구조는 중심의 무거운 원자핵과 주변의 가벼운 전자로 구성되어 있음이 밝혀졌다.

양전하를 갖는 원자핵에는 전자보다 훨씬 무거운 양성자들이 있었으며, 원자가 중성이기 위해 양성자의 개수와 전자의 개수는 같다. 원자는 대부분의 공간이 텅텅 비어 있었던 것이다. 러더포드는 원자모형을 새롭게 제안했지만, 실험에 맞춘 원자모형은 전자기 이론과 맞지 않았고 문제를 해결하지 못했다.

양자역학은 양자이론의 종착점이 아니다

닐스 헨리크 다비드 보어(1885~1962)는 "양전하의 원자핵과 음전하의 전자로 구성된 원자가 어떻게 안정될 수 있는가?", "원자마다 다른 스펙트럼을 어떻게 설명할 수 있는가?"라는 의문을 갖게 되었고, 1913년에 어색하지만 현상에 부합하는 두 가지 가정과 자신의 원자모형을 제안한다.

- 전자는 특정 궤도에서 전자기파를 내지 않고 안정된다.
- 전자궤도가 바뀔 때 궤도의 에너지 차이에 해당되는 전자기파가 흡수되거나 방출된다.

보어의 이러한 가정은 기존에 잘 검증된 이론을 거스르는 것이었지만, 원자의 안정성을 설명할 수 있었고, 그 위에 원자마다 제각각 불연속적으로 나오는 스펙트럼을 설명할 수 있었다.

보어의 제안은 러더퍼드 모형보다 미시세계의 현상을 더 많이 설명할 수는 있었지만, 실험이 아니라 이론적 가정이었고, 왜 그것이 가능한지를 설명할 수 있는 역학체계는 아니었다.

보어의 원자모형은 여전히 미시세계의 역학적인 이론은 아니었지만, 같은 해에 발표된 헨리 귄 제프리스 모즐리(1887~1915)의 현대적 주기율표(멘델레예프는 주기율표를 원소의 질량으로 배열했으나, 모즐리는 양성자의 개수를 원자번호로 하여 배열했고 현재의 주기율표와 같다)를 설명할 수 있었다.

주기율표는 원자번호의 순서에 따라서 원자의 특성이 주기적으로 반복된다는 것을 표로 잘 보여준다. 주기율표는 원자를 이해하고, 어떤 원자들끼리 결합하여 특정한 분자들을 만들 수 있는지를 아는 데 중요했다. 마침내 분자들을 연구하는 현대 화학의 기초가 마련되었다고 볼 수 있으며, 가장 바깥의 전자(최외각 전자)들이 원자의 특성을 나타내고

양자역학의 발달

미시세계의 자연원리를 기술하는 양자역학은 여러 사람에 의해 발전했다.

결합에 관여하므로 가장 중요하다.

보어의 원자모형은 양자역학(quantum mechanics)이 나오기 전까지는 단지 현상을 설명하기 위한 모델이었을 뿐이지만 교과서에는 자주 등장한다.

보어의 모형에 따라서 전자가 특정한 궤도를 가지고 있는 것처럼 그려진 것은 잘못된 그림이다. 양자역학으로 계산하면 전자는 확률적으로 분포하고, 구름처럼 원자를 둘러싸며 에너지 준위에 따라서 특정한 모양을 갖는다. 이렇게 특정한 궤도보다는 전자의 구름모형을 통해 원자가 결합하여 분자를 구성하고, 분자들 사이에 결합력이 작용하여 액체나 고체와 같은 응집된 물질을 이루는 것이다.

양자이론은 1925년 베르너 카를 하이젠베르크(1901~1976)의 행렬역학에 와서야 비로소 물리량의 시간적 변화를 계산할 수 있는 역학체계가 되었다. 곧바로 에르빈 슈뢰딩거(1887~1961)가 루이 드 브로이(1892~1987)의 물질파 개념을 활용해 파동방정식 형태로 양자이론의 역학체계를 제안했고, 이후에 행렬로 기술된 체계와 파동방정식으로 기술한 체계가 동일하다는 것도 증명했다.

그러나 흔히 양자역학이라고 부르는 이론은 양자이론에 대한 종착점이 아니다. 슈뢰딩거의 파동방정식 혹은 동등한 하이젠베르크의 행렬역학은 검증된 특수 상대성이론에 어긋나기 때문에 올바른 양자이론이 아니다.

교양과학에서 흔히 양자역학으로 대표되는 양자이론은 자체적인 한계를 갖고 있지만, 어떤 제한적 물리계에서는 좋은 근사로서 적용할 수

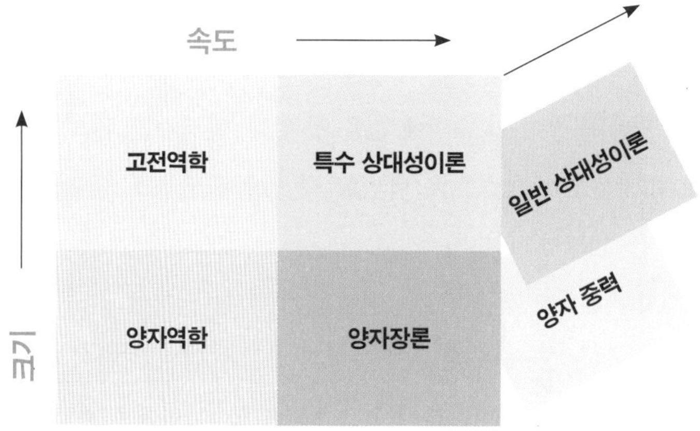

계의 속도, 크기, 질량에 따라서 어떠한 역학체계를 적용하는 것이 간편한지 혹은 그렇게 취급하는 것이 가능한지를 보여주는 그림

있고 좀 더 쉽게 풀 수 있기 때문에 양자역학 교과서에 많이 등장한다.

그러나 상대론적이지 않은 양자역학은 옳은 역학체계가 아니다. 무엇보다 전자나 빛과 같은 실체가 왜 세상에 있게 되었는지, 그리고 대표적인 양자 물리량인 스핀을 제대로 설명하지 못한다. 또한 빛에서 물질과 반물질이 쌍으로 생성되거나 쌍으로 소멸하는 것처럼 입자의 개수가 변하는 현상을 다루지 못한다.

인간의 영역은 어디까지 확장될 것인가

관찰을 통해 현상을 이해할 수 있는 기제와 원리를 찾아온 과학의 여정은 반복될 것이지만, 생명과 흔히 정신으로 표현되는 영역에서 인간의 편견은 아직도 너무 깊고 아직 하지 못한 관찰은 너무 많다.

20세기 중반 분자생물학을 통한 생물학의 혁명으로 유기체를 분자적 수준에서 보기 시작했던 것을 고려하면, 환원주의적 성과가 꽤 빠르게 나타나고 있으나, 창발성을 이해하고 환원주의적 설명을 보완할 수 있는 지혜에 이르기에는 너무 이른 것이 아닌가 싶다.

인공지능에 축적되는 방대한 데이터와 분자, 그리고 인간 뇌의 한계를 넘어가는 데 도움을 줄 수 있겠지만, 결국 비밀의 문에 열쇠를 꽂고 돌리는 것은 인간이 할 수밖에 없을 것 같다. 언젠가는 '정의가 무엇인지'에 대해서도 과학적으로 답변할 수 있을지도 모르겠다는 생각이 든다.

미래사회에서는 객관적으로 검증할 수 있는 영역에 집단의 도덕과 가치를 도입함으로써, 소모적인 사회적 갈등을 넘어 개인이 사회에 발목을 잡히지 않고 더 먼 곳을 자유롭게 비행할 수 있게 될까?

인간이 도달할 수 있는 진화의 궁극적인 모습은 무엇일까?

발견과 깨우침으로 넓어지는 인간의 영역이 공간적으로 어디까지, 시간적으로 어느 시점까지, 우리 내부에 대해서 무엇까지 확장될 수 있을까?

또한 확장될 수 없이 영원히 인간 너머에 있을 영역이 인간에게 무슨 의미이고, 그 영역에서 전하는 최종적 가르침은 도대체 어떤 것일까?

참고 도서/영화

스티븐 와인버그, 『스티븐 와인버그의 세상을 설명하는 과학』, 이강환 옮김, 사이언스북스, 2016.
브라이언 그린, 『엘러건트 유니버스』, 박병철 옮김, 승산, 2002.
정갑수, 『호모 사이언티피쿠스』, 열린과학, 2017.
칼 세이건, 『코스모스』, 홍승수 옮김, 사이언스북스, 2006.
올리버 색스, 『모든 것은 그 자리에』, 양병찬 옮김, 알마, 2019.
크리스토퍼 놀란, 영화 〈인터스텔라〉, 2014.
알폰소 쿠아론, 영화 〈그래비티〉, 2013.